Kohlhammer

Die Autoren

Prof. Dr. phil. Stephan Ellinger, Dipl.-Pädagoge, Soziologe (MA) und ev. Theologe, ist Inhaber des Lehrstuhls für Pädagogik bei Lernbeeinträchtigungen an der Universität Würzburg. Er forscht und lehrt im Wesentlichen zu Fragen, die den Zusammenhang von pädagogischer Haltung und Lernerfolg fokussieren.

Prof. Dr. phil. Oliver Hechler, Dipl.-Pädagoge, Kinder- und Jugendlichenpsychotherapeut, ist Akademischer Oberrat am Lehrstuhl für Pädagogik bei Lernbeeinträchtigungen an der Universität Würzburg. Er forscht und lehrt zu Fragen des Zusammenhangs zwischen Erziehung und Personwerdung des Menschen.

Stephan Ellinger, Oliver Hechler

Entwicklungspädagogik

Erzieherisches Sehen, Denken und Handeln im Lebenslauf

2. Auflage

Verlag W. Kohlhammer

Dieses Werk einschließlich aller seiner Teile ist urheberrechtlich geschützt. Jede Verwendung außerhalb der engen Grenzen des Urheberrechts ist ohne Zustimmung des Verlags unzulässig und strafbar. Das gilt insbesondere für Vervielfältigungen, Übersetzungen, Mikroverfilmungen und für die Einspeicherung und Verarbeitung in elektronischen Systemen.

Die Wiedergabe von Warenbezeichnungen, Handelsnamen und sonstigen Kennzeichen in diesem Buch berechtigt nicht zu der Annahme, dass diese von jedermann frei benutzt werden dürfen. Vielmehr kann es sich auch dann um eingetragene Warenzeichen oder sonstige geschützte Kennzeichen handeln, wenn sie nicht eigens als solche gekennzeichnet sind.

Es konnten nicht alle Rechtsinhaber von Abbildungen ermittelt werden. Sollte dem Verlag gegenüber der Nachweis der Rechtsinhaberschaft geführt werden, wird das branchenübliche Honorar nachträglich gezahlt.

Dieses Werk enthält Hinweise/Links zu externen Websites Dritter, auf deren Inhalt der Verlag keinen Einfluss hat und die der Haftung der jeweiligen Seitenanbieter oder -betreiber unterliegen. Zum Zeitpunkt der Verlinkung wurden die externen Websites auf mögliche Rechtsverstöße überprüft und dabei keine Rechtsverletzung festgestellt. Ohne konkrete Hinweise auf eine solche Rechtsverletzung ist eine permanente inhaltliche Kontrolle der verlinkten Seiten nicht zumutbar. Sollten jedoch Rechtsverletzungen bekannt werden, werden die betroffenen externen Links soweit möglich unverzüglich entfernt.

2. Auflage 2021

Alle Rechte vorbehalten
© W. Kohlhammer GmbH, Stuttgart
Gesamtherstellung: W. Kohlhammer GmbH, Stuttgart

Print:
ISBN 978-3-17-041354-2

E-Book-Formate:
pdf: ISBN 978-3-17-041355-9
epub: ISBN 978-3-17-041356-6
mobi: ISBN 978-3-17-041357-3

Inhaltsverzeichnis

Vorwort: Zur pädagogischen Perspektive auf die Entwicklung des Menschen		**7**

1	**Pädagogik als praktische Wissenschaft**	**11**

2	**Pädagogische Grundlagen**	**26**
2.1	Form der Erziehung	28
2.2	Operationen der Erziehung	29
2.2.1	Das Zeigen	30
2.2.2	Das Lernen	33
2.3	Ziel der Erziehung	39

3	**Lernen und Erziehen im Lebenslauf**	**43**
3.1	Die Zirkelstruktur des Lernens – die horizontale Dimension der Personagenese	44
3.2	Räume der Erziehung und pädagogische Lebensalter – die vertikale Dimension der Personagenese	46
3.2.1	Familie und Familienerziehung	47
3.2.2	Schule und Schulerziehung	48
3.2.3	Eigenverantwortung und Selbsterziehung	49
3.3	Die pädagogischen Lebensalter	50

4	**Entwicklungsthemen, Lerndimensionen und Lebensalter – die Koordinaten der Personagenese**	**55**
4.1	Entwicklungslinie im Bereich des Könnens	58
4.2	Entwicklungslinie im Bereich des Wissens	64
4.3	Entwicklungslinie im Bereich des Wollens	70

4.4	Entwicklungslinien im Überblick	78
5	**Lernaufgaben, Lerndimensionen und Lebensalter**	**80**
5.1	Familienerziehung	81
5.1.1	Säuglingsalter	81
5.1.2	Kleinkindalter	95
5.1.3	Kindergartenalter	109
5.2	Schulerziehung	129
5.2.1	Mittlere Kindheit	131
5.2.2	Frühes Jugendalter	143
5.2.3	Jugendalter	154
5.3	Selbsterziehung	163
5.3.1	Frühes Erwachsenenalter	165
5.3.2	Mittleres Erwachsenenalter	170
5.3.3	Spätes Erwachsenenalter	179
6	**Rückblick und Ausblick**	**188**
7	**Literatur**	**191**

Vorwort: Zur pädagogischen Perspektive auf die Entwicklung des Menschen

Entwicklung scheint zu allen Zeiten in aller Munde. Diachronische Untersuchungen in unterschiedlichen Forschungsverbünden fokussieren die Entwicklung politischer Systeme, globaler Erwärmung oder veränderter Muster industrieller Produktgestaltung. Wenn wir im Alltag davon sprechen, dass sich ein Mensch »gut entwickelt hat«, denken wir dabei an sein Längenwachstum, seinen Einsatz in Schule oder Beruf, an sein zunehmendes soziales Engagement, aber auch an sein gewachsenes Selbstvertrauen. Umgekehrt hängt eine »schlechte Entwicklung« vielleicht mit zunehmendem Drogenkonsum, undisziplinierter Fettleibigkeit oder einem so genannten schlechten Umgang zusammen. Entwicklung wird mit *Veränderung* assoziiert. Ohne Veränderung gibt es keine Entwicklung. So berichtet schon Bertolt Brecht in seinen *Geschichten vom Herrn Keuner*: *»Ein Mann, der Herrn K. lange nicht gesehen hatte, begrüßte ihn mit den Worten: »Sie haben sich gar nicht verändert.« »Oh!« sagte Herr K. und erbleichte.«* In bestimmten Perspektiven erlebt allerdings jeder Mensch zwangsläufig Veränderung, sie ist nicht zu vermeiden, hinterlässt sichtbare Spuren und führt letztendlich zum Tod. Darüber hinaus geht allerdings von optionalen Veränderungen für die Einen geheimnisvolle Valenz aus, während sie für die Anderen bedrohlich wirkt. Im Volksmund sagt man deshalb: »Wenn der Wind der Veränderung bläst, baut der Eine Windmühlen und der Andere Mauern.« Veränderung betrifft also jeden, lockt die Einen und ängstigt die Anderen. Dabei scheinen sich während eines gesunden Entwicklungsverlaufes in jedem Organismus grundsätzlich Phasen der Veränderung mit solchen einer Konsolidierung abzuwechseln. In seinem Konzept zur Veränderung der Wahrnehmung beschreibt der Erziehungswissenschaftler Gerhard Schad deshalb das Wesen einer Veränderung nicht anhand des feststellbaren *Andersgewordenseins*, sondern am *Prozess des Anderswerdens*. Veränderungen sind demnach immer dynamischen, niemals statischen Charakters. So gesehen kann es im menschlichen Leben eine wirkliche Nicht-Veränderung und einen »gesicherten Status« nicht geben. Im Denken und Handeln eines Menschen lassen sich Veränderungen häufig nicht ad hoc bewirken, wie dies etwa beim Ändern der Fahrtrichtung oder beim Wechseln eines Hemdes der Fall ist. Menschliches Denken und Handeln ist durch Veranlagung, Prägung, Interaktion, Vernetzung, Erleben, Erinnerung – schlicht durch das Leben selbst – entstanden und kann deshalb auch nur im Miteinander und in der Auseinandersetzung mit diesem Leben Veränderung erfahren.

Vorwort: Zur pädagogischen Perspektive auf die Entwicklung des Menschen

Entwicklungspädagogik beleuchtet nun die *Entwicklung* des Menschen von der Wiege bis zur Bahre. Es geht in der Entwicklungspädagogik zum einen um die Lebensphasen, die Entwicklungsaufgaben und die Entwicklungsdimensionen des Menschen. Allerdings beschäftigen sich auch die Nachbardisziplinen der Pädagogik damit, wobei diese unterschiedliche Schwerpunkte setzen. So finden sich aufschlussreiche Studien der Entwicklungs*soziologie*, die z. B. den Prozess der Individualitätsentwicklung in Auseinandersetzung mit Gruppen und Gesellschaften untersuchen. Innerhalb der Entwicklungs*psychologie* stellen viel zitierte Entwicklungstheorien wahlweise motorische, kognitive oder perzeptuelle Entwicklungsprozesse in den Vordergrund menschlicher Entwicklung und beschreiben diese über die Lebensabschnitte. Entwicklungs*medizinische* Forschungseinrichtungen beschäftigen sich vorwiegend mit körperlichen Entwicklungsstörungen von Kindern, und Vertreter der Entwicklungs*biologie* untersuchen die Bedingungen, unter denen allgemein Wachstum möglich ist sowie komplexe Organismen entstehen.

Neben der Darstellung der Entwicklungsdimensionen fragt die Entwicklungs*pädagogik* zum anderen nach den Bedingungen der menschlichen Entwicklung unter der Maßgabe von *Erziehen und Lernen*. Dabei stellt Erziehung den Versuch dar, den Menschen zum größtmöglichen Verantwortungsbewusstsein zu führen. Im Mittelpunkt der Entwicklungspädagogik steht der auf Lernen angewiesene Mensch. Zur *conditio humana* gehört es, dass der Mensch sich nur bedingt auf genetisch festgelegte Dispositionen und Reifungsprozesse verlassen kann, weswegen er aufgefordert ist, sich vieles von dem, was im Laufe seines Lebens seine Person ausmacht, über Lernprozesse anzueignen. Diese Lernprozesse ergeben sich allerdings nicht alle von selbst, sondern müssen erzieherisch angestoßen werden. Es bedarf also über den Lebenslauf hinweg ganz konkreter erzieherischer Situationen und ganz konkreter Erzieher, die den Anforderungen der jeweiligen Lebensalter entsprechend spezifische Kenntnisse, Fertigkeiten und auch Haltungen und Einstellungen vermitteln. Am Anfang sind diese Erzieher noch leicht auszumachen – da finden sich die Eltern, die Erzieherinnen und Erzieher in der Kindertagesstätte und die Lehrerinnen und Lehrer in der Schule. Vom Erwachsenenalter an treten diese offensichtlichen Erzieher mehr in den Hintergrund, und es ist die Fähigkeit zur Selbsterziehung gefragt. Aber auch im Erwachsenenalter finden wir uns nicht selten in Situationen wieder, in denen unser bisheriges Wissen, Können und vielleicht auch unsere Willenseinstellungen nicht ausreichen, die herausfordernden Situationen zu meistern. Dann stellt sich die Frage nach einem Weiter-, Um- oder vielleicht sogar auch Ver-Lernen von bereits Gelerntem. Wenn es gut geht, wird uns dieser Sachverhalt klar und wir begeben uns freiwillig wieder in ein erzieherisches Verhältnis zu einem Erzieher – das gemäß der Lebensphase dann Beratung, Weiterbildung, Coaching oder vielleicht auch Psychotherapie genannt wird. Dort lernen wir das, von dem wir annehmen, dass es die lebenspraktische Krise zu lösen vermag. Der entwicklungspädagogische Blick betrachtet die Entwicklung des »homo discens« vor dem Hintergrund seiner Lernaufgaben, die sich ihm zwangsläufig im Laufe seines Lebens stellen. Er fragt nach Möglichkeiten, die entstehenden Lernhemmungen durch Lernhilfen aufzulösen, so dass ein Lernen aus eigener Kraft wieder möglich wird.

Mit diesem Buch zur Entwicklungspädagogik wird die eigenständige Reihe »Entwicklungspädagogik konkret« grundgelegt. Die drei Bände der Praxis-Reihe befassen sich jeweils mit einem der drei großen Räume der Erziehung, indem dieser in theoretischer Hinsicht ausgeleuchtet und anhand empirischer Befunde konkretisiert wird. So können die zentralen Lernaufgaben, Lernhemmungen und auch entsprechende Lernhilfen aus der Lebenspraxis der jeweiligen Lebensalter konkret vor Augen geführt und die entwicklungspädagogischen Gedanken erfahrungswissenschaftlich fundiert werden.

Einzelwerke in der Reihe *Entwicklungspädagogik konkret* sind die folgenden:

- Band 1: Familienerziehung
- Band 2: Schulerziehung
- Band 3: Selbsterziehung

Wir wünschen uns als Autoren, dass es im vorliegenden Buch gelungen ist, die den Pädagoginnen und Pädagogen eigene Expertise deutlich zu machen, und wünschen allen Leserinnen und Lesern, dass ihnen die Lektüre neues pädagogisches Selbstbewusstsein eröffnet und zu theoriegeleitetem Handeln einlädt. Rückmeldungen und Anregungen sind sehr willkommen und werden nicht unbeachtet bleiben, einer Anregung wollen wir jedoch vorgreifen: Die bewusste Würdigung von männlichen und weiblichen Bezeichnungen, Formulierungen und Ausführungen ist uns sehr wichtig. Aus diesem Grund lehnen wir I-Notlösungen und *-Varianten ab und sind bemüht, gerechte und richtige Formulierungen zu finden. Allerdings haben wir bei der Beschreibung von Personen/Berufsgruppen in der Regel die männliche Form verwendet. Sollte stellenweise der Eindruck entstehen, dass in diesem Buch auf diese Weise die Korrektheit auf dem Altar der besseren Lesbarkeit geopfert wird, bitten wir um Verständnis.

Würzburg, im Oktober 2020
Stephan Ellinger und Oliver Hechler

1

Pädagogik als praktische Wissenschaft

Pädagogik ist eine praktische Wissenschaft. Damit unterscheidet sie sich zum einen von theoretischen Wissenschaften und zum anderen von angewandten Wissenschaften. Die Pädagogik verfügt, wie auch die Medizin, die Jurisprudenz und die Theologie, als praktische Wissenschaft immer über eine korrespondierende Interventionspraxis, die sich auf die Bearbeitung von Zentralwerten bezieht. Diese werden von der Gesellschaft als relevant angesehen, da sie für die ontogenetische und phylogenetische Entwicklung des Menschen von grundlegender Relevanz sind. So liegt es zum Beispiel auf der Hand, dass Fragen von Krankheit und Gesundheit schon immer Fragen waren, die sowohl für den einzelnen Menschen als auch für die ihn umgebende Gruppe eine existenzielle Bedeutung aufwiesen. So haben sich dann auch schon sehr früh in der Menschheitsgeschichte Personen hervorgetan, die als heilkundig galten und denen man diesbezüglich ein entsprechendes Wissen sowie Können zugeschrieben hat. War dieses Wissen und die damit verbundene Könnerschaft zunächst ein reines Erfahrungswissen, das sich durch anschauliche Unterweisung tradierte, entwickelte es sich durch Systematisierung allmählich auch zu einem theoretischen Wissen weiter, das aber trotz der zunehmenden theoretischen Sättigung immer Bezug auf den Gegenstand nahm, von dem es seinen Aus-

1 Pädagogik als praktische Wissenschaft

gangspunkt genommen hat – nämlich dem leidenden Menschen (Patient). Kann damit Gesundheit als gesellschaftlicher Zentralwert angesehen werden, um den sich die medizinische Wissenschaft und die ärztliche Praxis kümmern, so lassen sich auch noch Gerechtigkeit, Wahrheit und Bildung als weitere gesellschaftliche Zentralwerte benennen. Für die Bearbeitung des Zentralwerts der Gerechtigkeit sind die Rechtswissenschaften und die richterliche Praxis zuständig, für den der Wahrheit traditionell die Theologie und die verkündende Praxis des Pfarrers. Bedingt durch die Aufklärung und den damit verbundenen wissenschaftlichen Erkenntnisgewinn sind heute die Wissenschaften mit der Erforschung der Phänomene der Welt und ihrer Geltungsbegründung betraut. Bildung schließlich wird als bedeutsam angesehen, weil die biologische Ausstattung des Menschen nicht ausreicht, um diejenigen Kompetenzen auszubilden, die nötig sind, ein Leben in personaler Selbstbestimmung zu führen. Der Mensch muss sich eine Form geben, die nicht für alle detailliert vorbestimmt ist. Bei diesem Unterfangen ist er auf Lernen und auf Erziehung angewiesen, für die sich die Pädagogik und die erzieherische Praxis verantwortlich fühlen.

Tab. 1: Disziplin und Profession in der praktischen Wissenschaft

Disziplin	Medizin	Theologie	Jurisprudenz	Pädagogik
Profession	Arzt	Pfarrer	Richter	Erzieher
Gesellschaftlicher Zentralwert	Gesundheit	Glaube	Gerechtigkeit	Bildung
Fokus der Defizitbearbeitung	Krankheit	Hoffnungslosigkeit	Ungerechtigkeit	Inkompetenz
Lebensprobleme der Menschen	Gesundheitsprobleme	Glaubensprobleme	Rechtsprobleme	Lernprobleme
Professioneller Bezug	Arzt/Patient	Pfarrer/Gemeinde	Richter/Staat	Erzieher/Zögling
Professionelle Grundoperation	Eingriff	Verkündigung	Urteil	Zeigen
Professionelle Handlungsoptionen	*Heil*mittel Operation, Medikation, Physiotherapie ...	*Heil*smittel Taufe, Abendmahl, Seelsorge ...	*Rechts*mittel Einspruch, Berufung, Einstweilige Verfügung ...	*Erziehungs*mittel Unterricht, Arrangement, Spiel ...

In Tabelle 1 werden die gesellschaftlichen Zentralwerte, also die Werte, von denen angenommen wird, dass sie für das Wohl des Einzelnen und der Gesellschaft von Relevanz sind, und deren Bearbeitung durch die jeweiligen Professionen noch einmal deutlich zur Darstellung gebracht. Die Professionen des Arztes, Pfarrers, Richters und Erziehers unterscheiden sich von anderen akademischen Berufen, wie zum Beispiel dem des Ingenieurs oder Historikers, hinsichtlich ihrer Bedeutung für die Lebensgestaltung des einzelnen Menschen. Die professionell zu bearbeitenden Problemstellungen betreffen das Individuum in höchstem Maße und sind in den jeweiligen Antworten und Operationen in Ausprägung und Entwicklung ungewiss, nicht berechenbar und nicht standardisierbar. Der Professionelle muss also die in die Krise geratene Lebenspraxis als Einzelfall individuell vor dem Hintergrund des jeweiligen allgemeinen disziplinären Wissens deuten, um dafür zu sorgen, dass sich die Autonomie der Lebensführung des betroffenen Menschen wiederherstellt. Damit ist eine Vermittlungsleistung gefragt, die sich den akademischen Berufen außerhalb dieses professionellen Zuständigkeitsbereichs nicht stellt. Diese können vielmehr ihr allgemeines wissenschaftliches *Wissen* unvermittelt auf den Einzelfall anwenden. Deutlich wird weiterhin, dass die jeweiligen Disziplinen mit ihren korrespondierenden professionellen Praxen die unterschiedlichen Lebensprobleme der Menschen im Modus ihrer jeweiligen Expertise deuten. Der Arzt sieht die Lebensprobleme der Menschen, mit denen er zu tun hat, vordinglich als Gesundheitsprobleme, der Pfarrer sieht diese als Glaubensprobleme, der Richter als Rechtsprobleme und der Erzieher schließlich betrachtet die Lebensprobleme der Menschen als Lernprobleme. Dieser disziplin- und professionsspezifische Zugang zu den Lebensproblemen der Menschen trägt der Tatsache Rechnung, »daß es in der Realität keine wirtschaftlichen, soziologischen oder psychologischen Probleme, sondern eben nur Probleme, und in der Regel sehr komplexe«, gibt (Myrdal 1971, 15), und erweist sich durch die Fokussierung als in höchstem Maße komplexitätsreduzierend. Nur so können professionelle Praxen wirksam werden. Eine Super-Disziplin mit ihrer Super-Profession, die den Menschen allumfassend zu greifen vermögen, ist bisher nicht in Sicht. Manchmal tut sich eine Disziplin hervor und stellt den Anspruch auf alleinige Deutungsmacht. Aktuell scheint dies auf die sogenannten Biowissenschaften zuzutreffen. Doch es zeigt sich immer wieder, dass sich die leibseelische Existenz des Menschen einem solchen Zugriff entzieht und sich, wenn überhaupt, nur partiell fassen lässt. Die Deutung der Lebensprobleme des Menschen im Modus der jeweiligen Disziplin und Profession bringt auch auf Seiten der professionellen Praxis nicht selten eine Differenzierung mit sich. Zwar kann sowohl in menschheitsgeschichtlicher als auch in vor-professioneller und vor-disziplinärer Perspektive prinzipiell von einer funktionellen Herausbildung von Heilkundigen (heute: Ärzte), Heilskundigen (heute: Pfarrer), Rechtskundigen (heute: Richter) und Erziehungskundigen (heute: Erzieher) ausgegangen werden, doch differenzierten sich diese archaischen Prototypen professionellen Handelns im Laufe der Entwicklung weiter aus. So ist unstrittig, dass spezifische Fachbereiche innerhalb der disziplinären und professionellen Zuständigkeit mit unterschiedlichen Fachkunden und Fachbezeichnungen zu versehen sind. Bei den Ärzten liegt dieser Sachverhalt auf der Hand und ist auch leicht nachzuvollziehen. Die medizinische Wissenschaft und die ärztliche Praxis differenzieren sich bis heute immer weiter aus. Der approbierte Arzt bildet sich zum Facharzt (zum Beispiel: Facharzt für Innere Medizin) weiter und erlangt noch eine weitere Zusatzbezeichnung (zum Beispiel: Kardiologie). Gleiches lässt sich auch bei den Pfarrern erkennen, wenn einzelne Tätigkeiten spezielle Kenntnisse und Fertigkeiten erfordern und so zu einem alleinigen Betätigungsfeld, wie zum Beispiel die Krankenhausseelsorge oder die Pastoralpsychologie, werden. Im Bereich der Jurisprudenz und der Pädagogik sind im Laufe der historischen Herausbildung der jeweiligen professionellen Praxen gewissermaßen noch zwei weitere Berufe entstanden. Zwar bleiben der Richter und der Erzieher die grundlegenden Professionen ihrer jeweiligen Disziplin (Jurisprudenz und Pädagogik) – in anthropologischer Perspektive ging es zunächst um die Herstellung von Recht und Gerechtigkeit und um die Unterstützung von Lernen –, doch hat sich im Prozess der gesellschaftlichen Ausdifferenzierung gezeigt, dass für ein funktionales Rechts- und Erziehungssystem spezialisierte juristische und pädagogische Berufsgruppen notwendig geworden sind. Auf Seiten der Jurisprudenz hat sich die spezialisierte juristische Berufsgruppe der Anwälte und in der Folge auch die der Fachanwälte und auf Seiten der Pädagogik die spezialisierte pädagogische Berufsgruppe der Lehrer herausgebildet. Entsprechend der systematisch-begrifflichen Ausdifferenzierung, die hier zu Grunde gelegt wird, ist der Lehrer demnach ein unterrichtender Erzieher. Ähnlich der Systematik im Bereich der ärztlichen Praxisfelder wird beim Lehrer eine Form pädagogischen Handelns, nämlich das Unterrichten, zum Hauptbetätigungsfeld, das auch durch institutionelle Rahmenbedingungen (Schule und Schulsystem) abgesichert ist. Genau genommen wäre ein Lehrer ein Facherzieher für Schulpädagogik mit entsprechendem Tätigkeitsschwerpunkt (Grund-, Mittel-, Real-, Förderschule, Gymnasium und Berufsschule). Wenn also im Folgenden von Erzieher gesprochen wird, dann in diesem skizzierten Sinne und in dem Verständnis, dass diese Begrifflichkeit die Ausdifferenzierungen der pädagogischen Berufe (Sozialpädagogik, Erwachsenenbildung/Weiterbildung, Sonder- und Heilpädagogik u. a.) miteinschließt. So wie es üblich ist, vom Arzt zu sprechen und dann auch die Orthopäden,

Neurologen, Dermatologen usw. mit zu meinen, so sprechen wir allgemein vom Erzieher und beziehen die Lehrer, die Sozialpädagogen, die Sonder- und Heilpädagogen usw. mit ein. Dass dieser Zugang prinzipiell möglich ist, liegt unter anderem auch in dem Sachverhalt begründet, dass die erzieherisch-professionelle Grundoperation, nämlich das Zeigen, in allen pädagogischen Handlungsfeldern zum Ausdruck kommt und damit das *Pädagogische* der Interaktionsfigur abbildet (Berdelmann/Fuhr 2020). Der diesbezüglich häufig »erhobene Einwand, das Erziehen sei so vielfältig und unabsehbar reich in seinen Gestaltungen und Besonderheiten, wird hinfällig, wenn die operative Basis überall dieselbe ist« (Prange 2000, 233). Fehlen aber die zeigenden Bemühungen des Erziehers, um Themen so zur Darstellung zu bringen, dass sie auch von den Kindern, Jugendlichen und Erwachsenen angeeignet werden können, kann auch nicht mehr von Erziehung gesprochen werden. Die Zeigegeste ist in der Lage, die unterschiedlichen Bereichspädagogiken und Subdisziplinen der Pädagogik im Kern zu vereinen und deutlich zu machen, was genau erzieherisches Handeln ausmacht.

Vor dem Hintergrund der bisherigen Ausführungen ist für praktische Wissenschaften neben der Zentralwertbezogenheit bereits ein weiteres charakteristisches Merkmal angeklungen: Die Disziplinentwicklung – also die Entwicklung hin zu einer Wissenschaft – folgt der Praxis nach. Das heißt für das hier in Rede stehende Beispiel, dass lange bevor systematische Kenntnisse vom kranken Menschen zur Verfügung standen, schon mehr oder weniger erfolgreiche Bemühungen um die Kranken und Verletzten praktiziert wurden. Die Krisenhaftigkeit des menschlichen Lebens zwingt zur Handlung, was bedeutet, dass ein kranker oder verletzter Mensch in der Frühzeit unserer Menschheitsgeschichte nicht warten konnte, bis evidenzbasiertes medizinisches Wissen und ärztliches Können zur Verfügung standen – er musste versorgt werden. Erst durch das aufgrund der Krise erzwungene Tätig-Sein entwickelte sich dieses allmählich zu einer professionellen Praxis: Man wusste dann durch Erfahrung so langsam, was wirkt. Zudem entstand ebenso allmählich ein systematisches Wissen über den Gegenstand und seine kunstfertige Behandlung, die als Theorie der Praxis begriffen werden kann. Für praktische Wissenschaften gilt also, dass die Praxis immer älter ist als die Theorie. Mit Bezug auf unser Beispiel bedeuten diese Ausführungen, dass die professionelle ärztliche Praxis (Profession) und die korrespondierende medizinische Wissenschaft (Disziplin), wie wir sie heute kennen, ihren Ursprung in den vor-professionellen und vor-disziplinären heilkundlichen Bemühungen um den leidenden Menschen (Patienten) haben. Das Primat der Praxis (vor der Theorie) ist damit konstitutiv für praktische Wissenschaften und deren professionelle Praxen. Dieser Sachverhalt ist auch für die Rechtswissenschaften und die Theologie mit ihren auf ihre eigentümlichen Zentralwerte bezogenen Interventionspraxen evident: Das Bedürfnis nach Gerechtigkeit sowie die Frage nach Sinn und letztendlicher Wahrheit sind Fragen, die das Wesen des Menschen ausmachen. Sie hatten lange vor einem Rechtsstaat, vor der Etablierung von Religionen und der Wissenschaften zentrale Bedeutung für die Lebenspraxis der Menschen. Gleiches gilt auch für die Pädagogik als Disziplin, die in gewisser Weise das die Erziehung begleitende systematische Bewusstsein darstellt. Die Praxis des Erziehens ist allerdings ebenso immer älter als deren Reflexion.

Damit kommen wir zu einem weiteren Merkmal praktischer Wissenschaften: das der Kunstfertigkeit ihrer professionellen Praxis. Das spezielle Können einer praktischen Wissenschaft gleicht mehr einer Kunstfertigkeit und das diesbezügliche Wissen mehr einer Kunstlehre als einer standardisierbaren Tätigkeit mit entsprechend eindeutiger Wissensbasis. Dieser Tatbestand findet sich auch schon in der Bezeichnung »Praxis« repräsentiert. Die Begriffe von Theorie und Praxis bezogen sich ursprünglich auf die Gestaltung unterschiedlicher Lebensweisen. Für Aristoteles (vgl. 2006) existierten drei gleichberechtigte Wissenschaftsarten, die er als *die praktische*, *die poietische* und *die theoretische* Wissenschaft benannte. Im Blick auf die praktische Wissenschaft ist ihre Abgrenzung zur Poiesis bedeutend. *Poietisches* lässt sich als »Machen« beschreiben, das seinen Sinn durch das Ergebnis erfährt. *Poiesis* beschreibt ein Wissen und ein Können, das eindeutig zu vermitteln ist und gewissermaßen in einem Meister-Schüler-Verhältnis weitergegeben werden kann. Wenn ich zum Beispiel tanzen lernen will, dann werde ich mir sicherlich jemanden suchen, der gut tanzt und mir diese Fertigkeit so zeigt, dass ich sie mir ebenfalls aneignen kann. So spricht man ja auch von einem Gesellenstück als ein herzustellendes Werkstück im Rahmen der Gesellenprüfung am Ende der Ausbildung. Gleiches gilt auch für das so genannte Meisterstück als Ausweis dafür, dass man es zu einem Meister in seinem Fach bzw. in seinem Handwerk gebracht hat. Poietisches Wissen und Können zeichnen sich also durch ein hohes Maß an Standardisierbarkeit, Eindeutigkeit und Berechenbarkeit mit Blick auf den zu behandelnden Gegenstand ab – sei es nun die Installation von Wasserleitungen, das Tapezieren von Wänden, der Anschluss der Telefonanlage oder die Reparatur des Autos.

Die *Praxis* dagegen ist kein Agieren oder Machen, sondern ein *Handeln*, das seinen Sinn schon in sich trägt und daher eher prozesshaft ist. Selbstverantwortliche Menschen handeln sinnvoll und sozial – also auf andere Menschen hin ausgerichtet. In diesem Verständnis stellen Praxis und Theorie ergänzende Aspekte der Wissenschaft dar. Wir sprechen deshalb im Blick auf die Pädagogik von einer praktischen Wissenschaft. Wissen und Können, das sich im Rahmen *einer Praxis* vollzieht, ist eher mehrdeutig und weniger standardisierbar und berechenbar. Ein solches Wissen und Können bezieht sich auf einen Gegenstand, der im Grunde erst durch den Menschen selbst hervorgebracht und durch ihn veränderbar wird. Immer wenn Menschen handelnd in Erscheinung treten, erweisen sich ihre Ausdrucksgestalten als mehrdeutig, weniger klar bestimmt und in vielen Fällen interpretationsbedürftig. So kann zum Beispiel die gefühlsmäßige Reaktion auf ein gleiches Ereignis bei den beteiligten Personen ganz unterschiedlich ausfallen. Oder, wir kennen das alle, was uns heute ärgert, lässt uns morgen vielleicht völlig kalt. Da der Mensch seiner Lebenspraxis fortwährend gewollt und bewusst oder ungewollt und unbewusst Sinn oder gar Bedeutung unterstellt, gestaltet sich das Unterfangen, den Gründen des menschlichen Denkens, Fühlens und Handelns nachzugehen, als ein außerordentlich ungewisses. Dies gilt zumindest dann, wenn man von einem Reiz direkt auf eine Reaktion schließen will, ohne die höchst individuelle, von der lebensgeschichtlichen Erfahrung abhängige, sinn- und bedeutungsstiftende Modulation des Reizes durch den Menschen zu berücksichtigen. Und es gilt sowohl für den Menschen selbst als auch für diejenigen, die in einem professionellen Verhältnis zu diesem stehen. So wissen wir nie, auch wenn wir den Tag gut geplant haben, was uns so erwartet und welchen Verlauf dieser nehmen wird. Wenn es gut geht, können wir am Ende des Tages Auskunft darüber geben, wie es gelaufen ist. Als Menschen sind wir mit der Tatsache konfrontiert, dass wir in eine ungewisse Zukunft hineinleben müssen. Und für die professionellen Praktiker stellt sich dieses konstitutive Merkmal menschlicher Lebenspraxis noch einmal in einer verschärften Form dar.

Als professionelle Praktiker sind wir herausgefordert, den jeweiligen Einzelfall, mit dem wir in einem professionellen Verhältnis stehen, vor dem Hintergrund unseres disziplinären wissenschaftlichen Wissens zu deuten und hieraus Interventionsstrategien abzuleiten. Das macht den Kern interventionspraktischen Wissens und Könnens aus: die konstitutive Vermittlungsleistung zwischen Einzelfall und allgemeinem Wissen. Eine solche Vermittlungsleistung ist nicht standardisiert zu Wege zu bringen, weil sie, falls man es doch versuchen sollte, gewissermaßen nach dem Motto: »Kenne ich einen, kenne ich alle«, die Eigenart des jeweiligen Einzelfalls verfehlen würde. Die Bauchschmerzen, die uns zum Arzt führen, die Lernbeeinträchtigungen, die uns das schulische Lernen erschweren, die mit der Trennungsentscheidung einhergehenden moralischen Nöte oder die arbeitsrechtliche Auseinandersetzung mit dem Arbeitgeber – alle diese lebenspraktischen Krisen stellen sich zwar bei vielen Menschen im Laufe ihres Lebens ein, haben aber ganz unterschiedliche Hintergründe, die dann auch erst den Rahmen für eine hilfreiche Unterstützung abgeben. So schaut der Arzt genau nach den je

1 Pädagogik als praktische Wissenschaft

spezifischen Ursachen der Bauchschmerzen, der Lehrer erkundet die je individuellen Bedingungen des beeinträchtigten Lernens, der Pfarrer fragt nach den individuellen Dispositionen im Blick auf Schuld, Scham und Sühne und der Richter entscheidet den strittigen Einzelfall vor dem Hintergrund der Beweislage mit Bezug auf geltendes Recht. Hier wird klar, Wissen und Können im Modus der Praxis müssen Allgemeines auslegen, um es auf den Einzelfall spezifisch anwenden zu können. Professionelles Handeln ist interventionspraktisches Handeln und damit prinzipiell ein Handeln unter Ungewissheit. Damit müssen die professionellen Akteure umgehen – im günstigsten Fall entwickeln sie professionelles Wissen, Können und auch professionelle Einstellungen und Haltungen, die sich aus drei Quellen speisen: 1. aus systematischem wissenschaftlichen Wissen und Können, 2. aus intuitivem Wissen und Können und 3. aus einem Wissen und Können, das sich in der Praxis bewährt hat. Auf diesem Wege entsteht das, was man als Kunstfertigkeit bezeichnen kann und das dafür sorgt, dass die professionelle Vermittlungsaufgabe nicht zu einem Dauerproblem wird.

Damit erscheint der Rahmen hinreichend umrissen, in dem sich unsere folgenden Ausführungen bewegen sollen. Im Mittelpunkt steht die Explikation einer Entwicklungspädagogik, die die menschliche Entwicklung unter den Bedingungen des Lernens und des Erziehens fasst und sich damit auf den genuinen Gegenstand der Pädagogik als praktische Wissenschaft bezieht. In diesem Sinne möchten wir eine Theorie der pädagogischen Praxis entfalten, die in der Lage ist, in höchstem Maße interventionspraktisch wirksam zu werden, weil sie den sogenannten »pädagogischen Blick«, der der professionellen Kunstfertigkeit und der Kunstlehre zuzurechnen ist, pädagogisch begründet. Unserem Verständnis nach kann dieser pädagogische Blick auch als das verstanden werden, was Johann Friedrich Herbart (1964) bereits 1802 mit dem Begriff des pädagogischen Takts umrissen hat: »Nun schiebt sich aber bei jedem noch so guten Theoretiker, wenn er seine Theorie ausübt und nur mit den vorkommenden Fällen nicht etwa in pedantischer Langsamkeit wie ein Schüler mit seinem Rechenexempeln verfährt, zwischen die Theorie und die Praxis ganz unwillkürlich ein Mittelglied ein, ein gewisser Takt nämlich, eine schnelle Beurteilung und Entscheidung, die nicht wie der Schlendrian ewig gleichförmig verfährt, aber auch nicht, wie eine vollkommen durchgeführte Theorie (...) sich rühmen darf, bei strenger Konsequenz und in völliger Besonnenheit an die Regel zugleich die wahre Forderung des individuellen Falls ganz und gerade zu treffen« (Herbart 1964, 126). Nimmt man Herbarts Aufforderung, die den Überlegungen zum pädagogischen Takt vorangestellt ist, noch hinzu: »Unterscheiden Sie zuvörderst die Pädagogik als Wissenschaft von der Kunst der Erziehung« (ebd., 124), dann kann Herbart mit Fug und Recht als ein Vordenker einer pädagogischen Professionalisierungstheorie gelten. Er beschreibt hier den Professionellen, der über allgemeines Wissen verfügt und im Blick auf die Forderungen des individuellen Falles für die notwendige Vermittlungsoperation auf den *pädagogischen Takt* angewiesen ist, im Vergleich zum ewig gleich Vorgehenden, den er als Schlendrian auffasst, und zu einer ingenieurialen Praxis, die willens und in der Lage ist, in völliger Besonnenheit jeden Einzelfall den allgemeinen Regeln unterzuordnen.

So wird für das hier in Rede stehende Thema eine ganz besondere Gattung wissenschaftlicher Darstellung nötig. Um unsere Thematik in gegenstandsangemessener Form entfalten zu können, müssen wir uns in zwei Richtungen abgrenzen. Zum einen wird hier keine theoretisch-erziehungswissenschaftliche Abhandlung zum Thema »menschliche Entwicklung« gegeben. Das ist sicherlich möglich und von herausragenden Vertretern unseres Fachs mit unterschiedlicher Schwerpunktsetzung auch schon geleistet worden, würde aber unsere Zielrichtung verfehlen. Wir möchten weniger ein erziehungswissenschaftliches als ein pädagogisches Buch vorlegen, eines, das für die Praxis des Erziehens Relevanz hat, eines, das sich mehr auf den oben genannten Takt bzw. auf dessen berufswissenschaftliche Basis bezieht. Damit ist natürlich nicht gesagt, dass theoretisch-erziehungswissenschaftliche Wissensbestände keine Praxisrelevanz haben, dienen sie doch der so wichtigen wissenschaftlichen Fundierung des in der Wissenschaft begründeten Berufs des Pädagogen, den Christian Lüders (1989) damit ja zu Recht als wissenschaftlich ausgebildeten Praktiker bezeichnet hat. Selbstverständlich kann man als Pädagoge auch in Zusammenhängen arbeiten, die entweder mit Pädagogik nichts mehr zu tun haben oder die sich nicht mehr auf die Praxis des Erziehens beziehen. Ähnliche berufliche Verläufe finden sich ja auch bei Ärzten, die als Mediziner, bei Pfarrern, die als Theologen, oder bei Richtern, die als Juristen in ganz unterschiedlichen Feldern tätig werden können. Das ist durchaus möglich, sind doch die entsprechenden Studiengänge im Allgemeinen relevant, weil sie sich grundlegend mit den Facetten des Mensch-Sein beschäftigen. So verständlich es allerdings ist, aus allgemeinem Interesse Medizin, Pädagogik, Theologie oder Rechtswissenschaften zu studieren, so sind diese Disziplinen im Kern auf eine Tätigkeit in ihrer jeweiligen professionellen Praxis als Arzt, Erzieher, Pfarrer und Richter ausgerichtet. Darum geht es in den Ausführungen zur Entwicklungspädagogik: um die Explikation einer pädagogischen Theorie für die erzieherische Praxis. Als wissenschaftlich ausgebildeter Erzieher bezieht sich der Praktiker auf die pädagogische Wissenschaft. Damit kommen wir zur zweiten Differenzlinie unserer notwendigen Abgrenzungsbemühungen. Zielt die erste gewissermaßen auf eine als strukturell zu benennende Binnendifferenzierung der pädagogischen Disziplin, so hebt die zweite Abgrenzung auf

1 Pädagogik als praktische Wissenschaft

die Verhältnisbestimmung der pädagogischen Disziplin und Profession zu ihren Nachbardisziplinen, die sich ebenfalls als Humanwissenschaften verstehen, ab. Um es kurz zu machen: Die hier versuchte Explikation einer Entwicklungspädagogik ist nicht das Resultat einer Anwendung psychologischer, soziologischer oder neurobiologischer Grundlagenforschung auf die Praxis des Erziehens, sondern Ergebnis pädagogischer Studien.

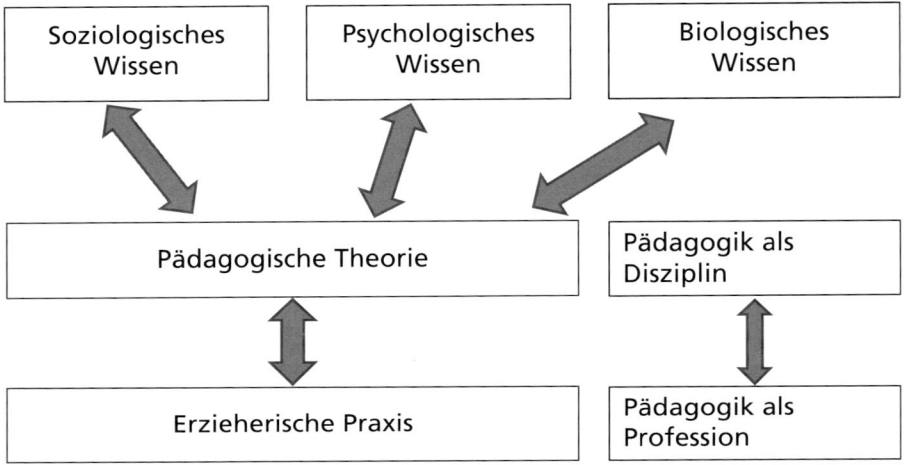

Abb. 1: Verhältnis von pädagogischer Theorie und Praxis zu den Nachbarwissenschaften

Es versteht sich von selbst, dass für die pädagogische Theorie und Praxis die Erkenntnisse anderer Humanwissenschaften von prinzipieller Relevanz sind, nur müssen sie, wie das der Tübinger Pädagoge Klaus Prange (2014) mit Bezug auf Johann Friedrich Herbart (1806/1965) kategorisch feststellt, in das System der einheimischen Begriffe der Pädagogik transformiert werden: »Der Einbau auswärtiger Begriffe in die Systematik der Pädagogik hat unter dem Primat ihrer einheimischen Operationen zu erfolgen« (Prange 2014, 21). Das heißt ganz konkret, dass die Methoden und Ergebnisse der Humanwissenschaften darauf hin geprüft werden müssen, welche Relevanz sie für die Bearbeitung des Gegenstands der Pädagogik in Theorie und Praxis haben. Und es ist die der Pädagogik eigentümliche Systematik, die darüber entscheidet, und nicht beispielsweise die Psychologie, die die Praxis des Erziehens oder gar die Themen der pädagogischen Forschung bestimmen sollte. So wird auch eine mit der Gegenüberstellung von qualitativer und quantitativer Forschung zusammenhängende Vorstellung, nur hypothesenprüfende, subsumtionslogische

Forschung und deren Anwendung könne in der Pädagogik als empirisch und evidenzbasiert angesehen werden, obsolet. Insbesondere im Blick auf pädagogische Forschung hat die grundlegende Kritik des Nobelpreisträgers Peter Brian Medawar an hypothesenprüfenden empirischen Untersuchungen Gültigkeit. Im BBC wurde 1963 ein Vortrag des Biologen ausgestrahlt, in dem der Wissenschaftler zu dem Ergebnis gelangt, dass hypothesenprüfende Untersuchungen und die schriftlichen Berichte davon tendenziell ein Betrug seien. Medawar bejaht die Frage »Is the scientific paper a fraud?« und begründet dies u. a. mit der Beobachtung, dass die Grundstruktur der hypothesenprüfenden Untersuchung darauf angelegt sei, solche Ergebnisse zu zeitigen, wie sie bereits vorher angenommen würden. Die Theorie veranlasse den Forscher, Erwartungen zu formulieren, und lasse ihn ausschließlich in diesem Rahmen Entdeckungen machen. Dabei entstünde dann fälschlicherweise der Eindruck, hier seien objektive Wirklichkeiten zum Abdruck gekommen (vgl. Medawar 1963).

Neben den in der wissenschaftlichen Diskussion jeweils präferierten Forschungsmethoden müssen auch die inhaltlichen Schwerpunkte und Begrifflichkeiten der Nachbarwissenschaften auf ihre Relevanz für die Bearbeitung pädagogischer Fragestellungen hin überprüft werden. Diesbezüglich hat Martinus Langeveld, ein niederländischer Lehrer und Professor für Pädagogik, Klarheit geschaffen, indem er bereits 1968 feststellte, »daß die Psychologie nie und nirgends die Erziehung leiten und richten kann. Daß aber (...) die Psychologie im Gegenteil nach Ursprung, Bedeutung und Gegenstand vom pädagogischen Denken abhängig ist« (Langeveld 1968, 71). Und ebenso ist es auch nicht die Soziologie, die Erziehung überwiegend als Element des Sozialisationsprozesses versteht und dementsprechend der pädagogischen Theorie und Praxis aus soziologischer Sicht nahelegt, was unter Erziehung zu verstehen und wie mit dieser umzugehen ist (vgl. Hechler 2013). Mit Blick auf den Symbolischen Interaktionismus schreibt der Pädagoge Gerhard Hey bereits 1978: »Es ist fatal, wie Pädagogen unkritisch einer Theorie wie der des Symbolischen Interaktionismus anheimfallen, die zwar einen für die Erziehung bedeutsamen Zusammenhang erkannt hat (...), die aber ein in vielen Dingen amputiertes Bild des Menschen vermittelt« (Hey 1978, 48). Und es dürfte sich an der von Hey dargelegten Situation aktuell wenig geändert haben – wahrscheinlich ist nur der Symbolische Interaktionismus von scheinbar moderneren Theorien, wie zum Beispiel dem vielzitierten, aber doch häufig missverstandenen oder auch in weiten Teilen unverstandenen Konstruktivismus abgelöst worden (vgl. Fertsch-Röver 2017). Gleiches gilt auch für die Biologie. Selbst wenn diese in der Pädagogik momentan hoch im Kurs steht – fast noch höher als der Konstruktivismus –, muss doch die »Neurobiologie der

1 Pädagogik als praktische Wissenschaft

Schule« (Bauer 2008, 9) noch durch das Nadelöhr der pädagogischen Disziplin und Profession. So verhält sich die Pädagogik zu ihren humanwissenschaftlichen Nachbardisziplinen wie die Medizin zur Biologie, Chemie oder Physik. Diese Wissenschaften liefern grundlegende Kenntnisse über die Funktionsweise des menschlichen Organismus, doch wird dadurch die Medizin nicht zu einer lediglich anwendenden Disziplin – also zu einer angewandten Wissenschaft –, denn die biologischen, chemischen oder physikalischen Einsichten können den kranken Menschen niemals in seiner leibseelischen Gesamtverfasstheit begreifen und ihm deshalb auch nicht gerecht werden. Hierfür bedarf es zunächst der Aufarbeitung dieser Wissensbestände durch die medizinische Wissenschaft und deren interventionspraktischer Vermittlung im Rahmen des Arzt-Patient-Verhältnisses. Insofern versteht es sich auch von selbst, dass niemand auf die Idee käme, dem Biologen, Chemiker oder Physiker die Behandlung eines Kranken oder einer Krankenstation zu übertragen.

In diesem Sinne folgt die hier in Angriff zu nehmende Entwicklungspädagogik grundlegend einer anthropologischen Betrachtungsweise (vgl. Bollnow 1965). Diese Sichtweise verhindert sowohl eine unzulässige triviale Summierung der Erkenntnisse der benachbarten Humanwissenschaften mit Blick auf den Gegenstand der Pädagogik als auch dessen Subsumtion unter das vorherrschende Paradigma einer benachbarten Humanwissenschaft. Vielmehr ermöglicht die hier zu entfaltende Entwicklungspädagogik, »daß sich die Pädagogik ihres *unmittelbaren* (kursiv im Original) Zugangs zum Menschen gewiß wird und nicht mehr glaubt, sich von anderen Wissenschaften (…) sagen lassen zu müssen, wie der Mensch beschaffen ist, mit dem sie es zu tun hat, um daraus sekundär die pädagogischen Begriffe abzuleiten, sondern den Menschen in allen seinen Lebensbezügen (…) unmittelbar sub specie educationis zu erforschen« (Loch 1963, 79).

Diesem Verständnis folgend heben die Ausführungen zur Entwicklungspädagogik auf die Entfaltung eines personagenetischen Entwurfs der menschlichen Entwicklung unter den Bedingungen des Lernens und des Erziehens ab. Im Zentrum steht die Personwerdung des Menschen durch Lernen und Erziehung. Damit beziehen wir uns auf die Faktizität und die gattungsspezifische Notwendigkeit von Erziehung, die die anthropologische Grundlage der Pädagogik abgeben und die bereits früh in der pädagogischen Reflexion zum Gegenstand wurden. Letztendlich heben wesentliche pädagogische Aussagen – von Erasmus von Rotterdam über Johann Amos Comenius bis hin zu Immanuel Kant – auf den Tatbestand ab, dass der »Mensch nur Mensch werden (kann) durch Erziehung« (Kant 1878, 63). Diese Aussage bedarf allerdings einer kleinen Erweiterung und nicht unwesentlichen Korrektur, ist sie doch eher in einem historischen Kontext zu verstehen. Demzufolge fassen wir Mensch-Sein nicht als Resultat von Erziehung auf, denn der Mensch ist jenseits von Erziehung qua Geburt Mensch, sondern knüpfen an die Tradition einer personalistischen Erziehungstheorie an, wie sie der italienische Pädagoge Guiseppe Flores d'Arcais (1991) entworfen und der Würzburger Pädagoge Winfried Böhm (1997) weitergeführt und in Deutschland bekannt gemacht hat. Dieser pädagogischen Denkrichtung zufolge wird – stark vereinfacht – der Mensch als Mensch geboren, aber erst durch Erziehung, die maßgeblich für den individuellen Bildungsprozess ist, zur *Person*. Wir haben also die Person, die »gereift für sich selber entscheiden und in solchen Entscheidungen zur Persönlichkeit werden (kann)«, im Blick. So muss die Erziehung, wie wir sie denken, sowohl als »Freigabe des Heranwachsenden, nicht als seine Unterwerfung« als auch als notwendiger »Beistand (für) die Aktualisierung der Personalität« (Speck 1970, 323) des Menschen verstanden werden, indem erzieherisches Handeln prinzipiell jene Bedingungen zu ermöglichen hat, unter denen der Mensch sein Person-Sein aktualisieren kann. Außer Acht lassen wir hierbei die philosophisch-anthropologischen und phänomenologischen Entwürfe zur Person und zur Personalität, die zwar die Grundlage für die Bestimmung der Begriffe »Person« und »Personalität« als pädagogische Grundbegriffe abgeben, die hier aber nicht weiter diskutiert werden sollen. Es geht uns damit, wie gezeigt wurde, weder um die Explikation der Psychogenese, der Soziogenese oder der Biogenese mit Blick auf die menschliche Entwicklung, um hieraus etwa die pädagogische Fragestellung und diesbezügliche pädagogische Handlungsentwürfe *abzuleiten*, sondern um den, wie Werner Loch (1963) meint, unmittelbaren spezifisch-pädagogischen, das heißt, personagenetischen Zugang zum Menschen unter den Bedingungen der Erziehung im Rahmen eines erzieherischen Verhältnisses. Dieser markiert das Alleinstellungsmerkmal der Pädagogik als Disziplin und Profession und macht deutlich, »was ein Pädagoge und nur ein Pädagoge wirklich kann im Unterschied zum Psychologen oder Arzt oder Therapeuten« (Prange 1987, 357).

Dieser Zugriff hat auch zur Folge, dass wir uns nur an den Stellen auf einschlägige Entwicklungstheorien beziehen, wo diese dazu dienen, die Sache der Entwicklungspädagogik zu verdeutlichen. Eine systematische Aufarbeitung psychologischer, soziologischer oder biologischer Entwicklungstheorien wird hier nicht angestrebt. Ebenso bleiben die zumeist anhand und entlang soziologischer Sozialisationstheorien beeinflussten entwicklungspädagogischen Entwürfe (z. B. Aufenanger 1992) hier weitgehend unberücksichtigt, was selbstverständlich nicht heißt, dass wir diesen keine Relevanz zusprechen, doch meinen wir, dass diese Entwürfe nur bedingt aus den »einheimischen Begriffen« der Pädagogik und deren Systematik hervorgegangen sind. Selbst-

1 Pädagogik als praktische Wissenschaft

verständlich haben grundlegende Arbeiten zum Gedanken einer Entwicklungspädagogik, wie sie zum Beispiel auch Heinrich Roth im zweiten Band seiner Pädagogischen Anthropologie entworfen hat (Roth 1971), Eingang in unsere Überlegungen gefunden. Allerdings versuchen wir an dieser Stelle, weniger einen systematischen Überblick oder vielleicht gar eine Theoriegeschichte der Entwicklungspädagogik zu schreiben als vielmehr »nach vorne« einen Entwurf zu formulieren, der sich, und dieser Sachverhalt ist völlig unstrittig, zwar im Kontext der einschlägigen Bemühungen verorten lässt, dabei aber möglicherweise etwas »Neues« in die Diskussion einzubringen vermag. So können wir vielleicht, in Anlehnung an Klaus Prange, abschließend festhalten: Die Entwicklungspädagogik »ist von Anfang bis Ende bei sich selbst und braucht nicht erst den Umweg über anderes Wissen, das nachträglich pädagogisiert wird« (Prange 2000, 242).

Entsprechend den Forderungen des Themas entfalten wir unsere Gedanken zur Entwicklungspädagogik in zweifacher Hinsicht. Zum einen werden wir die pädagogischen Grundlagen der Entwicklungspädagogik kurz skizzieren, um den Rahmen abzustecken, in dem wir unser entwicklungspädagogisches Modell verorten. Denn es scheint ja mittlerweile nicht mehr klar, was im Allgemeinen unter Pädagogik und im Besonderen unter Erziehung zu verstehen ist bzw. verstanden werden soll. Die Entwicklungspädagogik ist eingebettet in ein Verständnis von Pädagogik als eine praktische Wissenschaft, dessen Grundbegriff die Erziehung darstellt. Diese Bestimmung findet sicherlich nicht ungeteilten Zuspruch – das muss sie auch nicht. Doch lässt sich erzieherisches Sehen, Denken und Handeln ohne einen grundlegenden, weitestgehend kohärenten Entwurf von Pädagogik schlichtweg nicht realisieren, wenn man es mit der Eigenständigkeit der Erziehung in Theorie und Praxis ernst meint.

Zum anderen wird dann die Explikation dessen, was wir unter Lernen und Erziehen über den Lebenslauf verstehen, entfaltet. Hier finden sich genaue Darstellungen von Entwicklungsthemen und Lernaufgaben, die sich dem Menschen über seinen gesamten Lebenslauf in den unterschiedlichen Lerndimensionen stellen. Das Hauptaugenmerk liegt dabei auf dem Lernen, seinen Themen und seinen Hemmungen. Dieser Schwerpunkt ergibt sich daraus, dass das Lernen gewissermaßen die »Betriebsprämisse« (Prange 2011, 35) erzieherischen Handelns abgibt. Das Lernen ist dem Erziehen vorangestellt und soziales Handeln wird dann zu Erziehung, wenn es sich auf das Lernen bezieht mit dem Ziel, Themen so zu vermitteln, dass sie sich vom Gegenüber auch aneignen lassen. Insofern ergeben sich die Formen pädagogischen Handelns aus den Lernanforderungen. Wie noch ersichtlich werden wird, fokussieren wir also mehr auf die anthropologische Seite der Erziehung und weniger auf die didaktische. Diese wird dann thematisch, insofern sie Lernhilfen für anstehende Lernaufgaben mit den damit einhergehenden Lernhemmungen bereitstellt. In diesem Sinne verstehen wir die Formen pädagogischen Handelns immer als Mittel zum Zweck des Lernens – nie als Selbstzweck. Der Fokus auf die Lernaufgaben, die Lerndimensionen und auf deren Entfaltung über den Lebenslauf bringt es mit sich, gelegentlich auch die besonderen und erschwerenden Bedingungen zu thematisieren, die aus Lernhemmung durchaus auch umfängliche Beeinträchtigungen, Störungen oder Gefährdungen entstehen lassen und damit massiv auf die Bewältigung von Lernaufgaben Einfluss nehmen können.

2

Pädagogische Grundlagen

Die Entfaltung der Entwicklungspädagogik erfolgt, wie bereits angemerkt, in einem zweiphasigen Prozess. Zunächst werden wir die pädagogischen Grundlagen der Entwicklungspädagogik skizzieren. Was für die Pädagogik im Allgemeinen gilt, gilt auch für die Entwicklungspädagogik im Besonderen: Bezugspunkt aller Überlegungen muss die Erziehung sein. Diese versuchen wir mit Blick auf ihre Relevanz für die Formulierung entwicklungspädagogischer Grundprinzipien zunächst zur Darstellung zu bringen, so dass eine anschauliche und belastbare Vorstellung von Erziehung entstehen kann. Wir fokussieren damit in gewisser Weise zunächst auf das »statische« Fundament der Entwicklungspädagogik und folgen der Frage, wie sich der pädagogische Zugang zum Menschen beschreiben lassen könnte. Auf diesem Wege lässt sich letztendlich gut der pädagogische Aufbau der Person zur Darstellung bringen. Dieser pädagogische Aufbau der Person wird dann durch einen lebensaltersspezifischen Bezug im Horizont verschiedener Lerndimensionen sukzessive angereichert. Der Grundgedanke ist folgender: In unterschiedlichen Lebensaltern stellen sich ganz unterschiedliche Lernaufgaben in ganz unterschiedlichen Lerndimensionen, die ganz unterschiedliche Lernhilfen erfordern. In differentialpädagogischer Hinsicht ist dieser Sachverhalt alles andere als trivial, denn nicht selten verweist eine Lernhemmung, die man vermeintlich ohne weiteres einer Lerndimension zuordnen könnte, auf eine ganz andere Lerndimension. Das aktuelle Lebensalter, in dem die Lernhemmung auftritt, muss auch nicht immer das Lebensalter sein, das für die grundlegende Organisation der Lernhemmung maßgeblich ist. Darüber hinaus ist zwar für eine Lernaufgabe zumeist eine Lerndimension primär relevant, doch gilt es immer zu beachten, dass eben auch die Inhalte der anderen Lerndimensionen sekundär für die Bewältigung einer Lernaufgabe aus einer bestimmten Lerndimension dringend erforderlich sind. Hemmungen im Bereich der sekundären Lerndimensionen beeinträchtigen dann die Bewältigung der Lernaufgabe im Bereich der primären Lerndimension, so dass sich dementsprechend auch die Lernhilfen gestalten müssen. Das heißt konkret, eine Lernhemmung im Bereich der Aneignung mathematischer Kenntnisse muss nicht unbedingt bedeuten, dass hier primär die Lerndimension des Wissens ursächlich im Fokus steht – das bietet sich an, muss aber nicht sein. Die Lernhemmung kann sich ebenso gut auf die Lerndimension des Wollens beziehen lassen. So kann der einschüchternde Unterrichtsstil des Lehrers zu einer ängstlichen Erwartungshaltung beim Schüler und damit zu einer Unmöglichkeit des Lernens führen. Eine Lernhilfe in Form eines Trainings bei Dyskalkulie würde so ins Leere laufen. Aber auch können vorschulische Fertigkeiten nicht in einem Maß erworben worden sein, deren teilweises oder gänzliches Fehlen jetzt in der Schulzeit die Aneignung mathematischer Zusammenhänge erschweren. Auch hier wäre ein Dyskalkulie-Training nicht angezeigt. Um die Komplexität noch etwas zu erhöhen, muss die pädagogische Lerndiagnostik unter Umständen in den Kontext von erschwerenden und besonderen Bedingungen gestellt werden. Das heißt, das an sich schon mehrfach determinierte Lerngeschehen, und damit auch der Versuch, dieses verstehend zu fassen, wird nicht selten durch personale, sozio-kulturelle, sozio-emotionale, sozio-ökonomische und/oder sozio-physio-emotionale Beeinträchtigungen erschwert. Vor dem Hintergrund der Komplexität der pädagogischen Aufgabe kann ersichtlich werden, warum pädagogisches Verstehen und pädagogisches Handeln als Kunstlehre und Interventionspraxis aufgefasst werden muss. Eine Standardisierung verbietet sich hier, weil sie den Gegenstand der pädagogischen Bemühungen nur unter den Bedingungen der Trivialisierung zu fassen vermag und ihn damit aber kategorial verfehlt.

2.1 Form der Erziehung

Was Friedrich Schleiermacher in seinen Grundzügen zur Erziehungskunst 1826 noch behaupten konnte: »Was man im allgemeinen unter Erziehung versteht, ist als bekannt vorauszusetzen« (Schleiermacher 1983, 7), gilt heute so ohne weiteres nicht mehr. Erziehung als zentraler Gegenstand einer Pädagogik, die sich zu den Geistes-, Kultur- und Sozialwissenschaften zählt, lässt sich nicht so einfach bestimmen und fixieren wie die Gegenstände der Naturwissenschaften. Ihre Faktizität ist zwar evident, doch sie zeigt sich beim Versuch des direkten Zugriffs als immens flüchtig. Erziehung gibt sich im Grunde nur durch ihre spezifische Form zu erkennen, weil sie als soziale Handlung vieles von dem teilt, was auch andere soziale Handlungen auszeichnet. Jenseits aller Bestimmungsversuche der Erziehung über anthropologische Begründungsfiguren, Definitionen bis hin zu metaphorischen Zugängen (Brumlik et al. 2013) tritt Erziehung relativ belastbar und konstant durch ihre eigentümliche Form in Erscheinung. Das, was Erziehung formal ausmacht, ist ihre triadische Struktur, die besser bekannt ist als »Didaktisches Dreieck«. Wenn also von Erziehung gesprochen wird, dann hat man es formal mit einem triadischen Gebilde zu tun, das aus den Teilen »Erzieher«, »Zögling« und »Thema« besteht. In diesem Sinne kann auch nur dann von Erziehung gesprochen werden, wenn diese drei Teile kopräsent gegeben sind und strukturell aufeinander verweisen.

Das didaktische Dreieck geht auf den bereits zitierten Johann Friedrich Herbart zurück, der in seiner Replik auf Jachmanns Rezension der »Allgemeinen Pädagogik« aus dem Jahr 1814 feststellt:

> »Und da die Ausbreitung der Kraft dadurch geschieht, dass man den Zöglingen eine Menge von Gegenstände darbietet, die ihn reizen und in Bewegung setzen, so muß, um die Aufgabe zu erfüllen, etwas Drittes zwischen Erzieher und Zögling in die Mitte gestellt werden als ein solches, womit dieser von jenem beschäftigt wird. So etwas heißt *unterrichten* (kursiv im Original). Das dritte ist der Gegenstand, *worin* (kursiv im Original) unterrichtet wird. Der hierher gehörige Teil der Erziehungslehre ist die Didaktik« (Herbart 1965, 262).

Diesem Verständnis nach kann nur dann begründet von Erziehung gesprochen werden, wenn mindestens zwei Personen über Themen miteinander in Kontakt treten, wobei der eine Themen vermittelt und der andere sich die Themen lernend aneignet bzw. aneignen soll. Das ist das, was mindestens gegeben sein muss, um überhaupt in einem ersten Schritt von Erziehung sprechen zu können. Hier wird freilich noch keine Aussage über »gute« und

»schlechte« Erziehung oder über den Sinn und Unsinn der dargebotenen Themen getroffen, sondern zunächst nur Erziehung strukturformal bestimmt.

2.2 Operationen der Erziehung

Das didaktische Dreieck stellt also in strukturformaler Hinsicht einen Rahmen bereit, der es erlaubt zu bestimmen, wann überhaupt von Erziehung gesprochen werden kann und wann eben nicht. Allerdings ist die triadische Struktur der Erziehung eine notwendige, für die Erziehung aber keinesfalls hinreichende Voraussetzung. Verweist die Struktur auf die Statik der Erziehung, so muss nun noch die Dynamik der Erziehung in den Blick genommen werden – das heißt, es gilt, den Rahmen, den das didaktische Dreieck konstituiert, gewissermaßen dynamisch auszukleiden.

Erziehung entsteht in der Koordination von zwei ganz grundsätzlich zu unterscheidenden Operationen, die sowohl aufeinander Bezug nehmen als auch durch den Bezug auf ein gemeinsames Thema zusammengehalten werden. Immer, wenn erzogen wird, finden wir nicht nur wenigstens zwei Akteure, deren Aufmerksamkeit sich auf ein gemeinsames Thema richtet, sondern immer auch spezifische Handlungsformen. Auf Seiten des Erziehers lässt sich immer eine Zeigegeste erkennen, die versucht, zunächst die Aufmerksamkeit des Zöglings zu gewinnen, um diese dann auf das Thema, das es zu zeigen gilt, zu lenken. Die Zeigeoperation und ihre theoretische und interventionspraktische Einbindung in die pädagogische Disziplin und Profession sind gemeinsam als die *didaktische Seite der Erziehung* aufzufassen. Auf der Seite des Zöglings wiederum verorten wir die Bemühungen um das Lernen. Denn die zeigenden Bemühungen des Erziehers haben grundsätzlich das Lernen des Zöglings im Blick. Immer geht es darum, ein Thema so zu zeigen, dass es sich der Zögling auch lernend aneignen kann. Ist das Zeigen als zentrale Signatur der »Erzieher von Beruf« (Prange/Strobel-Eisele 2006, 44) der didaktischen Seite der Erziehung zuzuordnen, so verweist das Lernen des Zöglings auf die *anthropologische Seite der Erziehung*. Aus dieser Bestimmung von Erziehung folgen zwei Sachverhalte. Erstens lernt der Mensch auch ohne Erziehung, und zweitens kann es keine Erziehung geben, die sich nicht auf das über Themen vermittelte Lernen bezieht. Wenn wir erziehen, wollen wir immer das Lernen des Gegenübers erreichen, und immer haben wir Themen im Sinn, die von uns zeigend vermittelt werden und die sich der Zögling lernend aneignen soll. Der Pädagogikprofessor Wolfgang Sünkel hat in seiner

2 Pädagogische Grundlagen

Allgemeinen Theorie der Erziehung dieses grundlegende pädagogische Verständnis folgendermaßen auf den Punkt gebracht: »Erziehung ist die vermittelte Aneignung nicht-genetischer Tätigkeitsdispositionen« (Sünkel 2011, 46). Und Pädagogik wäre demnach die wissenschaftliche Lehre von Erziehung als vermittelte Aneignung nicht genetischer Tätigkeitsdispositionen. Diese Definition ist für unsere Ausführung leitend.

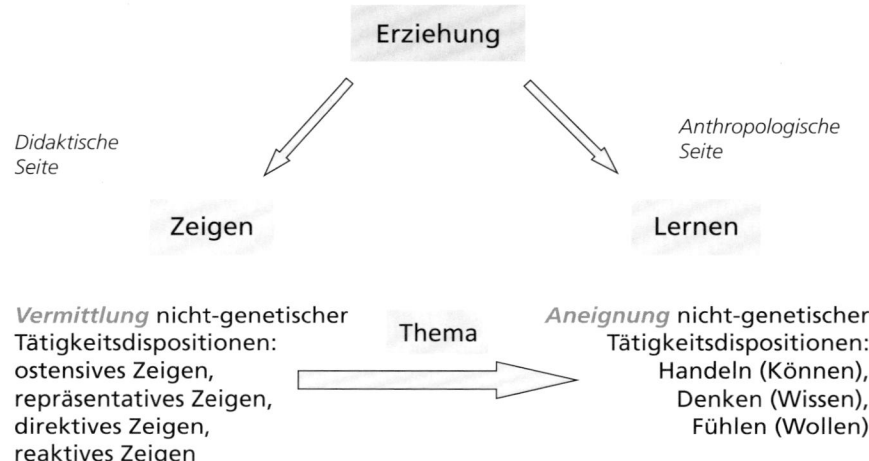

Abb. 2: Operationen der Erziehung

Soweit erst einmal der Überblick über die Dynamik der pädagogischen Operationen, die sich im Feld der Erziehung entfaltet. Blicken wir aber nun zunächst etwas genauer auf die didaktische Seite der Erziehung

2.2.1 Das Zeigen

Das Zeigen ist die zentrale Signatur des handelnden Erziehers. Thomas Fuhr, Professor für Erwachsenenbildung in Freiburg, fasst die Forschungsergebnisse der Operativen Pädagogik, deren Gegenstand die phänomenologische Analyse der Operationen des Erziehens ist, prägnant zusammen und stellt fest: »(...) wenn pädagogisch gehandelt wird, wird immer etwas gezeigt, und wenn nichts gezeigt wird, so wird nicht pädagogisch gehandelt« (Fuhr 1999, 110). Das Zeigen als die zentrale Signatur der Erziehung verweist direkt auf den Ursprung erzieherischen Handelns. Zeigen und

Erziehung sind untrennbar miteinander verbunden. Und die Quellen, die auf diese Grundgebärde des Erziehens Bezug nehmen, reichen bis in die Antike. Das Zeigen als das Sichtbarmachen des Unsichtbaren, also als die Darstellung und das zum Erscheinen Bringen des nicht direkt Gegebenen, kann auf den Vorsokratiker Anaxagoras (499–428 v. Chr.) zurückgeführt werden (Mansfeld 2007).

Anaxagoras benutzte dem Vernehmen nach bereits Diagramme für die Darstellung von Gedanken. Ebenso kann ein Beleg für die Zeigestruktur des Erziehens in Platons Menon (1994) gefunden werden. Dort bedient sich Sokrates einer Zeichnung im Sand, um Menon zu zeigen, wie man ein Quadrat verdoppelt. Beim Erziehen geht es – damals wie heute – darum, Sachverhalte und Situationen oder ganz allgemein Themen so zur Darstellung zu bringen, dass sich der Zögling diese potentiell auch anzueignen vermag.

Nach Klaus Prange und Gabriele Strobel-Eisele (2006) lässt sich die Zeigegeste in pädagogischer Hinsicht in vier elementare Formen unterteilen:

Das *ostensive Zeigen* konzeptualisiert das übende Zeigen. »Die Übung stellt eine pädagogische Handlungsform dar, in der auf die elementaren kindlichen Lernbewegungen immer wieder mit unterstützenden, auffordernden Eingriffen von Seiten des Erziehers geantwortet wird« (ebd., 53). Ziel des übenden Zeigens ist das Hervorbringen von Gewohnheiten und lebenspraktischen Routinen, die dem Menschen helfen, sein Leben teilweise gewissermaßen automatisiert zu leben. Gewohnheiten und Routinen erleichtern in diesem Sinne das Leben, weil nicht immer alles jeden Tag neu durchdacht und eingeübt werden muss. Gleichwohl zeichnen sich die dadurch hervorgebrachten Gewohnheiten und Routinen durch eine Offenheit für ihre Überwindung durch neue und alternative Routinen und Ansichten aus. Ostensiv gezeigt wird also, wenn man als Erzieher etwas vormacht, mitmacht und mit Blick auf das anschaulich Gezeigte zur übenden Aneignung anhält.

Das *repräsentative Zeigen* zielt auf die Darstellung. Pädagogisches Handeln im repräsentativen Modus ist die »Darstellung der Welt, ein Zeigen und Sehenlassen des Unsichtbaren« (ebd., 61). Repräsentatives Zeigen ist im Kern unterrichtendes Zeigen. Durch Unterrichtung werden Sachverhalte und Situationen, die außerhalb der erzieherischen Situation angesiedelt sind und damit überwiegend nicht anschaulich vor Augen geführt werden können, in der erzieherischen Situation zur Darstellung gebracht. Das macht die Kunst des repräsentativen Zeigens aus. Hat man beim ostensiven Zeigen immer das Thema vor Augen, um das es geht, bezieht sich das repräsentative Zeigen auf Themen, die eben nicht so ohne Weiteres vergegenständlicht werden können und trotzdem für eine funktionierende Lebenspraxis in personaler Selbstbestimmung von Relevanz sind.

Das *direktive Zeigen* kann als Aufforderung zur Selbsttätigkeit begriffen werden. So paradox es klingen mag, doch Selbstbestimmung, Freiheit von inneren und äußeren Zwängen und Mündigkeit als zentrale Ziele der Erziehung sind zunächst in einem hohen Maße auf Fremdbestimmung angewiesen. Erst durch die Aufforderung kann der Mensch etwas tun oder es auch sein lassen – er muss aber Stellung beziehen. Das auffordernde Zeigen, will es die Motive, Absichten und Haltungen der Menschen erreichen, muss sich immer am Lernstand des Menschen orientieren und es muss berücksichtigen, was bereits an Fertigkeiten und Kenntnissen, die ostensiv und repräsentativ gezeigt wurden, vorhanden ist. Das auffordernde Zeigen ist letztendlich eine relativ »schwache« Form erzieherischen Handelns, weil es sich eher durch einen appellativen Charakter auszeichnet. Lehrer und Erzieher müssen »ertragen«, dass nicht klar ist, was aus der Aufforderung wird. Damit ist aber auch die Stärke der Aufforderung benannt – immer geht es um die Ansprache der selbstbestimmten Anteile der Person und das hat positive Bedeutung für die Persönlichkeitsentwicklung des Menschen.

Das *reaktive Zeigen* schließlich fasst konzeptuell die Rückmeldung. Rückmeldung als pädagogische Form thematisiert das Lernen selbst und verweist darauf, was aus Sicht des Erziehers aus dem übenden, darstellenden oder auffordernden Zeigen geworden ist oder gemacht wurde. Bei der Rückmeldung ist besonderer Takt geboten, da die Gefahr besteht, dass sich das reaktive Zeigen direkt an die Person des Zöglings richtet. Folgen einer solchen Fehlform des reaktiven Zeigens können Kränkungen und Demütigungen sein. Zu berücksichtigen gilt bei allen Formen erzieherischen Handelns, dass es immer versucht, die Zustände von Personen durch Lernen zu verändern. Es geht nie darum, direkt den Menschen zu manipulieren, sondern ein Lernen zu erreichen, das der Mensch für sich selbst im Sinne der Entwicklung von Mündigkeit nutzen kann.

Dem handelnden Erzieher stehen also zunächst vier elementare Grundformen des Zeigens zur Verfügung. Er kann etwas vormachen oder mitmachen und dann die Aneignung anleiten, er kann einen Sachverhalt oder eine Situation zur Darstellung bringen, er kann zum Tätigwerden oder zur Unterlassung auffordern oder er kann eine Rückmeldung über das Ergebnis der Aneignungsbemühungen geben. Hat man als Erzieher Kenntnis über diese Möglichkeiten, dann ist schon viel gewonnen. Allerdings muss angemerkt werden, dass sich die skizzierten elementaren Zeigeformen in der Praxis des Erziehens nie in solcher Reinform zeigen beziehungsweise zur Anwendung gebracht werden können. Vielmehr ist die analytische Trennung dem Versuch der systematischen Darstellung geschuldet. Die Formen pädagogischen Handelns, die wir als Erziehungsmittel kennen, sind überwiegend komplexe Formen. Das heißt, sie zeichnen sich durch eine Kopräsenz unterschiedlicher elementarer Formen aus, wobei sicherlich der Fokus auf eine bestimmte elementare Form gelegt wird, weil ja der Lernbedarf des Zöglings vorgibt, ob nun mehr geübt, Wissen vermittelt oder an die Einsicht appelliert werden sollte. Erziehungsmittel sind komplexe Formen pädagogischen Handelns, die sich dadurch zu erkennen geben, dass Sachverhalte und/oder Situationen aus dem Selbst-Welt-Bezug und dem Selbstbezug in den Dienst des Lernens genommen werden. Ausgangspunkt der pädagogischen Bemühungen ist dabei immer der Lernbedarf des Lernenden. So können beispielsweise im *Spiel* Fertigkeiten geübt, Kenntnisse erworben oder auch Willenseinstellungen ausgebildet und modifiziert werden (Einsiedler 1999). Auch das erzieherisch wirksame *Gespräch* kann es sowohl auf einen Verhaltenswandel, auf eine Umstimmung der Gefühlslage als auch auf eine Änderung der Gedanken absehen (Bang 1971). Ähnlich verhält es sich mit dem *Arrangement*, das nicht selten in den Dienst sozialpädagogisch inspirierter Zeigebemühungen genommen wird. Zwar liegt hier der Fokus wahrscheinlich mehr auf der Lerndimension des Wollens, doch kommen sicherlich auch Fertigkeiten und Kenntnisse zum Tragen. Relativ eindeutig lässt sich der *Unterricht* als die pädagogische Handlungsform bestimmen, die es darauf abgesehen hat, Kenntnisse zu vermitteln (Glöckel 1996; Prange 1986). Aber auch hier bedient sich der Unterricht häufig einer weiteren Form pädagogischen Handelns, die es nicht nur auf neue Kenntnisse abgesehen hat, sondern auch das Lernen von Ausdauer und Geduld (Willenseinstellungen) und motorischen Fertigkeiten (Können) im Blick hat. Gemeint ist hier das erzieherisch bedeutsame Mittel der *Arbeit* (Weinstock 1954). Selbst die *Beratung*, die zwar als Lernhilfe auf einen Lernbedarf antwortet, der sich aus der Schnittmenge von Themen aus der Lerndimension des Wollens und aus dem pädagogischen Raum der Selbsterziehung ergibt, weist Elemente des Informierens und Anleitens auf, die streng genommen nicht als Beratung aufzufassen sind (Hechler 2014).

2.2.2 Das Lernen

Das Zeigen ist also die zentrale Geste der Erziehung und die grundlegende Kompetenz des berufsmäßigen Erziehers. In medizinischen Zusammenhängen gehört der kunstfertige Eingriff zu den Erkennungsmerkmalen eines »guten« Arztes. Er weiß nicht nur viel über den menschlichen Körper, sondern kann auch entsprechend eingreifen. Dies geschieht durch eine Operation, eine chiropraktische, medikamentöse oder psychotherapeutische Behandlung oder im Rahmen eines ärztlichen Gesprächs. In ähnlicher Weise gibt sich der »gute«

Erzieher dadurch zu erkennen, dass er neben umfassenden pädagogischen Wissensbeständen in der Lage ist, die lebensalter- und lerndimensionbezogenen Themen, die für die Ausbildung einer eigenverantwortlichen und gemeinschaftsfähigen Lebenspraxis nötig sind, angemessen zu vermitteln, so dass eine potentielle Aneignung durch den Zögling möglich wird. Das Zeigen kann als zentrale Signatur erzieherischen Handelns bezeichnet werden. Die Bedeutung des Zeigens und insbesondere die hierfür in Gebrauch zu nehmende Hand ist für die Humanontogenese durch die Primatenforschung mehr als belegt. 2009 titelten die Medien »Am Anfang war der Zeigefinger« (Der Tagesspiegel vom 15.12.2009) und »Es beginnt mit dem Zeigefinger« (Zeit Online vom 10.12.2009) und bezogen sich auf die Verleihung des Stuttgarter Hegel-Preises an den amerikanischen Kulturanthropologe Michael Tomasello für seine Untersuchungen über »Die Ursprünge der menschlichen Kommunikation« (Tomasello 2009) . Der pädagogische Zeigefinger ist alles andere als eine drohende oder gar strafende Geste, sondern repräsentiert zwei gleichzeitige Operationen: die der Sicherung der Aufmerksamkeit und die des Hinweises auf das Thema, das gezeigt werden soll. Damit werden »Szenen gemeinsamer Aufmerksamkeit« (Tomasello 2002, 117) hergestellt, die sowohl für erfolgreiche zeigende als auch für gelingende aneignende Bemühungen als Voraussetzung anzusehen sind.

So wird ersichtlich, dass die Zeigegeste im Allgemeinen und die immanente Zeigestruktur der Erziehungsmittel nie Selbstzweck sind, sondern immer das über Themen vermittelte Lernen des Zöglings im Blick haben. Diese Blickrichtung ist ebenfalls mit dem oft missverstandenen oder fehlinterpretierten Lehrer Lämpel verbunden, denn in Max und Moritz' viertem Streich heißt es: »Also lautet ein Beschluß, daß der Mensch was lernen muß. Nicht allein das Abc bringt den Menschen in die Höh´, nicht allein in Schreiben, Lesen übt sich ein vernünftig Wesen; nicht allein in Rechnungssachen soll der Mensch sich Mühe machen, sondern auch der Weisheit Lehren muß man mit Vergnügen hören. Daß dies mit Verstand geschah, war Herr Lehrer Lämpel da« (Busch 2013). Der Mensch muss also etwas lernen, um das eigene Leben gestalten zu können, und die Themen der Lernaufgaben, die sich dem Menschen stellen, erstrecken sich über unterschiedliche Lebensalter und werden dort spezifiziert – »Abc, Schreiben, Lesen, der Weisheit lehren« (s. o.). Darüber hinaus scheint sich das Lernen aber nur bedingt und eingeschränkt von selbst zu ergeben. Vielmehr braucht es andere Personen (Lehrer Lämpel), die das Lernen anleiten, begleiten, anstoßen und vielleicht gelegentlich auch hemmen. Die Pädagogik als Disziplin und Profession macht aber nicht nur Aussagen darüber, *dass* der Mensch lernt, *wie* er lernt und wie sich dieses Lernen *zeigt* (Brumlik et al. 2013; Konrad/Schultheis 2008), sondern sie fragt auch danach, *was* der Mensch lernen *sollte*, um potentiell ein »glückendes« Leben führen zu können, und was ihn zu einem »guten« Leben *befähigt* (Brumlik 2011). Damit ist die Pädagogik sowohl phänomenologisch als auch normativ ausgerichtet.

Seit den griechischen Sophisten in der Antike ist man sich unter Pädagogen und Philosophen einig, dass für die Befähigung zu einer potentiell »glückenden« und »guten« Lebensführung, mindestens drei Dimensionen ausgebildet und aufeinander bezogen sein müssen. Immer geht es um den Erwerb von Fertigkeiten, von Kenntnissen und von Einstellungen und Haltungen, kurz: um die Lerndimensionen und Lerninhalte des Könnens, des Wissens und des Wollens. Es ist diese »Dreifaltigkeit des Lernens«, wie Prange (2005) sagt, die von Otto Willmann (1909) als pädagogischer Ternar bezeichnet wird und die sich durch die Geschichte der Pädagogik und der Erziehung mit Variation bis heute durchzieht. Sprach man seit Platons Menon (2007) in der griechischen Antike von physis (Natur), mathesis (Belehrung) und áskesis (Übung), auf die sich Aristoteles (2006) mit der Dreiheit physis (Natur), ethos (Gewohnheit) und logos (Wissen) bezogen hat, so benennt Rousseau (1998) die Natur, den Menschen und die Dinge als die maßgeblichen drei Erzieher, und Pestalozzi (1954) verweist auf das Lernen mit Kopf, Herz und Hand. Schließlich ist noch Sünkel (2011) zu nennen, der von Kenntnissen, Fertigkeiten und Willenseinstellungen spricht, die sich der Mensch lernend aneignen muss, um sein Leben in personaler Selbstbestimmung zu führen. Der Blick auf die Theoriegeschichte des so genannten pädagogischen Ternars ermöglicht im Grunde die Konzeptualisierung des pädagogischen Aufbaus der Person: Können, Wissen und Wollen verweisen auf Lerndimensionen, deren Inhalte für die Gestaltung einer autonomen Lebenspraxis von Belang sind.

Vor diesem Hintergrund hat es die entwicklungspädagogische Theoriebildung gewissermaßen mit einem Dilemma zu tun. So soll einerseits, im Sinne wissenschaftlicher Erkenntnisbildung, der Mensch in seine pädagogischen (Einzel-)Teile zerlegt werden, obwohl andererseits dem pädagogischen Aufbau der Person, so wie sie sich uns zeigt, immer schon ein Zusammenwirken der drei Lerndimensionen vorausgegangen ist. In diesem Sinne sind die entwicklungspädagogischen Bemühungen strenggenommen als eine notwendige Abstraktion zu verstehen. Allerdings vermag erst der differenzierende Blick auf den pädagogischen Aufbau der Person im Ganzen wieder die pädagogische Funktionsweise deutlich zu machen. Erst so ergibt sich eine fundierte, pädagogisch begründete Basis für erzieherisches Handeln. Das heißt, die Lernaufgaben der Lerndimensionen geben vor, mit welchen erzieherischen Mitteln wir das Lernen des Zöglings zu erreichen versuchen. Diesem Verständnis folgend, sollen nun die grundlegenden inhaltlichen Bestimmungsmerkmale der Lerndimensionen kurz umrissen werden. Die Beschreibung hat zunächst nur die Absicht, die spezifische Charakteristik der Lerndimensionen zu verdeutlichen, um diese so voneinander abgrenzbar zu machen.

Lerndimension Können

Bei der *Lerndimension Können* geht es um verkörperlichte Handlungsfähigkeit, letztendlich um *Fertigkeiten*, die dem Menschen helfen, seine Lebenspraxis routinehaft zu gestalten. Solche Fertigkeiten bauen überwiegend auf zwei Funktionsbereiche auf. Diese sind zum einen die Motorik und die motorische Entwicklung und zum anderen die Wahrnehmung und die in diesem Zusammenhang stehende perzeptuelle Entwicklung.

Der Funktionsbereich der Motorik umfasst sowohl die Alltagsmotorik, also das Bewegungsrepertoire, das für die Bewältigung des täglichen Lebens von Bedeutung ist, die Berufs- bzw. Arbeitsmotorik. Gemeint ist hier sowohl eine spezielle Motorik, die sich aus den Anforderungen einer spezifischen Tätigkeit ergibt, als auch die Ausdrucksmotorik, die auf die Ästhetik und Stilisierung der Persönlichkeit durch Bewegung abhebt. Allgemeine, spezielle und auch Ausdrucksmotorik bedürfen der Ausbildung von sowohl groß- und kleinmotorischen Fertigkeiten, also Fertigkeiten, die groß- und kleinräumige Bewegungsabläufe ermöglichen, als auch von loko- und sprechmotorischen Fertigkeiten, die den ortsverändernden Bewegungs- und den Sprechapparat zum Gegenstand haben. Die Entwicklung der motorischen Fertigkeiten verläuft entsprechend der jeweiligen Bereiche immer vom grobmotorischen zum feinmotorischen Leistungsniveau. Pädagogisch gesprochen: vom Noch-nicht-Können zum Können.

Der Funktionsbereich der Wahrnehmung als weitere Grundlage verkörperlichter Handlungsfähigkeit umfasst zunächst ganz allgemein das, was mit den fünf Sinnen gemeint ist. Der Mensch nimmt wahr, indem er sieht, hört, tastet, riecht und schmeckt. Die ausgebildeten Fertigkeiten im Bereich des Sehens (visuelle Wahrnehmung), des Hörens (auditive Wahrnehmung), des Tastens (taktile Wahrnehmung), des Riechens (olfaktorische Wahrnehmung) und des Schmeckens (gustatorische Wahrnehmung) stehen dem Menschen im alltagspraktischen Lebensvollzug immer nur in einem spezifischen Mischungsverhältnis zur Verfügung. Beim Essen beispielsweise geht das Sehen mit dem Riechen und Schmecken einher oder beim Liebesakt das Fühlen, Sehen, Hören und Schmecken. Diese fünf Sinne lassen sich zum einen ihrem Charakter nach in Nah- und Fernsinne unterteilen. So fällt das Sehen und das Hören unter die Kategorie »Fernsinne«, die anderen dann, also Schmecken, Tasten und

Riechen, unter die Kategorie »Nahsinne«. Zum anderen werden sie ergänzt durch vier weitere Sinne, die sich auf die Körperwahrnehmung (Propriozeption), die Wahrnehmung der Temperatur (Thermorezeption) und des Gleichgewichts (vestibulärer Sinn) und auf die Wahrnehmung von Schmerz (Nozizeption) beziehen. Für alle Sinne gilt, dass sie zwar als biologische Reaktionsbereitschaft zur Verfügung stehen, in ihrer Funktionalität aber durch Verwendung erst ausgebildet werden müssen.

Lerndimension Wissen

Mit Bezug auf die *Lerndimension Wissen* gilt seit Platon, dass Wissen als wahre und gerechtfertigte Meinung aufzufassen ist: Wissen »ist mit Erklärung verbundene richtige Vorstellung« (Platon 2007, 237). Das heißt: Wissen hebt auf *Kenntnisse* ab, die sich einerseits durch einen hohen Grad an Gewissheit und damit durch Verbindlichkeit und Gültigkeit auszeichnen und die andererseits durch die Verfügbarkeit von Tatbestands- und Sachverhaltswissen in Erscheinung treten. Können die Fertigkeiten der Lerndimension des Könnens weitestgehend als ein »knowing how« bezeichnet werden, so zielen die Kenntnisse der Lerndimension des Wissens auf ein »knowing what«. Gemeint sind hier Kenntnisse, die in der Lage sind, die Welt zu erklären und damit auch verstehbar und handhabbar zu machen. Wissen zeichnet sich in diesem Verständnis in hohem Maße durch Reflexivität aus – eine Reflexivität, die sowohl in der Lage ist, Wissensbestände abrufbar zu gestalten, als auch diese zum Gegenstand des eigenen (Nach- und auch Vor-)Denkens zu machen. Wissen ist damit eng mit metakognitiven Prozessen verbunden und ermöglicht so, dass die zukünftige Lebenspraxis nicht allzu ungewiss bleiben muss. Es sind nämlich gerade die reflexiven Wissensbestände, die in der Lage sind, Gewissheiten zu formulieren, auf die sich dann moderne Errungenschaften bei ihrer Entwicklung stützen konnten und können. So wäre beispielsweise ohne das Wissen um Thermo- bzw. Aerodynamik, Statik, physikalische Mechanik und Informationstechnologien ein Flug in den Urlaub ebenso unmöglich wie ein Flug zum Mond, der Bau von Hochhäusern und Brücken oder das Surfen im Internet. Wissen zeichnet sich durch eine »Entweder-Oder-Logik« aus. Sind die Gesetze der Physik in der Lage, Rahmenbedingungen herzustellen, die einen tonnenschweren Gegenstand in der Luft oder über Wasser halten können? Ja oder Nein? Wir überlassen es üblicherweise nicht dem Zufall oder dem »Sowohl-als-auch-Prinzip«, wenn wir in ein Flugzeug steigen oder eine Kreuzfahrt unternehmen. Jedoch darf nicht unterschlagen werden, dass viele Gesetzmäßigkeiten, die heute als gültige Wissensbestände imponieren, durch Ausprobieren und durch die Tat entdeckt und in Ansätzen formuliert werden konnten. Doch es waren dann zumeist vorauslaufende Laborbedingungen, die den (technischen) Fortschritt ermöglicht haben.

Lerndimension Wollen

Die *Lerndimension Wollen* schließlich repräsentiert *Haltungen und Einstellungen*, die der Mensch ausbilden muss, um sein Wissen und Können sinn- und bedeutungsvoll mit Hinblick auf sich selbst, die Anderen und die Welt aktualisieren zu können. Die Entwicklung spezifischer Haltungen und Einstellungen zielt letztendlich auf die Herausbildung einer individuellen Lebensform. Zum einen trägt diese individuelle Lebensform den Menschen in seiner Existenz und, mit Paul Moor (1960) gesprochen, gibt ihm inneren Halt. Zum anderen ermöglicht sie die Stilisierung der eigenen Person unter Einbezug der jeweiligen Fertigkeiten und Kenntnisse. Im Grunde entsteht durch das Hinzutreten des Wollens etwas Drittes, das nicht einfach im Sinne einer Kompetenz den anderen beiden (Fertigkeiten und Kenntnisse) additiv hinzugefügt wird, sondern über die Summe der einzelnen Teile hinausreicht und erst so die Herausbildung einer Gesamtpersönlichkeit ermöglicht. Obwohl das Wollen als Element des pädagogischen Aufbaus der Person mit den psychologischen Persönlichkeitskonzepten hinsichtlich des Merkmals der Konsistenz übereinstimmt, geht das Wollen über die Beschreibung von Merkmalen hinaus. Spricht die Psychologie von Persönlichkeit als der Summe der Verhaltensweisen, mit denen ein Individuum charakteristischer Weise agiert und mit anderen Personen und Objekten in Interaktion tritt (vgl. Zimbardo 1983), so umfassen die Charaktererziehung (vgl. Kerschensteiner 1923) und die Persönlichkeitspädagogik (vgl. Gaudig 1923) auch die Frage danach, wie sich der Mensch verhalten sollte und verweisen damit auch auf eine normative Dimension des Erlernens von spezifischen Willenseinstellungen. Der hier anklingende Tatbestand bezieht sich auf die Notwendigkeit einer Erziehung und Bildung der Seele und ist für die Pädagogik im Grunde auch nichts Neues (vgl. Niemeyer 1970/1797). Ausdrücklich hat sich 1811 Vinzenz Eduard Milde (1965) in seinem »Lehrbuch der allgemeinen Erziehungskunde« für die Bildung der Gefühle und des Begehrungsvermögens ausgesprochen, und Alexander Mitscherlich stellt fest: »Die Kultur der Affekte ist das eigentlich schwerste Bildungsziel« (Mitscherlich 2003, 34). Darüber hinaus zählen zu der Lerndimension Wollen auch die Elemente, die der Schweizer Pädagoge Peter Schmid mit Blick auf eine pädagogisch-anthropologische Begründung von Verhaltensstörungen als relevant erachtet (Schmid 1985): die Bereiche des Antriebs, der Beziehungen, des Willens, der Werte, der Affekte, der Stimmungen und des Erlebens. Auf den Punkt gebracht ist festzuhalten, dass sich die Erziehungsbedürftigkeit des Menschen nicht nur auf den Erwerb von Fertigkeiten und Kenntnissen bezieht, sondern auch und besonders auf die seelische Verfassung. Denn wie bei fast allen Funktionsbereichen des Menschen liegen auch im Bereich des Wollens zwar biologisch verankerte Dispositionen und Reaktionsbereitschaften vor, die sich jedoch nicht entsprechend eines Reifungsmodells ungehindert und gemäß einer genetischen Vorgabe entfalten, sondern sich im Grunde durch spezifische (Erziehung) und durch unspezifische (Sozialisation) äußere Einflüsse ausbilden bzw. ausbilden lassen.

2.3   Ziel der Erziehung

Erziehung gibt sich als eine Notwendigkeit zu erkennen. Sie antwortet auf den Tatbestand der Erziehungsbedürftigkeit des Menschen, knüpft an dessen Bildsamkeit an und ermöglicht Lernprozesse in unterschiedlichen Lerndimensionen und in verschiedenen Lebensaltern, die letztendlich ganz unspektakulär dazu führen sollen, »die Probleme der Wirklichkeit selbst zu bewältigen« (Heitger 1961, 111). Sicherlich ist hier noch nichts darüber gesagt, wie die Probleme der Wirklichkeit bewältigt werden können. Reicht es aus, einfach genügend entsprechend funktionale Kompetenzen additiv und spezifisch auf die jeweiligen, im Laufe des Lebens sich stellenden Herausforderungen zu erwerben – im Sinne: Neue Herausforderung/neue Kompetenz? Oder zielen wir mit der Erziehung auf die so genannte *Bildung*, die letztendlich das schnöde Geschäft der Erziehung, die mitunter auch als Zumutung aufgefasst wird, adelt und den Menschen zum Wahren, Schönen und Guten emporbildet? Ziel der Erziehung, um noch einmal auf Wolfgang Sünkel (2011) zurückzukommen, ist die Vermittlung von Tätigkeitsdispositionen. Hierzu gehören *Fertigkeiten*, *Kenntnisse* und *Einstellungen und Haltungen*, die sich beim Menschen nicht als Ergebnis genetisch vorgegebener Reifungsprozesse ergeben, sondern durch Lernen erworben werden müssen. Diese zu erwerbenden Tätigkeitsdispositionen werden als geeignet und brauchbar angesehen, um das eigene Leben führen zu können, also die Probleme der Welt, wie Marian Heitger sagt, selbst bewältigen zu können. Zwar kommt diese Auffassung ohne »die üblichen Pathosformeln« (Prange 2010, 23) aus, doch bleibt der Verweis auf die Funktionalität etwas blass und blutleer. Es scheint so zu sein, dass die funktionalistische Zieldimension um eine ethisch-moralische Zieldimension erweitert werden muss. In diesem Sinne können wir das Ziel der Erziehung probeweise auch darin sehen, ein Leben in *personaler Selbstbestimmung* führen zu können. Dieser Begriff erweitert nun die Operationen von Zeigen/Vermitteln und Lernen/Aneignen um eine ethisch-moralische Perspektive. Personale Selbstbestimmung meint zunächst nicht Selbstverwirklichung, die es gewissermaßen auf größtmögliche (Gewinn-)Maximierung der eigenen Vorteile abgesehen hat und die ihrem Wesen nach nicht selten selbstbezogen in Erscheinung tritt. Gedacht ist hier also nicht an den so genannten »Amerikanischen Traum«, demzufolge »jeder seines Glückes Schmied« ist und mit Erfolg belohnt wird, wenn er sich nur gut genug anstrengt. Selbstverwirklichung mag dann gut klingen, wenn das Leben überwiegend als Erfolgsgeschichte geschrieben werden kann. Problematisch wird die selbstbezogene Selbstverwirklichung dann, wenn das Leben strauchelt, in die Krise gerät oder gar vom Scheitern bedroht ist. Dann entsteht nicht selten der Eindruck, man sei für diese Misere selbst verantwortlich. Wenn alles im Leben auf Selbstverwirklichung gesetzt ist, kann Misserfolg einsam machen und Verzweiflung hervorrufen – ganz zu schweigen von den Zeitgenossen, die das Mantra der Selbstverwirklichung teilen und für die nun das Scheitern auf eigenes, ganz individuelles Versagen zurückzuführen ist. Von besonderen und erschwerenden Bedingungen der eigenen Lebenspraxis, die nicht unbedingt im Einflussbereich des Individuums liegen, ist hierbei keine Rede. Diesem Verständnis nach erscheint uns Selbstverwirklichung als Ziel der Erziehung als eine Sackgasse, die eher nicht zu einem »glückenden« und »guten« Leben führt (Platon 1960).

Personale Selbstbestimmung als Ziel der Erziehung hat also nichts mit Selbstverwirklichung zu tun, sondern zielt auf die Ausbildung dreier unterschiedlicher, aber doch aufeinander bezogener Verhältnisse, die auch schon in den prominenten Bildungsentwürfen anklingen, und die es erlauben, die Grundfragen des Menschen näher zu bestimmen. Wenn wir mit dem amerikanischen Philosophen Donald Davidson (2004) davon ausgehen, dass der Mensch erstens wissen will, was da draußen mit der Welt los ist, dass er zweitens wissen will, was die anderen denken, und dass er drittens wissen will, was er selber denkt, muss Erziehung Bedingungen hervorbringen, die es möglich machen, sich mit diesen Fragen auseinanderzusetzen. Es geht also um Bedingungen, die einen reflektierten Bezug zur Welt, zu den Anderen und zu sich selbst ermöglichen: »Sachbezug, Sozialbezug und Selbstbezug; mehr nicht« (Prange 2010, 28). Personale Selbstbestimmung, verstanden als ein »innerer Halt« (Moor 1960), der uns durch das Leben trägt und den es auszubilden gilt, vereint objektive (Sachbezug), intersubjektive (Sozialbezug) und subjektive (Selbstbezug) Verhältnisbestimmungen. Um diese zentralen Verhältnisbestimmungen reflexiv gestalten zu können, muss sich Erziehung an den ethischen Prinzipien der Wahrheit und Wahrhaftigkeit, der Achtung und Anerkennung und der Freiheit und Freiheitlichkeit orientieren. Wie unschwer zu erkennen ist, stehen diese ethischen Prinzipien für die unterschiedlichen Verhältnisbestimmungen: Wahrheit und Wahrhaftigkeit für den (objektiven) Sachbezug, Achtung und Anerkennung für den (intersubjektiven) Sozialbezug und Freiheit und Freiheitlichkeit für den (subjektiven) Selbstbezug. Sowohl der *Prozess* der Erziehung als auch das *Ziel* der Erziehung haben sich nach diesen ethischen Prinzipien zu richten. Fokussieren wir den Prozess und damit auf die didaktische Seite der Erziehung, dann realisieren sich die ethischen Prinzipien durch ein Zeigen, das prinzipiell verständlich, anschlussfähig und zumutbar ist (Prange 2005; 2010). Erst durch die Orientierung an diesen ethischen Prinzipien und der hieraus abgeleiteten Moral des Zeigens (Verständlichkeit, Zumutbarkeit und Anschlussfähigkeit) gibt sich Erziehung als das zu erkennen, was sie ihrem Wesen nach ist und sie grundlegend von Dressur, Konditionierung und anderen Formen missverstandener »Erziehung« kategorial unterscheidet. Zwar lassen sich die Formen pädagogischen Handelns auch für manipulative Zwecke in Dienst nehmen, wenn jedoch die Bezugnahme auf Wahrheit, Achtung und Freiheit wegfällt – und z. B. durch erzielte Effekte, Ergebnisse und Funktionalisierung ersetzt wird –, verbietet es sich, von Erziehung zu sprechen. Die didaktische Seite der Erziehung muss immer als ein Mittel zum Zweck angesehen werden und ergibt sich in Form und Inhalt aus der anthropologisch begründeten Notwendigkeit des Lernens des Menschen. Wahrheit und Wahrhaftigkeit, Anerkennung und Achtung und Freiheit und Freiheitlichkeit als Ziele der Erziehung und als Grundlage personaler Verfasstheit sind substantiell auf Kenntnisse, Fertigkeiten und Haltungen und Einstellungen angewiesen und schließen von Beginn an den Aufbau der Selbstbestimmtheit des Edukanten ein.

Im Wesentlichen geht es darum, Wissensbestände, Fertigkeiten und Willenseinstellungen zu vermitteln, die dazu beitragen, wahrhaftiges, freiheitliches und anerkennendes Handeln, Denken und Fühlen zu befördern. Personale Selbstbestimmung als Ziel der Erziehung vereint ein reflexives Verhältnis zur gegenständlichen Umwelt, zur personalen Mitwelt und zur eigenen Person. Personale Selbstbestimmung ermöglicht es dem Menschen, sich selbst zum Gegenstand des eigenen Nachdenkens zu machen, sich kritisch der eigenen Motivlagen zu vergewissern, Handlungsaufschübe realisieren und Reflexionsräume entstehen lassen zu können. Sie lässt den Menschen in kritische Distanz zu sich selbst treten und ermöglicht es ihm, sich gewissermaßen von außen zu betrachten und einen fürsorglichen Umgang mit sich selbst (Selbstsorge) zu gestalten. Dieser Perspektivwechsel ist dann auch die Grundlage dafür, dass es dem Menschen weiterhin möglich wird, sich in die Innenwelt seiner Mitmenschen einzufühlen und deren lebenspraktischen

Ausdrucksgestalten Intentionalität, Sinn und Bedeutung zuzuschreiben. Er kann dann mitfühlen und gelegentlich auch mitleiden. Und er kann sich mit seinen Mitmenschen freuen und gemeinsam mit diesen deren Emotionalität teilen. Prinzipiell kann sich auf diesem Wege ein Verständnis für die Mitmenschen ergeben, das auch von Nachsicht und Fürsorge geprägt ist und mehr die Kooperation, denn die Konkurrenz im Blick hat. Mittlerweile kann aus paläoanthropologischer Sicht gesichert festgehalten werden, dass »wir heute von einer viel größeren Bedeutung des kooperativen Sozialverhaltens bei der Evolution der Vormenschen« (Schrenk 2019, 58) ausgehen müssen. Es sind der Zusammenschluss zu einer Gruppe und die Erfahrung der Zugehörigkeit und der Zusammengehörigkeit, die den Menschen das biopsychosoziale Überleben sichern. Im Kleinen wie im Großen. Damals wie heute. Entscheidend sind die Möglichkeit, Erfahrungen und Informationen weiterzugeben und daraus zu lernen, die Entwicklung einer sprachlichen Kommunikationsstruktur, die in der Lage ist, Kognitives, Affektives und Soziales miteinander zu verbinden, und die fortwährende Suche nach den letzten Gründen, die den Menschen auszeichnen und auf die ihn Erziehung vorbereiten muss. Schließlich erstreckt sich die differenzierte Wahrnehmungsfähigkeit der eigenen Person und der Mitmenschen auch auf die ihn umgebende Umwelt, und durch immer fortschreitende Erkenntnisse lässt sich die Welt, in der er lebt, immer besser verstehen und erklären und fördert, wenn es gut geht, auch einen von Nachhaltigkeit getragenen Umgang mit seiner Umwelt. Denn eines ist klar, auch wenn sich der Mensch vermeintlich über die Natur erhoben hat und diese ebenso vermeintlich beherrschen und entsprechend dem eigenen Ansinnen manipulieren kann, bleibt doch die unaufhebbare Abhängigkeit von der Umwelt bestehen.

Personale Selbstbestimmung als Ziel der Erziehung hebt also auf die Ausbildung der Möglichkeit zur reflexiven Gestaltung der Verhältnisse des Menschen zur Umwelt, zu den Mitmenschen und zu sich selbst unter den Bedingungen von Wahrheit und Wahrhaftigkeit, von Achtung und Anerkennung und von Freiheit und Freiheitlichkeit ab. Und um diese Verhältnisse reflexiv ausbilden und gestalten zu können, bedarf es eines gehörigen Maßes an Kenntnissen, Fertigkeiten und Einstellungen und Haltungen, die erzieherisch vermittelt werden müssen.

3

Lernen und Erziehen im Lebenslauf

Der in den pädagogischen Grundlagen in Kürze entfaltete Erziehungsbegriff, mit dem sich der interessierte Leser an anderer Stelle vertiefend auseinandersetzen kann, gibt den Bezugspunkt unserer nun folgenden entwicklungspädagogischen Überlegungen ab. Wir gehen davon aus, dass der Mensch lernen muss, weil ihm die biologische Ausstattung keine festgelegten Entwicklungsprogramme, sondern eher Dispositionen zur Verfügung stellt, die ausgebildet werden müssen, und weil diese sich nicht als Reifungsprozesse von selbst zu ihrem Ziel hin entwickeln. Damit kommt derjenige Sachverhalt ins Spiel, der für uns Pädagogen von konstitutiver Bedeutung ist, nämlich die prinzipielle Unbestimmbarkeit des Menschen. Der Mensch ist auf- und herausgefordert, sich eine Bestimmung und eine Form zu geben. Dies geschieht nicht von selbst und dies kann er auch nicht alleine für sich zu Wege bringen – dafür braucht er die Anderen als Mit-Menschen, die ihm mit Blick auf sein sich entwickelndes Denken, Fühlen und Handeln zeigend zur Seite stehen. Was sich auf der einen Seite als enorme Herausforderung und zu bewältigende Aufgabe zu erkennen gibt, macht aber gerade die Potentialität des Menschen, pädagogisch gesprochen: seine Bildsamkeit, aus. Wir sind in unserem Sein im Blick auf unsere Kenntnisse, Fertigkeiten und Willenseinstellungen nur bedingt biologisch festgelegt und haben darüber hinaus die Möglichkeit und gewissermaßen auch den Zwang zum Lernen. Lernen wird so zu einem Grundbegriff der Pädagogik, denn er bezeichnet »die Veränderungen von Selbst- und Weltverhältnissen sowie von Verhältnissen zu anderen, die nicht aufgrund von angeborenen Dispositionen, sondern aufgrund von reflektierten Erfahrungen erfolgen und die als begründete Veränderungen von Handlungs- und Verhaltensmöglichkeiten, von Deutungs- und Interpretationsmustern und von Geschmacks- und Wertstrukturen erlebbar sind [...]« (Zirfas 2007, 164). Diese Veränderungen von Verhältnissen, wie Jörg Zirfas sagt, bzw. die Veränderungen der Zustände von Personen durch Lernen, entfalten ihre Themen über den Lebenslauf. Die lebensalterbezogenen Lernthemen stecken den Rahmen sowohl für potentielle Lernhemmungen ab und geben auch einen Hinweis auf mögliche Lernhilfen. Der professionelle Erzieher muss diesbezüglich kundig sein, und seine spezifische Kompetenz zeigt sich darin, diese Kenntnisse interventionspraktisch zur Anwendung bringen zu können und damit sein erzieherisches Handeln mit dem Lernbedarf des Menschen, mit dem er in einem erzieherischen Verhältnis steht, zu koordinieren. Erzieherisches Handeln ohne eine – ggf. auch nachträgliche – Begründung im Sinne des »Warum« und »Wozu« kann nicht als professionelles Handeln angesehen werden. Allerdings bedarf die so notwendige Begründung erzieherischen Handelns einer pädagogischen Basis, die sich aus dem Gegenstand der erzieherischen Bemühungen selbst ableiten lassen muss. Hierfür bieten sich die entwicklungspädagogischen Überlegungen an.

3.1 Die Zirkelstruktur des Lernens – die horizontale Dimension der Personagenese

Der pädagogische Aufbau der Person kann zunächst als ein statischer Aufbau verstanden werden. Der pädagogische Blick sieht den Menschen ganz klassisch in seiner Erziehungsbedürftigkeit und Bildsamkeit zugleich. Ergänzt wird dieser Blick durch die *Bedingungen* der Erziehungsbedürftigkeit, die sich aus den Lernaufgaben der verschiedenen Lerndimensionen ergeben. Hierauf bezogen realisiert sich dann erzieherisches Handeln. Der pädagogische Aufbau der Person wird allerdings durch zwei Faktoren dynamisiert. Zum einen zeichnet sich Lernen durch eine dem Lernen immanente Zirkelstruktur (horizontale Dynamik) aus, und zum anderen entfaltet sich das Lernen über den

3.1 Die Zirkelstruktur des Lernens – die horizontale Dimension der Personagenese

Lebenslauf des Menschen (vertikale Dynamik). Doch zunächst soll die Zirkelstruktur des Lernens Gegenstand der Ausführungen sein. Von dieser Perspektive aus gedacht, bewegt sich der Mensch von Geburt an in einem Kreislauf von Lernen, unweigerlich auftretenden Lernhemmungen und darauf antwortenden Lernhilfen (Loch 1999).

Das bedeutet nichts anderes, als dass der Mensch, wie bereits gezeigt, ohne Lernen nicht überleben kann, er hierfür auch enorme Kompetenzen – die Fähigkeit zu lernen – mitbringt, diese aber gelegentlich nicht ausreichen, um eine Lernaufgabe, die sich im Lebenslauf stellt, angemessen zu bewältigen. An diesen krisenhaft zugespitzten Stellen wird dann Lernhilfe von außen nötig, um das zu lernen, was es zu lernen gilt. So betrachtet, wird die Lebensgeschichte des Menschen unter pädagogischer Perspektive zur Lerngeschichte – und das bleibt auch dann so, wenn sich zum Beispiel in sonderpädagogischer oder sozialpädagogischer Hinsicht besondere und erschwerende Bedingungen auftun, die massiv auf das Lernen und das Erziehen einen dysfunktionalen Einfluss nehmen, und man geneigt ist, die pädagogische Aufgabe an andere Disziplinen, Professionen und Institutionen abzutreten. Biopsychosoziale Beeinträchtigungen und Erschwernisse ändern nichts daran, dass Kinder, Jugendliche und auch Erwachsene lernen müssen und hierfür erzieherische Unterstützung benötigen. In diesem Sinne bleibt die Lebensgeschichte des Menschen pädagogisch betrachtet immer Lerngeschichte und wird auf keinen Fall zur Krankheitsgeschichte – für diese ist eine andere Disziplin und Profession zuständig. Wir als Pädagogen haben es beim Lernen zu belassen. In diesem Zusammenhang gilt es festzuhalten, dass der Lernhemmung in der Zirkelstruktur des Lernens eine besondere Bedeutung zugesprochen werden muss, denn nur aus der Negation des routinisierten und des vermeintlich störungsfreien Lernens, aus der Irritation, die sich aus der Konfrontation mit Unbekanntem ergibt, kann Neues entstehen, kann ein Zugewinn an Fertigkeiten, Kenntnissen und Willenseinstellungen möglich werden. In diesem Sinne ergibt sich Lernen auch nicht nur harmonisch aus sich selbst, sondern muss häufig auch angestoßen werden. Zeigen und Lernen kann und muss auf diesem Wege auch zu einer Zumutung werden. Schließlich ist noch auf das Moment der Lernhilfe zu verweisen. Lernhilfe, die auf die Beseitigung oder Verringerung der Lernhemmung fokussiert, kann vielgestaltig sein. So muss sie noch nicht einmal bewusst intendiert worden sein. Häufig birgt das lebenspraktische Miteinander Formen der Lernhilfe, die als solche gar nicht gedacht waren – man kann hier von intuitiver Lernhilfe sprechen. Auch müssen Lernhelfer alles andere als professionelle Erzieher sein. So wird sowohl in der Familie als auch im Freundeskreis oder in beruflichen Zusammenhängen Lernhilfe, ob gewollt oder nicht, geleistet. Professionelle Lernhilfe in Form professioneller und organisierter Erziehung wird dann notwendig, wenn sich zum einen Lernhemmungen nicht auflösen oder überwinden lassen. Hier erinnert professionell-pädagogische Lernhilfe an die Logik medizinischer Dienstleistungen. Häufig wird bei Beschwerden zunächst einmal selbst versucht, das Problem zu beseitigen oder zu lindern. Erst wenn das nicht gelingt, wird der Gang zum Arzt dringend. Ähnlich verhält es sich im Falle einer drohenden Lernbeeinträchtigung durch nicht aufzulösende Lernhemmungen. Ziel der professionell-pädagogischen Lernhilfe ist die (Wieder-) Herstellung der Lernfähigkeit aus eigener Kraft. Professionelle Lernhilfe wird zum anderen auch dann sinnvoll, wenn es einen Konsens darüber gibt, was, wie und wo gelernt werden soll bzw. muss. Prominentestes Beispiel ist die Schule. Aber auch Kinder- und Jugendhilfe, Erwachsenenbildung und die Behindertenhilfe können aus dieser pädagogischen Perspektive betrachtet werden (Hechler 2011).

Aus pädagogischer Sicht bewegt sich der Mensch also in seinen Bemühungen um Aneignung der Themen, die sich aus den Lerndimensionen und den unterschiedlichen Lebensaltern ergeben und die für seine Lebenspraxis in personaler Selbstbestimmung von Bedeutung sind, permanent in einem Kreislauf von Lernen, das unweigerlich ein Widerstanderleben nach sich zieht und das Lernen hemmt und das Lernhilfen fordert. Die Lernhemmung stellt damit den Normalfall menschlichen Lernens dar und eben nicht die Ausnahme, die es zu vermeiden gilt. Durch die Zirkelstruktur menschlichen Lernens wird der pädagogische Aufbau der Person in einem ersten Schritt bereits in eine Bewegung gebracht.

3.2 Räume der Erziehung und pädagogische Lebensalter – die vertikale Dimension der Personagenese

In vertikaler Hinsicht dynamisiert sich die Personagenese zunächst durch die unterschiedlichen Räume, in denen lebensalterbezogen gelernt und erzogen wird. Sicherlich werden wir uns über den gesamten Lebenslauf hinweg Kenntnisse, Fertigkeiten und auch Haltungen und Einstellungen aneignen, doch zeigen sich, betrachtet man den menschlichen Lebenslauf, zunächst drei große Räume der Erziehung, die den Schluss nahelegen, dass sich Zeige- und Lernformen entwicklungsgeschichtlich ordnen lassen und damit auch aufeinander aufbauen. Es versteht sich hier von selbst, dass wir mit Blick auf die Räume der Erziehung jetzt erst einmal die primäre Lerndimension fokussieren, die dort im Mittelpunkt steht. Selbstverständlich sind die übrigen zwei Lerndimensionen ebenfalls kopräsent gegeben und sind für die Lernthemen und deren lernende Aneignung ebenfalls von großer Bedeutung. Dies werden wir später noch ausführlich und sehr konkret zeigen. In diesem Sinne sprechen wir im Folgenden, dem Versuch um analytische Durchdringung geschuldet, von der primären Lerndimension einerseits und den peripheren Lerndimensionen andererseits – wohl wissend, dass sich diese künstliche Trennung in der Lebenspraxis des Menschen und in der Interventionspraxis des professionellen Pädagogen nicht aufrechterhalten lässt.

3.2.1 Familie und Familienerziehung

Erziehung beginnt zunächst und zuallererst in und durch die Familie. Da das Kind in die Familie hineingeboren wird und auf liebevolle Pflege und Fürsorge – auch auf längere Sicht – angewiesen ist, ist die Familienerziehung entwicklungsgeschichtlich die erste und grundlegende Form der Erziehung, in der dementsprechend die grundlegenden Erfahrungen des Erziehens (Zeigens) auf Seiten der Eltern und die grundlegenden Erfahrungen des Lernens gemacht werden. Familienerziehung ist notwendiger Weise eine sehr exklusive und damit auch intime Form der Erziehung, und deren erste Aufgabe besteht in einer gewissen Komplexitätsreduktion – also durch Selektion der Reize eine förderliche Umwelt für das Kind bereit zu stellen. Innerhalb dieser komplexitätsreduzierten (Lebens-)Welt findet das erste Lernen des Kindes statt, und dieses Lernen ist auf »die sinnfällig-anschauliche Praxis (der Familie) bezogen« (Prange 2008, 945). Das heißt nichts anderes, als dass das Kind durch nachahmendes Verhalten lernt und dass sich die Themen des Lernens aus den Notwendigkeiten des Familienlebens ergeben. Es muss gekocht, gewaschen und sauber gemacht werden, auch muss der familiale Alltag organisiert und müssen die auftretenden Krisensituationen bewältigt werden. Hieraus ergeben sich die Themen für das kindliche Lernen, und das Kind lernt dadurch, dass es die Tätigkeiten und die Verhaltensweisen der Eltern nachmacht. Hauptgegenstände dieses Lernens sind der Erwerb von Fähig- und von Fertigkeiten, die mit übendem Wiederholen erworben werden. Die Familienerziehung ist also der grundlegende Erfahrungsbereich der Lerndimension des Könnens auf Seiten des Kindes und des ostensiven Zeigens auf Seiten der Eltern. Und daraus ergibt sich eben auch die grundlegende Aufgabe der Eltern, ihrem Kind die familiale Lebenspraxis mit ihren An- und Erfordernissen zeigend nahe zu bringen, und zwar in der Weise, dass das Kind in der Lage ist, sich diese auch lernend anzueignen. Für diesen Zeige-/Aneignungs-Prozess ist viel Zeit und Geduld nötig.

In der Familie werden also übend Fertig- und Fähigkeiten erworben, wie sie im familialen Alltag vorkommen. So bekommt das Kind gezeigt, wie man sich die Zähne putzt, sich anzieht, aufräumt, die Spülmaschine ein- und die Waschmaschine ausräumt, dass man Danke sagt, wenn man etwas bekommen hat, und noch vieles mehr, wodurch das zwischenmenschliche Zusammenleben geregelt und erleichtert wird. Der Übergang des Kindes in den Kindergarten mit ca. drei Jahren markiert eine erste Erweiterung des Zeigens und des Lernens. Zwar öffnet sich das familiale Feld schon früher – insbesondere zur erweiterten Familie und zum bestehenden Freundeskreis –, doch ist der Kindergarten ein Lernfeld, in dem nicht nur Fähig- und Fertigkeiten, sondern auch erstes Wissen um die Dinge und die Welt spielerisch erworben werden und auch bestehende Erlebens- und Verhaltensweisen neu überdacht und neue entwickelt werden müssen.

3.2.2 Schule und Schulerziehung

Das, was den Eintritt in die Schule aus entwicklungspädagogischer Sicht so bedeutsam macht, ist, dass hier der Übergang von der Familie zur Gesellschaft prototypisch und institutionalisiert stattfindet. Sind Familie und Kindergarten doch grundlegend gemeinschaftlich organisiert, so ist die Schule nun Repräsentant der Gesellschaft. Mit Eintritt in die Schule findet eine Erweiterung der partikularistischen Moral des Hauses um die universalistische Moral einer Organisation statt. Grundaufgabe der Schulerziehung ist es, die Welt und deren Sachverhalte so darzustellen, dass sie von den Kindern auch gelernt werden können. Dabei entwickelt hier sogar die häufig so beklagte Lebensferne des Unterrichts im Klassenraum die Möglichkeit, dass sich die Welt »da draußen« im großen Stil zur Darstellung bringen lässt.»Das Ziel ist, die Welt als Inbegriff von Sachverhalten begreiflich und gedanklich verfügbar zu machen, ihr einen Sinn einzulegen und sie dadurch gewissermaßen lesbar zu machen« (Prange 2008, 949). Insofern bedeutet schulisches Lernen zuvörderst Lesen, Rechnen und Schreiben lernen. Ist also im Rahmen der Schulerziehung die Grundform des Lernens auf die Lerndimension des Wissens bezogen, so ist die Grundform des Zeigens das repräsentative Zeigen mittels Unterweisung, Unterrichtung und Belehrung.

3.2.3 Eigenverantwortung und Selbsterziehung

Wenn nun innerhalb der Familienerziehung Fähigkeiten- und Fertigkeiten erworben und im Lebenslauf weiter ausgebaut wurden und im Rahmen der Schulerziehung fundiertes Wissen um die Welt mit ihren Sachverhalten angeeignet wurde, das auch die gelernten Fähigkeiten und Fertigkeiten erhellt und aufklärt und das hierüber hinaus in die Welt weist, so kommt es nun in der Selbsterziehung darauf an, etwas aus diesem Können und Wissen zu machen. Das heißt, Lernen ist nicht nur Übung und Aneignung, sondern in hohem Maße reflexiv-existenziell im Sinne der Thematisierung des Verhältnisses, das wir zu uns selbst und zu der uns umgebenden Welt haben. Der Mensch ist also aufgefordert, seinem Leben in Auseinandersetzung mit den Anderen, der Welt und mit sich selbst eine individuelle Form zu geben. Diese Formgebung vollzieht sich ebenfalls in Gestalt eines Lernprozesses. Und der maßgebliche Kontext dieses Lernens ist die individuelle Lebensgeschichte im Rahmen eines Lebenslaufs, der prinzipiell unter der Maßgabe eines unabschließbaren, weitergehenden lebenslangen Lernens steht. Diesem Lernen, das sich aus den Anforderungen des Lebens ergibt, kann sich der Mensch nicht entziehen, und selbst wenn er dies versucht, muss er sich mit den Konsequenzen einer Nicht-Entscheidung auseinandersetzen. Im Gegensatz zum Lernen in der Familien- und Schulerziehung, das prinzipiell in eine ergebnisoffene Zukunft weiß, muss sich das Lernen im Rahmen der Selbsterziehung überwiegend auf die Bewältigung der Konsequenzen früherer Entscheidungen beziehen und hierauf aufbauend eine Zukunft entwerfen. In diesem Sinne ist auch die Erziehung in der Familie und in der Schule »Anleitung zu Selbsterziehung« (Schneider 1952, 33). Der Unterschied ist freilich dadurch markiert, dass sich das erzieherische Verhältnis im Rahmen der Familien- und Schulerziehung zwischen Erzieher und Zögling entfaltet. Die Selbsterziehung hingegen »ist jene Erziehung, bei welcher Erzieher und Zögling, der welcher erzieht, und der, welcher erzogen wird, ein und dieselbe Person sind« (Dolch 1965, 116). Das heißt, die Selbsterziehung kann erst dann ihren Lauf nehmen und ihre Wirksamkeit einfalten, wenn es dem Subjekt möglich ist, auf internalisierte Erzieher zurückgreifen zu können. Ist dies möglich, kann potentiell von der Mündigkeit eines Subjekts ausgegangen werden. Gleichwohl ist darauf hinzuweisen, dass die Fähigkeit zur Selbsterziehung oder zur Selbstführung störanfällig ist. Immer können im Laufe des Lebens Situationen und Sachverhalte auftreten, die die Fähigkeit der selbsterzieherischen Funktion überfordern. An dieser Stelle geht es dann aus pädagogischer Sicht darum, das innere erzieherische Verhältnis, das der Mensch mit sich selbst hat, partiell und zeitlich begrenzt in ein externes erzieherisches Verhältnis umzuwandeln, in dem dann das (nach-, neu-, um-)gelernt werden kann, was für die aktuell schwierige Lernsituation nötig ist. Der mündige Mensch, der angesichts einer schwierigen Situation das nötige Lernen nicht hervorbringen kann, begibt sich neu in ein erzieherisches Verhältnis zu einem »externen« Erzieher und bindet sich auch selbstbestimmt an die Struktur dieses Erziehungsverhältnisses. Neben der Selbsterziehung sind das die Tatbestände, die dann als Erwachsenenerziehung zu gelten haben. Und es ist eben nicht ein regressiver Rückschritt in eine erzieherische Abhängigkeit, sondern als Ausdruck von Mündigkeit anzusehen, wenn ein Mensch seine Grenzen der selbsterzieherischen Fähigkeiten anerkennt und beschließt, partiell und zeitlich befristet in erwachsenenpädagogischen Verhältnissen zu lernen.

3.3 Die pädagogischen Lebensalter

Geben die Räume der Erziehung schon einen Hinweis auf die Existenz einer pädagogischen Entwicklungsvorstellung, so ist es letztendlich der menschliche Lebenslauf mit seinen spezifischen Lebensaltern, der die Personagenese nun in vertikaler Hinsicht vollends vorantreibt. Die Relevanz der Lebensalter für die Pädagogik ist kein neues Thema, sondern lässt sich, folgt man dem Erziehungswissenschaftler und Theologen Winfried Noack, bis zu dem griechischen vorsokratischen Philosophen, Mathematiker und Astronomen Thales von Milet zurückführen (Noack 2007). Von dort aus gibt es bis heute anthropologische und pädagogische Entwürfe zum menschlichen Lebenslauf und seinen Lebensaltern – von Platon über Aristoteles, Cicero, Hippokrates, Solon, Ptolemaeus, Shakespeare, Guardini, Freud, Erikson bis hin zu Kohlberg –, die sich allesamt Gedanken über die Aufteilung des menschlichen Lebenslaufs in Lebensalter und über die damit verbundene ethischen und pädagogischen Implikationen gemacht haben (ebd.). Eine Rezeption der Pädagogik der Lebensalter aus historischer Perspektive wäre sicherlich lohnenswert, kann aber an dieser Stelle nicht geleistet werden.

Von Belang ist aber, dass aktuell außer in der Psychologie, der Philosophie und der Soziologie auch innerhalb der Pädagogik das Interesse für den Lebenslauf und die damit verbundenen Lebensalter zuzunehmen scheint. Dies gilt insbesondere im Bereich der Allgemeinen Pädagogik (vgl. Bittner 2001; Göppel 2005; Winkler 2012), der Sozialpädagogik (vgl. Böhnisch 2018) beziehungsweise der Sozialen Arbeit (vgl. Hanses/Homfeldt 2008) und einer allgemein gehaltenen Pädagogik der Übergänge (vgl. Hof/Meuth/Walther

2014). Um sich in pädagogischer Hinsicht und in dem hier zu Grunde gelegten Verständnis von Pädagogik ein fundiertes Bild über die Lebensalter zu verschaffen, bietet sich die »Pädagogische Anthropologie der Lebensalter« von Irmgard Bock (1984) an, die sehr grundlegend die Lebensalter aus pädagogisch-anthropologischer Perspektive entfaltet. Gewährsmann für unsere Ausführungen ist allerdings der Kieler Pädagoge Werner Loch, der mit seiner biographischen Erziehungstheorie den Grundstein eines pädagogisch verfassten Lebenslaufs gelegt hat, der seinen Ausgang im Lernen des Menschen findet, auf das sich erzieherisches Handeln zu beziehen hat (Loch 1995; 1999).

Menschliches Lernen besteht nicht nur aus den drei Lerndimensionen (Können, Wissen und Wollen) und kann auch nicht nur als eine Abfolge von Lernen aus eigener Kraft, unweigerlich eintretenden Lernhemmungen und darauf antwortenden Lernhilfen (Kreislauf des Lernens) verstanden werden, die spezifischen Räumen der Erziehung (Familienerziehung, Schulerziehung, Selbsterziehung) zugeordnet wird. Die maßgebliche Entwicklungsdynamik entfaltet sich vielmehr dadurch, dass sich die menschliche Existenz durch spezifische Lebensalter auszeichnet. Aus pädagogischer Sicht lässt sich der Lebenslauf als eine Abfolge von neun Lebensaltern beschreiben.

Hierzu gehören das Säuglingsalter (0–1 Jahr), das Kleinkindalter (1–3 Jahre) und das Kindergartenalter (3–6 Jahre). Diese drei Lebensalter lassen sich der Familienerziehung zuordnen. Das exklusive, komplexitätsreduzierte und intime Klima des familialen Nahraums stellt zunächst hervorragende Bedingungen für die notwendige Entwicklung des Säuglings und auch des Kleinkindes dar. Allerdings können sich diese anfänglich optimalen Entwicklungsbedingungen zum Ende des Kleinkindalters und zu Beginn des Kindergartenalters in ihr Gegenteil verkehren. War zunächst die Komplexitätsreduktion durch die Kernfamilie entwicklungsnotwendig, so wird diese nun sukzessive entwicklungshemmend. Die Erweiterung des familialen Personenkreises um außerfamiliale Kontakte und dann die Hinwendung zur Gleichaltrigengruppe und zu anfänglich fremden Personen im Kontext des Kindergartens sind entwicklungsnotwendige Lernsituationen, in denen das Kind etwas lernen kann, was so in der Familie nicht möglich war.

Im Anschluss an das Kindergartenalter können die mittlere Kindheit (6–10 Jahre), das frühe Jugendalter (10–14 Jahre) und das Jugendalter (14–18 Jahre) genannt werden. Auch hier lassen sich drei Lebensalter, die sich ja doch merklich unterscheiden, einem pädagogischen Raum zuordnen: der Schule. Am deutlichsten wird diese Bestimmung im Schulkindalter (mittlere Kindheit). Das Kind möchte nach den Erfahrungen der letzten Jahre in Familie und Kindergarten nun die Welt begreifen und ist begierig darauf, Schreiben, Lesen und Rechnen zu lernen. Diese »Krise« zeichnet sich bereits im letzten

Kindergartenjahr ab. Die Perspektive einer Aneignung schulischer Lerninhalte bleibt – mit zeitweise unterschiedlichen Schwerpunktsetzungen – über das frühe Jugend- und das Jugendalter erhalten. Auch wenn in dieser Phase die verstärkte Hinwendung zur Gleichaltrigengruppe, der Aufbau von Freundschaftsbeziehungen und das geschlechtliche Interesse an den Mitschülerinnen und Mitschülern in den Mittelpunkt treten, bleibt die Schule maßgeblicher Lebensraum. Schulische Inhalte strukturieren und organisieren das Leben des Jugendlichen, während zugleich Eltern und Lehrer als Repräsentanten einer Ordnung aufgefasst werden, von der sich die Jugendlichen distanzieren müssen. In der Schule werden die jungen Menschen auf ihre selbstbestimmte Lebenspraxis vorbereitet.

Schließlich sind noch das frühe Erwachsenenalter (18–27 Jahre), das mittlere Erwachsenenalter (27–60 Jahre) und das späte Erwachsenenalter (ab 60 Jahre) anzuführen. Auch diese Lebensalter unterscheiden sich untereinander mit Hinblick auf die Entwicklungs- und Lernaufgaben deutlich. Steht beim frühen Erwachsenenalter der Eintritt in eine Berufstätigkeit an, so beschäftigt sich das späte Erwachsenenalter mit dem Austritt aus der erwerbstätigen Arbeit. Im mittleren Erwachsenenalter müssen Entscheidungen sowohl hinsichtlich der Konsolidierung der beruflichen Tätigkeit als auch mit Blick auf die Gründung einer Familie oder die Wahl einer anderen Lebensform getroffen werden. Das mittlere Erwachsenenalter schließt zugleich die Auseinandersetzung mit den Konsequenzen dieser Entscheidungen ein. Verbindendes Element dieser drei Lebensalter ist das Prinzip der Eigenverantwortung, das sich dem pädagogischen Raum der Selbsterziehung zuordnen lässt.

Bringt man nun den Lebenslauf mit seinen spezifischen Lebensaltern mit der Struktur des pädagogischen Aufbaus der Person zusammen, so ergibt sich ein differenziertes Bild der Personagenese des Menschen, das es erlaubt, Aussagen darüber zu machen, was sich ein Mensch zu einem gegebenen Zeitpunkt an Themen aus den Bereichen Können, Wissen und Wollen angeeignet hat.

In dieser Hinsicht können zentrale Lern- und Entwicklungsaufgaben für jedes Lebensalter und für jede Lerndimension beschrieben werden. So kennzeichnen sich die Erziehung und das Lernen in der Familie und durch die Familie mit Hinblick auf die Lerndimension des Könnens durch die primäre Aufgabe, Laufen und Sprechen zu lernen und die grobmotorischen Fertigkeiten auszubilden. Darüber hinaus wird erstes Wissen um die »Regeln des Hauses« und denen des sozialen Miteinanders erworben, und schließlich geht es in der Lerndimension des Wollens hauptsächlich um die Regulierung von Autonomiestrebung und Abhängigkeitserfahrung, die sich nicht selten in Form der

3.3 Die pädagogischen Lebensalter

sogenannten »Trotzphase« zu erkennen gibt. Dem »Trotz« und dem »Nein« des Kindes stehen dann gelassene elterliche Verhaltens- und Erlebensweisen gegenüber, die es dem Kind ermöglichen, erste Willenseinstellungen zu erwerben, die über impulsiv gesteuerte Haltungen hinausführen. Entwicklungsdynamisch geöffnet wird die Familienerziehung durch den Kindergarten, der gewissermaßen alle Lerndimensionen anreichert und das Lernen der Inhalte befördert und die Ergebnisse auch sichert.

Das Kind im Schulalter beziehungsweise im Raum der Schulerziehung steht nun vor der Aufgabe, die grobmotorischen Fertigkeiten mit Hinblick auf die Koordination der unterschiedlichen Funktionsbereiche zu verfeinern und auch durch Anleitung und Übung einen Ordnungssinn zu entwickeln. Die Ausbildung der Feinmotorik und die des Ordnungssinns sind dann maßgeblich dafür verantwortlich, dass das Kind in die Lage versetzt wird, sich die spezifischen Lerninhalte der Schule anzueignen. Primäre Aufgabe der Schule ist es, den Kindern Lesen, Rechnen und Schreiben beizubringen, denn auf diesem Wege wird die Welt, in der sich die Kinder außerhalb der Familie bewegen, versteh- und handhabbar. Dem spezifischen Können und Wissen, das die Schulerziehung bereithält, müssen auch die Willenseinstellungen entsprechen. Es gilt, eine Haltung zu entwickeln, die Frustration ertragen und Triebaufschub ermöglichen kann – also darum, auch etwas zu tun, zu dem man vielleicht momentan keine Lust hat. Letztendlich verweist diese Haltung auf eine Form der Disziplin, die notwendig ist, das Lernen zu lernen.

Das Erwachsenenalter, das auf den erzieherischen Raum der Selbsterziehung verweist, kann unter das Motto der Selbstfindung gestellt werden und hat die Ausbildung einer Lebensform zur Aufgabe. Es geht darum, sich mit seinem Wissen und Können darzustellen beziehungsweise eine Form zu finden, die in der Lage ist, das Eigene zu stilisieren. Hierzu gehören sowohl Fertigkeiten, seinen eigenen Körper als Leib wahrzunehmen und entsprechend auch zu pflegen, der reflexive Gebrauch erworbener Kenntnisse, insbesondere mit Hinblick auf den Umgang mit auftretenden lebenspraktischen Problemen, als auch Haltungen und Einstellungen, die in der Lage sind, funktional die Möglichkeiten und Begrenzungen der eigenen Existenz aktiv zur Darstellung zu bringen und situationsangemessen zu aktualisieren.

Diese grundlegenden entwicklungspädagogischen Koordinaten der Personagenese ermöglichen in interventionspraktischer Sicht eine pädagogische Diagnostik, die Antworten zu geben vermag auf die erziehungspraktisch höchst relevanten Fragen

- was ein Mensch bisher gelernt hat,
- was bislang noch nicht gelernt wurde, aber nötig wäre, und

3 Lernen und Erziehen im Lebenslauf

- was in Zukunft noch gelernt werden soll, jetzt aber noch nicht gekonnt, gewusst oder gewollt sein muss.

Darüber hinaus lassen sich aktuelle Lernhemmungen sowohl vertikal (in lebensaltersspezifischer Hinsicht) als auch horizontal (mit Hinblick auf die Lernbereiche Können, Wissen und Wollen) begründet verorten. So ist es z. B. von großer Bedeutung, ob ein Schüler bestimmte Lernzielkontrollen nicht mit Erfolg bewältigt, weil er

- nicht über das notwendige Wissen verfügt (weil er es nicht versteht oder nicht memoriert hat) oder
- nicht ausreichend schnell schreiben kann und deshalb immer zu wenig Zeit hat, um die richtigen Lösungen aufzuschreiben, oder gar
- sein Können und Wissen ausreichen würden, er jedoch aus unterschiedlichsten Gründen nicht leisten will.

4

Entwicklungsthemen, Lerndimensionen und Lebensalter – die Koordinaten der Personagenese

Die Entwicklungspädagogik operiert notwendigerweise und unvermeidlich mit normativen pädagogischen Aussagen, um sich sowohl mit Blick auf die menschliche Entwicklung unter personagenetischen Gesichtspunkten orientieren als auch Lernstände und mögliche Lernbedarfe feststellen und damit gegebenenfalls Lernhilfe anbieten zu können. Aus den neun pädagogischen Lebensaltern und den dazu quer liegenden drei Lerndimensionen ergeben sich die entwicklungspädagogischen Koordinaten der Personagenese. Diesem Verständnis folgend lassen sich 27 Entwicklungsthemen formulieren, die sich dem Menschen in Gestalt verschiedener Lernaufgaben über den Lebenslauf und vor dem Hintergrund der Lerndimensionen stellen. Die nachfolgende Tabelle gibt zunächst einen Überblick über die Entwicklungsthemen.

»Als *homo discens* ist der Mensch *homo educandus,* weil er zur sinnvollen Entwicklung seiner Anlagen notwendig auf Erziehung angewiesen ist, wenn er im Säuglingsalter nicht sterben, im Kindesalter nicht verwildern, in der Reifezeit nicht verrohen, im Jugendalter nicht verwahrlosen, im Erwachsenenalter

4 Entwicklungsthemen, Lerndimensionen und Lebensalter

Tab. 2: Entwicklungsthemen im Lebenslauf

Lebensalter / Lerndimension	Säuglingsalter	Kleinkindalter	Kindergartenalter	Mittlere Kindheit	Frühes Jugendalter	Jugendalter	Frühes Erwachsenenalter	Mittleres Erwachsenenalter	Spätes Erwachsenenalter
Können	5-Sinne-Entdecken	Motorik und Sprache	Konzentration	Ordnung	Autonome Praxis	Körperlichkeit	Performanz	Umsetzung	Mobilität
Wissen	Denken	Regeln des Hauses	Normen	Kulturtechniken	Komplexität	Weltwissen	Kompetenz	Innovation	Geistige Flexibilität
Wollen	Urvertrauen	Abgrenzung	Gemeinschaft	Verbindlichkeit	Freundschaft	Intimität	Lebensstil	Produktivität	Loslassen

nicht verkümmern und im Greisenalter nicht den Glauben verlieren soll, daß sein Leben Sinn gehabt hat«, schreibt Werner Loch (1979, 32) als einführende Erläuterung zur notwendigen Erziehung über den Lebenslauf. Das erste Konzept altersspezifischer Entwicklungsaufgaben im Sinne lebensperiodenabhängiger Herausforderungen, denen sich ein Individuum stellen muss, ist uns von Robert J. Havighurst (1948) bekannt. Er weist darauf hin, dass die beschriebenen Entwicklungsaufgaben selbst nur zu einem geringen Anteil biologisch und psychologisch bedingt sind und stattdessen überwiegend vom kulturellen Kontext abhängen (Havighurst 1972, 2 f.). Der Mensch entnimmt demnach die Semantik seiner jeweiligen Entwicklungsaufgabe der sozialen Umgebung. Im Folgenden geht es uns um die idealtypische Entwicklung des Menschen – genauer: um seine idealtypische Aneignung nicht-genetischer Tätigkeitsdispositionen durch Erziehung. Die vorliegende pädagogische Theorie menschlicher Entwicklung denkt also Lernen und Erziehung zwingend mit und kommt auf diese Weise zugleich zur Ableitung und Begründung pädagogischen Handelns. Eine solche Darstellung reduziert unweigerlich und im Grunde auch unzulässig die Phänomenvielfalt in der Wirklichkeit. Es ließen sich Variationen in unterschiedlichen Kulturen und Jahrhunderten beschreiben, es sind innerhalb einer Lebensphase sehr unterschiedliche »Phänotypen« denkbar und es bleibt die Frage unbeantwortet, ob jede Veränderung zugleich als Entwicklung aufgefasst werden kann. Hier wird sich zeigen, dass Entwicklung im pädagogischen Sinne und im Unterschied zur bloßen Veränderung nicht nur zwingend mit einem Lernprozess einhergeht, sondern auch die verschiedenen menschlichen Funktionsbereiche einschließt. Die klassische Frage zur Grundannahme *psychologischer* Entwicklungstheorien, ob das Subjekt Gestalter seiner Entwicklung sei oder diese von inneren Kräften angetrieben werde, stellt sich demnach der Entwicklungs*pädagogik* nicht, weil sie über die Deskription hinausreicht. Insofern geht es auch nicht darum, transaktionale, aktionale, exogenetische und endogenetische Modelle der Entwicklung gegeneinander abzugrenzen (Montada et al. 2012, 32), sondern es geht vielmehr um Prozesse lernender Aneignung, die die verschiedenen Aspekte der Person einschließen und langfristige Veränderungen zeitigen.

Was die menschliche Entwicklung betrifft, kann auf drei Ebenen geforscht und beschrieben werden. Wir können die Entwicklung des *Gefühlslebens* analysieren, über die zunehmende Entfaltung des *Denkvermögens* staunen und schließlich im Bereich der *Fertigkeiten und Wahrnehmung* zunächst ein Fortschreiten und Elaborieren, schließlich aber besonders hier mit zunehmendem Alter auch wieder deutliches Nachlassen beobachten. Eine Theorie der pädagogischen Entwicklungslinien entfaltet sich allerdings erst durch eine pädagogisch inspirierte Konzeptualisierung von Lebensalter einerseits und den Lernbereichen andererseits. Wenn im Folgenden die emotionalen, kognitiven und motorischen bzw. perzeptiven Entwicklungslinien dennoch *einzeln* beschrieben werden, dann geschieht dies zu dem Zwecke, sie für das spätere Verständnis der drei an jedem Lernprozess beteiligten Dimensionen des Könnens, des Wissens und des Wollens präziser denken und angemessen würdigen zu können. Die praktische Fruchtbarmachung der gesondert entworfenen Entwicklungslinien erfolgt dann in Kapitel 5 (▶ Kap. 5).

4.1 Entwicklungslinie im Bereich des Könnens

Die Entwicklungslinie des Könnens erstreckt sich von der anfänglichen Regulation der Körperfunktionen über die verkörperte Handlungsfähigkeit bis hin zum Erhalt der Mobilität im hohen Alter. Ein neugeborenes Kind entdeckt und entwickelt zunächst seine fünf Sinne. Wir sehen das, weil sich schon in den ersten Wochen die Reflexe des Kindes beobachten lassen. Schon bald werden verschiedene Reflexe verbunden. So hört und schaut das Kind z. B. gleichzeitig, um dann später immer mehr Reflexpaare zu Reflexsystemen zu verbinden, wie dies z. B. beim Krabbeln zu einem Ball, dem Greifen und Festhalten geschieht. Aber langsam. Zu Beginn brabbelt unser wenige Tage alter Säugling nur vor sich hin, während er zunehmend empfindlich und kontrolliert auf Geräusche reagiert. So unterscheidet er laute von leisen, bedrohliche von freundlichen und unbekannte von bekannten Stimmen. Unser Bub, wir nennen ihn Jorim, reagiert auf Musik und lernt, sich beruhigen zu lassen. Bereits nach wenigen Tagen hat Jorim seinen – anfangs ja zunächst »kopfständischen« – Blick auf Besucher gerichtet und verfolgt außerdem Bewegungen z. B. eines Mobiles oder eines Schattens an der Wand. Auch seine Bein- und Armbewegungen, einschließlich des Greifens und Festhaltens, werden koordinierter und interagieren zunehmend erkennbar mit Erwachsenen. Typisch für den Säugling ist, dass Beißringe und andere Gegenstände gesaugt, gelutscht und gebissen werden können. Bald schon wird der süße Kerl auf einer Decke liegen und sich nach Herzenslust hin und her bewegen, versuchen, sich umzudrehen, und dabei immer den Kopf anheben wollen, um mehr als nur die Flusen auf dem Teppich zu sehen. Seine liebevollen Erwachsenen werden dem Drehmanöver vermutlich mit kleinen Schubsern nachhelfen wollen. Sie nehmen vielleicht den Körper ihres Kindes in beide Hände und formen die Bewegung vorsichtig nach. So herum und so herum. Vielleich ist es besser, Jorim auf den Rücken zu legen, weil der Schwung durch die Arme dann besser ist? Auch nicht. Eines

Tages wird unser Baby ohne die Hilfe seiner Eltern und auch ohne sie danach gefragt zu haben ganz alleine die Wendung hinbekommen. Er macht es einfach. Er steht auch einfach auf. Und er setzt sich auch einfach hin. Die Eltern und Erwachsenen um ihn herum jubeln dann und freuen sich – dabei ist ihr Anteil an Jorims Fortschritt denkbar gering. Was Jorim nach einem Jahr motorisch bereits kann ist erstaunlich. Er lernt jetzt laufen und kann ganz prima Dinge transportieren, werfen und sogar wiederfinden, wenn ein Erwachsener sie versteckt hat. Jorim genießt es, mit seinem Papa zu spielen, und sein Papa findet es lustig, ihm immer neue körperliche Herausforderungen zu stellen. Natürlich warten die Erwachsenen gespannt auf die ersten richtigen Worte. Ist es »Papa«, »Mama« oder »Auto«? Unablässig wird mit ihm gesprochen, Babysprache und kurze Sätze – so, wie es dem Vernehmen nach sein muss, um einem Kind zur elaborierten Sprache zu verhelfen. Jedenfalls geht so der Mythos vom guten Sprachvorbild, das einen guten Sprecher erzeugt. Der Sprachwissenschaftler Detlef Hansen (2003) stellt allerdings klar, in welchem geringen Ausmaß der Spracherwerb wirklich mit Vorbildern und empathischen Babysprechern unter den Erwachsenen zu tun hat. Mit den Sprachvorbildern verhält es sich so, wie es dem Säugling egal ist, ob sich seine Bezugspersonen auf dem Boden rollen oder mit Kissen die perfekte Art zu sitzen darstellen. Eines Tages wird sich das Kind ohne Vorankündigung unabhängig von diesen alleine drehen und auch alleine sitzen können. So ist es auch nicht nötig, korrekte Sprache vorzumachen – und noch weniger ist es nötig oder nützlich, sich der Babysprache zu bedienen, um das Kind zum Sprechen zu animieren. Jorim lernt seine Muttersprache, weil er sie schlicht bei den Erwachsenen hört und ansonsten »über eine Art Bioprogramm verfügt, das den Verlauf des Spracherwerbsprozesses maßgeblich determiniert« (Hansen 2003, 103). Er muss nicht alles, was er in den nächsten Jahren erwerben wird, eigens lernen. Und deshalb muss auch nicht alles vermittelt werden, was er später können soll. Der Erwerb seiner Erstsprache gründet in genetischen Prädispositionen. Durch ein eigenes genetisches Konstruktionsprogramm wird Jorim später beim Sprechen seiner Muttersprache keine strukturellen grammatischen Fehler machen. Lediglich sein Wortschatz und seine persönliche Art und Weise, mit Sprache umzugehen, wird wesentlich von den Sprachvorbildern abhängen. Ähnlich wie manche Kinder eine Begabung haben, hoch zu springen, ergreifend zu singen oder wunderschöne Bilder zu malen, haben Kinder auch eine besondere Sprachbegabung oder ein durchschnittliches Sprachempfinden. Die Disposition bringt eine genetisch bedingte Bandbreite mit sich, auf der die Begabungen ausgebaut, be-übt und von Erziehern unterstützt werden können. So lernt auch Jorim im Zuge seiner motorischen Entwicklung Laufen, Sitzen, Bobbycar-Fahren, Hüpfen, Sprechen und nicht zuletzt, seinen Stuhlgang zu kontrollieren. Weil er nicht mehr in die Windel machen will, zieht er sie aus, wenn er ein großes Geschäft erledigen muss. Er schiebt den Hocker aus der Küche vor die Toilette und besteigt stolz – anfangs zu spät, aber dann zunehmend rechtzeitig – den Erwachsenenplatz. Dass er dort sitzen will, hat er bei Papa abgeguckt. Seit einigen Monaten beobachtet er scharf und weiß genau, was ihn interessiert und was nicht. Eleonora Gibson (1969) untersuchte, wie sich das Wahrnehmungslernen des Menschen im Laufe der Jahre zur Effizienz entwickelt. Das Kind wird nach der zunächst recht basalen Reizaufnahme schon früh stimuliert, Gesehenes, Gehörtes, Geschmecktes, Gefühltes und Gerochenes in seiner Wertigkeit einzustufen, also durch Hierarchisierung zu strukturieren. Jorim lernt durch die verschiedenen Stimulationen, Wahrnehmung zu lenken, wie er es möchte. Mit der Zeit entwickelt sich dann durch die alltägliche Praxis und Anregung das, was man mit Gibson »effiziente Wahrnehmung« nennen kann. In seiner Familie hat Jorim entdeckt, dass ihn Einrichtungsgegenstände, der Schmuck seiner Mutter oder Fernsehfilme besonders interessieren. Die so entstandene spezifische Wahrnehmung optimiert Jorim zunehmend, indem er selektiv und aktiv lernt, Bücher anzuschauen, sich ungestört über längere Zeit mit seinem großen Puzzle oder einem Hörspiel zu beschäftigen und schließlich mit Engelsgeduld die gesamte Klopapierrolle abzuwickeln. Im Rahmen der geschützten Familienerziehung gewinnt Jorim das, was im Kindergarten ein wichtiges Thema werden wird: Konzentrationsfähigkeit. Er lernt, sich ausschließlich auf eine Sache konzentrieren zu können, und zugleich lernt er, ganz nebenbei – sozusagen aus dem Augenwinkel –, etwas Peripheres mitbekommen zu können. Er lernt auch, auf bestimmte Töne, Formen, Farben und Bewegungen zu achten und andere außer Acht zu lassen. Im Kindergarten herrscht manchmal Chaos, dort ist es laut, dort gibt es viel mehr Spielsachen als zuhause, dort muss man aufpassen, nichts zu verpassen, und dort sind tolle Spielgeräte, die ausprobiert werden wollen. Jorim will seine Freunde beeindrucken und kann im Nu seine Schnürsenkel binden, die Klopapierrolle wechseln und beim Apfelschälen eine endlose Schalenschlange produzieren. Um die Vorlesezeiten nicht zu verpassen, will Jorim in Zukunft selber mit dem Roller zum Kindergarten fahren. Sein Papa bringt ihn immer zu spät, weil er vom Kindergarten aus gleich zur Arbeit weiterfährt. Seit dem Sommer kann Jorim Fahrrad- und auch Rollerfahren. Er liebt es, beim Vorlesen zuzuhören, und hat kein Verständnis für seine Freunde, die schon nach kurzer Zeit anfangen, sich mit anderen Dingen zu beschäftigen. Außerdem übt Heike nach dem Vorlesen, in der Zeit bevor die Kleinen kommen, noch mit den großen Kindern Sachen, die eben Große machen: Stifthalten, Blätterfalten, komplizierte Formen Ausmalen. Das ist für Jorim alles »Pipikram«. Er will lieber

Schreiben lernen, und zum Glück steht die Einschulung bevor. Nichts will Jorim lieber, als ein Schulkind zu werden. Die Schuleingangsuntersuchung macht Spaß: malen, eine Merkaufgabe lösen, hüpfen, sprechen und eine Phantasiegeschichte erzählen. In der Schuleingangsuntersuchung soll die erfolgreiche Integration der beiden Funktionsbereiche des Könnens – Wahrnehmung und Motorik – überprüft werden. Die neue Schultasche wird ausgestattet mit all den Heften und Stiften, dem Radiergummi und der Schere, so wie es auf dem Informationsblatt für seine Eltern stand. Am ersten Schultag sitzt Jorim mitsamt seiner tollen Schultüte neben seinem Freund Marc in der zweiten Reihe.

Mit dem Übergang in die Schule tritt Jorim in die Phase der *Schulerziehung*. Hier scheint schon gleich ein anderer Wind zu wehen. Die Kinder lernen, auf ihren Plätzen an ihren Tischen sitzen zu bleiben. Sie lernen, dass die Dinge ihren Platz und die verschiedenen Tätigkeiten ihre Zeit haben. Jorim fällt es nicht schwer, der Lehrerin längere Zeit zuzuhören und auf ihre Fragen richtig zu antworten. Da geht es Marc schon ganz anders. Er vergisst viel, kann nicht lange stillsitzen und auf die Lehrerin hören. Er möchte sich häufig nach kurzer Zeit mit etwas anderem beschäftigen. Der Schulvormittag ist klar strukturiert und verlangt von den Kindern, dass sie in unterschiedlicher Hinsicht lernen, Ordnung zu halten. Das beginnt mit der Schultasche: Stifte, Hefte und Pausenbrot gehören nicht alle in das gleiche Fach. Hier sind die Schreibgeräte unterzubringen, dort sind die Hefte und Bücher und hinten finden die Ess-Sachen und die Trinkflasche Platz. Jorim und Marc lernen, dass es Kategorien und Unterkategorien gibt, nach denen Ordnung hergestellt wird. Und sie lernen, Ordnung zu bewahren, indem sie Abläufe und Routinen üben, Orte finden und Systeme entwickeln. Sie üben, Dinge nach Gebrauch gleich wieder wegzuräumen, sie gewöhnen sich an notwendige Sorgfalt und sie entwickeln eine Vorstellung davon, wie sie sinnvoll aufräumen können, wenn die Ordnung z. B. durch selbstvergessene Arbeit verlorengegangen ist. Mehr und mehr entsteht eine produktive Arbeitsatmosphäre, und Jorim freut sich, dass er arbeiten kann, aufpassen kann und nachdenken kann, wenn es die Zeit verlangt. Nach dem Pausenklingeln geht er befreit zum Spielen auf den Pausenhof, und wenn er zurück an seinen Platz kommt, ist er auch gleich wieder in der Lage, auf Arbeitsmodus umzustellen. Alles hat seine Zeit und seinen Platz. Im Laufe der Jahre lernt Jorim mehr und mehr, wie er Lernprozesse selbst gestalten kann, wie er sich motiviert, z. B. die Rechenkästchen zu Ende zu bearbeiten, und wie er einen Text aus der Fibel verstehen kann: Er unterstreicht, liest in kleineren Abschnitten und schreibt sich ab und zu sogar Stichworte auf sein Schmierpapier. Mittlerweile sind einige Jahre vergangen und Jorim hat den Übertritt auf das Gymnasium geschafft. Die

4 Entwicklungsthemen, Lerndimensionen und Lebensalter

Umstellung ist nicht leicht. Immer wieder gerät Jorim mit seinen Lehrern in Konflikt darüber, was und vor allem wie gelernt werden soll. Er fühlt sich oft in seinen Interessen und in seiner Art, an die Dinge heranzugehen, überfahren. Carl Rogers (1981) beschreibt als zentrale Eigenschaft des Menschen in Bezug auf das Lernen seine *Selbstaktualisierungstendenz*. Ganz allgemein verfügt er zunächst – wie übrigens auch jeder andere Organismus – über eine Aktualisierungstendenz, die darauf dringt, Kräfte und Fähigkeiten zur Sicherstellung des Überlebens und des Wachstums zu mobilisieren. Die Selbstaktualisierungstendenz richtet sich nun speziell auf die Selbstverwirklichung, auf das Selbstkonzept – oder anders formuliert auf die Lerninhalte, die zur eigenen Interessensverfolgung und zur Entwicklung der gewünschten Fertigkeiten dienen. Signifikantes Lernen (Rogers 1974) findet dann statt, wenn der Lernende den Lernstoff als nützlich ansieht, wenn er den Lernprozess in wesentlichen Teilen selbst gestalten kann, wenn er durch sich selbst und nicht durch andere beurteilt wird. All das vermisst Jorim immer öfter, und genau das Streben nach diesen Merkmalen prägt sein Lernverhalten zunehmend. Er sucht nach autonomen Arbeitsstrategien, er lernt, Probleme auf eigene Weise zu beschreiben, er lernt, Fragestellungen und Lösungswege selbstbestimmt zu entwickeln. Mitunter fühlt er sich in seine Kindheit zurückversetzt und fragt sich, warum die Schule mit all den studierten Pädagoginnen und Pädagogen so viel Energie darauf verwendet, schon früh einem interessierten sechsjährigen Forscher den eigenen Antrieb, die eigenen Zugänge und den eigenen Rhythmus abzugewöhnen und ihn durch Form, Struktur und Fremdbestimmung in seinem Lernen normiert zu behindern, um ihm dann im Jugendalter Stück für Stück das selbständige Arbeiten wieder zuzugestehen oder sogar dessen Vermittlung zu behaupten. Jorim spürt auch, dass sein Umgang mit Lerninhalten zunehmend davon abhängig ist, wie seine körperliche Entwicklung fortschreitet. Er muss alleine mit vielen Dingen und nicht zuletzt mit seiner Ungeschicklichkeit und seiner Fahrigkeit zurechtkommen. Pubertätsbedingt scheint sein Hauptthema zu sein, mit persönlichen Grenzen umzugehen. Da spürt er intrapersonale Grenzen in sich: Seine Scheu, seine Zurückhaltung, seine Angst und seine Unsicherheit. Und er ist sich der Grenzen bewusst, die zwischen Menschen bestehen oder auch gezogen werden müssen. In seinem Freundeskreis muss es interpersonale Grenzen geben: Es kann nicht nur eine einzige Meinung und ein gemeinsamer Geschmack gelten. Obwohl sie eine Clique sind, müssen sie Grenzen haben. Und die Grenze zu seinen Eltern muss er auch bewusst leben. Seine Freunde sind ihm wichtiger als die Eltern und ihr Lebensstil. Nie zuvor ist ihm aufgefallen, wie ungleich begabt seine Mitschülerinnen und Mitschüler sind. Und er mittendrin: Die einen tanzen, zeichnen, singen und bewegen sich geradezu elfenartig, die anderen spielen Fußball wie Profis, entlocken dem Schlagzeug einzigartige Rhythmen oder spielen bei jeder Gelegenheit Gitarre wie ein Star. Jorim kann das nicht. Sein Körper ist ein anderer geworden. Er ist mit seinen langen Gliedern und den ungewohnten Ausmaßen schwieriger zu »bedienen« und gefällt ihm auch nicht mehr richtig. Außerdem ist Jorim häufig müde und kann sich nicht mehr gut konzentrieren. Und wenn, dann ist er häufig mit anderen Dingen beschäftigt, als es von den maßgeblichen Stellen – Lehrerinnen und Lehrern oder Eltern – verlangt wird. Neben der motorischen und feinmotorischen Bedienung seines reifenden Körpers besteht Jorims hauptsächliche Herausforderung über viele Monate darin, die »Dinge« seines Lebens neu zu ordnen. Es geht also wieder um Ordnung, allerdings – im Unterschied zum Beginn seiner Schulzeit – um die Ordnung von Bedeutungen, um die Hierarchie von Wahrnehmung und um die Ordnung seines Körpers. Dieser Körper will gepflegt, sauber gehalten, gut behandelt werden. Dieser Körper hat Bedürfnisse, ist zu spüren und kann genießen. Und dieser Körper entfaltet durch Übung besondere Bewegungen, besondere sportliche Fertigkeiten und besondere musische Begabungen.

Wenn der volljährige Jorim aus der Schule entlassen wird, verlässt er zugleich mehr oder weniger offiziell die Phase der Schulerziehung. Ein Übergangsritual kann z. B. die bombastische Geburtstagsfeier zum 18. oder der Auszug aus dem Elternhaus und der Beginn eines freiwilligen sozialen Jahres irgendwo im Ausland sein. Mehr oder weniger öffentlichkeitswirksam wird Jorim aus der Erziehung entlassen und gilt nicht nur vor dem Gesetz als Erwachsener, sondern verliert auch im eigentlichen Sinne seine Erziehungsberechtigten. Von nun an ist er sein eigener Erziehungsberechtigter, denn er kommt in die Phase der *Selbsterziehung*. Jetzt geht es darum, sein Leben selbst zu gestalten. Der junge Erwachsene ist gefordert, alleine leben zu können. Er muss im wahrsten Sinne des Wortes Leben-Können erlernen. Ob er nun weiterhin eine Schul- bzw. Hörsaalbank drückt oder völlig frei von Gelegenheitsjobs lebt, ändert nichts an der Tatsache, dass er von nun an die Organisation einschließlich aller notwendigen Vorkehrungen, Rahmenbedingungen, Versicherungen und Logistik seines Lebens selbst zu verantworten hat. Leben-Können muss erlernt sein – und in der Anfangszeit der Selbsterziehungsphase besteht eine Kernkompetenz aus der Suche und Annahme notwendiger Hilfen. Die anfängliche Überforderung weicht einer zunehmend routinierten Lebensweise. Der erwachsene Mensch entwickelt Gewohnheiten – gute wie schädliche – und das, was man ein selbständiges Leben nennt. Jetzt ist er gefordert, seine Fähigkeiten und Fertigkeiten umzusetzen. Im mittleren Erwachsenenalter bringt er sich als ganze Person ein, entwickelt und entdeckt neue Talente – indem er z. B. am Eigenheim mit baut oder die Mietwohnung selbst renoviert – und wächst im Blick auf seine Geduld, seine Spannkraft und seine Frustrationstoleranz im Umgang mit den eigenen Kindern, den Kindern aus der Nachbarschaft und seiner Karriere über sich hinaus. Dabei kommt es allerdings immer wieder einmal vor, dass Jorim mit größeren und kleineren Problemen umgehen muss, die ihn sehr belasten. Da ist vielleicht seine Neigung zum Alkohol, da ist der ewige Streit mit seiner Frau oder die Belastung am Arbeitsplatz. All diese Probleme überfordern ihn. Er sucht einen Berater. Es geht darum, die aktuellen Probleme als Lebensprobleme zu begreifen (Hechler 2010; Ellinger/Hechler 2012) und in einer Art Nacherziehungsprozess grundsätzliche Handlungsfähigkeit zu erlangen. Der pädagogisch beratende Profi schlüpft in die Rolle eines temporären externen Erziehers, der Jorim hilft, Problemlösefähigkeit und konstruktive Strategien zu entwickeln. In einem so verstandenen pädagogischen Beratungsprozess geht es um eine problemübergreifende Form der Nacherziehung, die Jorims Können-Lernen unterstützt. Mit zunehmendem Alter kann Jorim nicht mehr gut schlafen, nicht mehr lange hart arbeiten und nicht mehr gut sehen. Schon bald lässt auch sein Hörvermögen nach, knackt es in der Hüfte und in der Schulter. Seit einiger Zeit bekommt Jorim regelmäßig neue Brillen und letzten Monat brachte das Hörgerät eine ganz neue Lebensqualität in seine Doppelkopfrunden mit den alten Freunden. Inzwischen werden leider auch die Motorradtouren kürzer. Um nicht über Gebühr von den Handicaps im Leben begrenzt zu werden, sucht und entdeckt er alle möglichen und unmöglichen Maschinen als Unterstützung. Jorim will unbedingt in Bewegung bleiben und hat dafür sein ganz persönliches neues Lieblingswort gefunden: Inkompetenz-Kompensationskompetenz. Mit zunehmendem Alter verbergen sich hinter diesem Wortungetüm immer einflussreichere Hilfsmittel. Zuerst war es die Rolltreppe in Kaufhäusern und Flughäfen. Später kam dann der Stock, der Rollator und schließlich auch schon für kürzere Strecken das Taxi. Und schließlich – nach dem Schlaganfall – gibt es einen Treppenlift innerhalb der Wohnung und die beiden Hoyerlifter in die Badewanne und ins Bett. Immerhin kann Jorim trotz des Zitterns noch alleine essen, trinken und die Toilette erledigen. Das will er sich möglichst bis zum Ende bewahren.

4.2 Entwicklungslinie im Bereich des Wissens

Die Entwicklungslinie des Wissens verläuft von den Anfängen des Denkens und der millionenfachen Synapsenbildung in den ersten Wochen und Monaten des

Lebens über konkrete alltägliche Kenntnisse von Regeln, Normen und Gewohnheiten bis hin zum reflexiven Tatbestandswissen und schließlich dem Ringen um den Erhalt geistiger Leistungsfähigkeit im Alter. Wenn ein Kind geboren wird, beträgt sein Gehirnvolumen nur etwa ein Viertel des Umfangs eines erwachsenen Menschen. Im ersten Lebensjahr erreicht das Gehirn rund die Hälfte der späteren Größe, in den folgenden zehn Lebensjahren entwickelt es sich vollends. Im Unterschied zu anderen Lebewesen, die bereits mit einem nahezu fertig ausgebildeten Gehirn zur Welt kommen, verbringt der Mensch die ersten Jahre seines Lebens u. a. damit, das Volumen und die Funktionsweise seines Gehirns zu entfalten. Diese Feststellung ist insofern wichtig, als deutlich wird, wie unabdingbar die Genese der geistigen Fähigkeiten innerhalb einer lebendigen sozialen Umwelt stattfindet. Nicht im geschützten Mutterleib, nicht in einer heilen, sauberen und perfekt ausgestatteten »Erziehungswelt« kommt das Gehirn des jungen Menschen zur Entfaltung, sondern dort, wo ein Kind aufwächst, wird seine biologische Hirnausstattung – wenn wir es einmal so nennen dürfen – komplettiert. In dieser Zeit bilden sich die neuronalen Verbindungen in Wechselwirkung mit der sozialen Umwelt. Ohne Ansprache, ohne Zuwendung, ohne Kontakt zur Umwelt würde das Kind nicht nur tatsächlich körperlich sterben, es müsste auch emotional verkümmern, also geistig sterben, und könnte keine Hirnstruktur schaffen und kein Denken anbahnen. Bis sein Gehirn annähernd das endgültige Volumen erreicht hat, sind rund siebenhundert Millionen Synapsen entstanden. Bis zum zehnten Lebensjahr kommt ein Kind auf die doppelte Anzahl Synapsen im Gehirn, wie sie ein Erwachsener hat. Die vielen Nervenfasern sind nötig, weil Kinder in diesem Alter extrem lern- und anpassungsfähig sein müssen, da eine große Zahl komplexer Fähigkeiten und Fertigkeiten erlernt werden. Die Erlebnisse und Erfahrungen im Lebensabschnitt zwischen drei und zehn Jahren prägen in besonderer Weise die Struktur des Gehirns und die weitere Entwicklung des Kindes. Danach nimmt die Anzahl der Synapsen wieder um die Hälfte ab und verringert sich auf das Niveau der Erwachsenen. Dann haben die Kinder im Wesentlichen ihre sozial-kognitiven Grundfähigkeiten erworben, die sie in die Lage versetzen, mit anderen Menschen zu kooperieren und diese geistigen Fähigkeiten lebenslang weiterzuentwickeln. Kommen wir zurück zu Jorim, der wieder als Säugling im Bettchen liegt und dessen Entwicklungsstrang des Wissens wir nun bedenken wollen. Er hat schon früh ein Gespür für die Prosodie in der Kommunikation der Erwachsenen entwickelt und lebt idealerweise in einem Anspannungs-Entspannungs-Rhythmus. Ganz allgemein gesagt, legt Jorim jetzt den Grundstein für sein Denken in den nächsten 80 Jahren. Zur großen Freude seiner Eltern ist aus dem häufig schlafenden Säugling Jorim nach einem Jahr ein aufgewecktes Kleinkind geworden. Er brabbelt viel, nimmt

Blickkontakt auf, reagiert auf Ansprache und überrascht durch sein Erinnerungsvermögen. So merkt er sich Gegenstände, Redewendungen und Symbole. Während es einerseits peinlich sein kann, wenn über diesen Kanal einzelne Worte oder Sprüche aus dem Familienleben an Fremde ausgeplaudert werden, bringt Jorim andererseits seine Mama z. B. beim Spaziergang regelmäßig zum Staunen. Er kennt nämlich sämtliche Marken der parkenden Autos, wenn er das jeweilige Symbol sieht. Papa hat ihm das aus Langeweile beigebracht, während sie mit dem Bobbycar um die Häuser zogen. Weil es mit der Sprache noch schwierig ist, muss man genau zuhören, um den »Bethes« als Mercedes, »Baubau« als VW oder »Otza« als Toyota zu erkennen. Schon bald kann der Junge mühelos Vereinbarungen, Regeln und Abläufe im Elternhaus verinnerlichen und damit umgehen. Jorim weiß zum Beispiel, was bei Tisch üblich ist und welches Ritual die gemeinsame Mahlzeit einläutet. Er weiß, was er tun darf und tun soll, bevor er ins Bett gebracht wird. Und er weiß auch, dass die Schuhe, die Jacke und eine Mütze aus der Garderobe geholt und angezogen werden müssen, bevor er mit Papa zum »Bätsong« (Spielplatz) gehen kann. Neben diesen ganz praktischen Regeln des Hauses versteht Jorim auch mehr und mehr, welche »unsichtbaren« Regeln Gültigkeit haben sollen. Es sind zunächst Normen und Gesetze, die keine Diskussion zulassen: das »Finger weg von der Steckdose neben der Haustür!« gilt natürlich auch für die Steckdosen im Elternschlafzimmer und in der Garage. »An der Straße bleiben wir stehen!«, »Es wird niemals gelogen und auch nicht geschlagen« usw. Jorim kann sich diese Normen merken. Er kann sich ohnehin sehr viel merken. Vielleicht sogar mehr als die Erwachsenen. Er hat auch begonnen, ganz beachtliche sprachliche Konstruktionen zu basteln und Zusammenhänge herzustellen, die es in Wirklichkeit nicht gibt: »Die Information, dass es heute Pfannkuchen gibt, ist in meinem Kopf in einen Schlitzer gefallen, wo sie nicht mehr rauskam« – soll heißen: »Ich hatte völlig vergessen, dass es heute Pfannkuchen gibt.« Kindergarten und Familie zusammen bieten schier unerschöpfliche geistige Anregung, so dass Jorim unermüdlich erzählt, Fragen stellt und auch Alltägliches in Frage stellt. Manchmal nervt das. Auf jede Antwort wachsen zwei »Warum?« nach, und am Ende hat Jorim wieder viele Informationen gesammelt, die er in seinem Kopf hin und her bewegt. Zum Beispiel wundert ihn, dass manche Kinder ganz anders sprechen als er. Er kann sie nicht verstehen. Einige sehen anders aus als die übrigen Kinder, und wieder andere haben ganz große Autos, mit denen sie abgeholt werden. In den letzten Monaten hat Jorim gelernt, sich in die Gefühle und Gedanken anderer Kinder zu versetzen und weiß tatsächlich schon vorher, was sie denken werden: An einem Mittwoch hatte z. B. seine gesamte Bärengruppe ihr Stockwerk aufgeräumt und die Sandspielsachen wie immer in die Kommode neben der Garderobe gestapelt. Sein Freund Marc wurde an diesem Tag gleich nach dem Aufräumen früher abgeholt, weil sein Vater Geburtstag hatte und sie feiern wollten. Als er aus der Tür war, räumte Jorim augenzwinkernd die Sandschaufeln nochmal um. In die Truhe beim Sofa. Der kleine Jacob war sich sicher, dass Marc als erstes in der Truhe nachsehen würde, wenn er am nächsten Morgen mit den Schaufeln im Sandkasten spielen wollte. Warum sollte er woanders nachschauen, wenn die Schaufeln doch in der Truhe sind? Der inzwischen fünfjährige Jorim war dagegen sicher, dass Marc in der Kommode suchen würde. Ab dem 4. Lebensjahr können Kinder die Fähigkeit entwickeln, anderen Menschen mentale Zustände zuzuordnen: Warum wird Marc in der Kommode nachsehen? »Weil er gesehen hat, wie wir die Schaufeln dort verstaut haben und schon weg war, als wir sie nochmal verräumten.« Im Vorschulalter korreliert die Entwicklung exekutiver Funktionen eng mit der sehr grundsätzlichen Einsicht in kognitive Prozesse anderer Menschen. Diese *Theory of Mind* stellt eine Vorstufe der *Metakognition* dar, die die Regulation und Steuerung der eigenen kognitiven Prozesse beschreibt und im Laufe schulischer Bildungsprozesse mühsam erarbeitet werden muss. So spannend die ersten Jahre im Kindergarten waren, so langweilig erlebt Jorim schließlich das letzte halbe Jahr. Zum Glück bietet Heike neben dem Vorlesen und Schreiben für die Vorschulkinder auch Merk- und Rätselspiele an. Da muss man schon ein gutes Gedächtnis haben und genau zuhören, um die richtige Reihenfolge zu wissen oder das Geheimnis rauszufinden. Jorim kann es kaum erwarten, in die Schule zu kommen – wie schön muss es sein, endlich selber lesen und schreiben zu können und schlau zu sein.

Als Jorim dann endlich in der zweiten Reihe auf seinem neuen Platz in der Grundschule sitzt, hat er mehr als 4.000 Stunden im Kindergarten verbracht. Er hat gespielt, getobt, Freunde gefunden und ganz beiläufig beachtliche Dinge gelernt. Mit Beginn der *Schulerziehung* wird Jorim nun formalisiert und strukturiert lernen. Es geht in den nächsten Jahren darum, Kulturtechniken zu erwerben, zunehmend komplexe Zusammenhänge zu begreifen und am Wissen der Welt zu partizipieren. Zum schulischen Lernen gehört von Anfang an die erfolgreiche Entwicklung von Gedächtnisstrategien. Während der Arbeitsspeicher für die aktuell durchgeführten Prozesse zuständig ist, also über das Kopfrechnen und den zu erledigenden Arbeitsauftrag entscheidend ist, hält der Kurzzeitspeicher die Ergebnisse einige Zeit fest und schafft die Gelegenheit, neue Inhalte anzuknüpfen, logische Verbindungen zu schaffen und einen roten Faden zu erkennen. Jorim hat ein gutes Gedächtnis. Es fällt ihm nicht schwer, dabei zu bleiben – und deshalb fällt es ihm auch nicht schwer, Neues zu verstehen. Warum ist das so? Die Gedächtnisleistungen von Schulkindern hängen eng mit deren Vorwissen zusammen. Weil menschliches Wissen von Anfang an in Netzwerken organisiert ist, werden ähnliche Inhalte miteinander verknüpft und dienen auf diese Weise als eine Art mentales Wörterbuch. Jedes Vorwissen stellt damit eine Erleichterung bei der Memorierung neuer Inhalte dar. Die Effekte des Vorwissens auf Gedächtnisleistungen sind in spannenden Untersuchungen nachgewiesen worden (Schneider/Lindenberger 2012) und machen einmal mehr deutlich, wie wichtig vorschulische Bildung und Erziehung für das schulische Lernen sind. Jorim hat in der Zeit vor seiner Einschulung viel unternommen, viel erlebt, viel gefragt und sich über vieles gewundert. Ganz unmerklich hat er damit eine wichtige Grundlage für sein kognitives Lernen in der Schule gelegt. In ihrem vielbeachteten Buch zum Weltwissen der Siebenjährigen stellte Donata Elschenbroich (2001) die Ergebnisse mehrerer Befragungen zusammen, im Rahmen derer sie »Menschen allen Alters, aller Schichten und Bildungshintergründe« gefragt hatte, was heute ein Kind in den ersten sieben Lebensjahren wissen, können und erfahren haben sollte. Eine kleine Auswahl der Antworten von Erziehern, Hirnforschern, Feuerwehrleuten, Bischöfen, Unternehmern, Verkäufern, Analphabeten und vielen mehr zeigt, wieviel Vorwissen Kinder in einer privilegierten Kindheit »nebenbei« ansammeln können. Ein Siebenjähriger soll nach der Vorstellung von Erwachsenen aus unserer Gesellschaft schon einmal dem Vater beim Rasieren zugeschaut, ein Geschenk eingepackt, eine Sammlung angelegt und eine Batterie ausgewechselt haben. Er soll außerdem zwei Kochrezepte und ein Gebet kennen, zwei Zungenbrecher aufsagen und drei Lieder singen können, zudem in der Lage sein, einige Geschichten aus der Familie und mindestens zwei Anekdoten aus der eigenen Kindheit zu erzählen, und überdies Obstsorten, Düfte und Dialekte unterscheiden können. Je länger die Liste wird, um so klarer ist die Bedeutung von Vorwissen und Vorerfahrungen erkennbar. Alles, was Jorim in seinen ersten Schuljahren lernen soll, knüpft an neuronale Netzwerke und damit an vorhandenes Wissen an. Mit der Zeit werden die Themen komplexer und die Zusammenhänge umfassender. Jorim muss lernen, dass die Komplexität einer Sache von einer eventuellen Kompliziertheit ihrer Darstellung unbedingt zu unterscheiden ist. Während das eine erfasst und respektiert werden muss, kann das andere reduziert und abgebaut werden. Wie viele seiner Mitschüler im Gymnasium erliegt Jorim anfangs der Versuchung, Komplexität reduzieren und Kompliziertheit der Darstellung als Qualitätsmerkmal aufbauen zu wollen. Komplexitätsreduktion verfälscht jedoch die Wirklichkeit und vereinfacht unzulässig, auch wenn es scheint, dass einfache Antworten auf drängende Fragen häufig bequemer und naheliegender seien. Jorim beschäftigt sich in der Oberstufe gerne mit neuerer Kunstgeschichte, mit dem Kolonialismus des 18. Jahrhunderts und mit der Entstehung des Wetters in den unterschiedlichen Weltregionen. Er weiß, dass dieses Wissen für seinen praktischen Alltag nur wenig konkrete Bedeutung hat, aber dennoch scheint es ihm die Welt zu öffnen.

Mit Abschluss der Schule verlässt er sein Elternhaus, zieht in eine WG und beginnt ein Maschinenbaustudium. Die neue Lebensphase der *Selbsterziehung* stellt ihn in vielerlei Hinsicht vor neue Herausforderungen. Im praktischen Leben, im Studium, im Umgang mit seiner Freizeit, seinen Freunden und seinem Geld wird Kompetenz erwartet. Er soll wissen, wie das alles geht. Er soll sich im Leben zurechtfinden und kompetent sein. Dabei erkennt Jorim, dass sich das Verständnis dessen, was heute in den unterschiedlichen Lebensbereichen Kompetenz ist, in den letzten Jahren verändert hat. Theodor W. Adorno prägte in seiner kritischen Analyse gesellschaftlicher Strukturen das geflügelte Wort »Es gibt kein richtiges Leben im falschen« (Adorno 1969, 42). Übertragen auf die Frage nach der Kompetenz als Entwicklungsthema könnten wir parallel formulieren: »Es gibt keine gelingende Selbsterziehung im falschen Kompetenzbegriff.« Die Beschreibung dessen, wer in welchem Lebensbezug oder Beruf ein »kompetenter« Mensch sei und wer nicht, ist gesellschaftlichen Veränderungen unterworfen. Der im Wort angedeutete »Vergleich/Wettstreit« (competition) hat in der Entwicklung der Menschheit unterschiedliche Dimensionen dessen betont, was einen Menschen oder eine Menschengruppe im Vergleich zu anderen als stärker bzw. handlungsfähiger hervorhebt. Grob formuliert sind drei Phasen zu unterscheiden: Zum einen rückt in der vorindustriellen Welt *die Energie* als entscheidender Faktor ins Zentrum der Betrachtung handlungsfähiger/durchsetzungsstarker Menschen. Wohnen am Fluss und Nutzung von Wasserkraft, körperlich starke Statur, militärisches Potenzial etc. wurden als Handlungsfähigkeit angesehen und dienten einer gewissen Vormachtstellung. Energie bezieht sich auf Muskelkraft, materielle Ausstattung, wirkt sich geografisch oder generalisiert aus und betrifft auch Kollektive.

Durch die Erfindung der Dampfmaschine und ähnlicher Kraftgewinnung sowie die Möglichkeit der Stromerzeugung wird Energie als zentrales Merkmal dann aber zunehmend nivelliert. Energie ist reichlich verfügbar und dient nicht länger als Differenzlinie zwischen »kompetent« und »nicht-kompetent«. An ihre Stelle tritt nunmehr zweitens *das Wissen*. Informationen, Ausbildung und Spezialisierungen werden zum neuen Wesensmerkmal des kompetenten Menschen – desjenigen Menschen, der über Handlungsfähigkeit verfügt. Wissen und Information ist funktionell, spezialisiert und auf das Individuum bezogen. Der Arzt, der Pfarrer und der Lehrer gelten lange als kompetente Autoritäten, weil sie in persona Wissen darstellten.

Obwohl die vorgenannte Kompetenzdefinition in einigen Regionen und unter bestimmten Bedingungen weiterhin als wesentlich betrachtet wird, ist heute weltweit auch diese Form der Kompetenz als nivelliert anzusehen. Im Zeitalter sekundenschneller Internetverbindung – und damit Informationsbeschaffung – stellt das Wissen kein Alleinstellungsmerkmal des Handlungsfähigen mehr dar. Informationen können heute nahezu von jedem, nahezu überall und nahezu in Nullzeit beschafft werden.

Heute sind nun drittens *Verständnis und Umsetzungsfähigkeit* von zentraler Bedeutung. Kompetenz beinhaltet in der modernen Welt Kommunikation, Werteorientierung, Komplexitätserfassung und die Fähigkeit, Zusammenhänge zu analysieren und handelnd zu beantworten. Spezialwissen, Einzelkenntnisse und Gedächtnisspeicher verlieren ihre allein maßgebliche Bedeutung für Handlungsfähigkeit. Jorim versteht, dass theoretisches Wissen allein keine Lebenskompetenz ausmacht. Es ist vielmehr die Fähigkeit, Wissen zu beschaffen, Meldungen und Informationen aus unterschiedlichen Wirklichkeitsbereichen zu verstehen, sie zu vernetzen, sie zu adaptieren. Kompetenz umfasst auch Bereitschaft zur Kooperation und die persönliche Umsetzungsfähigkeit von Einzelfertigkeiten und Wissensbeständen.

Inzwischen ist Jorim im fortgeschrittenen Alter. Er ist seit vielen Jahren verheiratet, Familienvater und konnte schon zu Beginn seiner Karriere eine wunderschöne Altbauwohnung kaufen und restaurieren. Vorletztes Jahr trat er in den Ruhestand und spürte zunächst einen inneren Widerstand gegen das Altwerden. Obwohl er im Blick auf die technische Entwicklung unbedingt »am Ball bleiben« will, versteht er nicht mehr alle Neuerungen im Maschinenbaubereich. Inzwischen hat er seine Fachzeitschriften abbestellt. Er hält sich mit anderem Lesestoff und verschiedenen Podcasts geistig fit. Einmal in der Woche besucht er einen Lesekreis, in dem ganz unterschiedliche Themen diskutiert werden. Seit dem Tod seiner Frau telefoniert er auch regelmäßig mit seinen Kindern und seinem alten Grundschulfreund Marc. Jorim bleibt bis zum Lebensende geistig aktiv und wach.

4.3 Entwicklungslinie im Bereich des Wollens

Die Entwicklungslinie des Wollens beschreibt die Genese einer sicheren Bindung und Autonomie bis zur Entwicklung der individuellen Lebensweise und der Willenseinstellungen. Säuglinge schreien, wenn sie Hunger, Blähungen oder die Windeln voll haben. Ihr Schreien ist Ausdruck eines Zustandes, den Robert Kegan (1986) in seiner Studie zur Entwicklung des Selbst als »einverleibendes Selbst« beschreibt. In den ersten beiden Lebensjahren unterscheidet ein Kind nicht zwischen Subjekt und Objekt, das heißt: Wenn der Säugling oder das Kleinkind Hunger hat, dann *ist* das Kind Hunger. Der ganze Mensch besteht aus Hunger und kann diesen nicht als etwas ansehen, das getrennt von seiner Existenz besteht. Ebenso *ist* der Mensch Angst und Schmerz oder Unwohlsein. Babys sind ihre Reflexe, sie haben sie noch nicht. Im Laufe des Lebens erlebt unser Bub namens Jorim fünf einschneidende Krisen, im Rahmen derer er sich jeweils in einem Persönlichkeitsbereich vom *Sein zum Haben* entwickeln wird. So lernt das Kleinkind in seiner ersten Krise, dass man Hunger *haben* kann und nicht jedes Mal *existentiell* hungert. Im Alter zwischen zwei und sechs Jahren entwickelt sich das impulsive Selbst und mit ihm kommt das Kind in die nächste Krise: Der Hunger und die Reflexe können jetzt »von außen« betrachtet werden, allerdings sind es nunmehr Wahrnehmungen und Impulse, die das Kind vollständig und absolut in Beschlag nehmen. Jorim scheint phasenweise in einer anderen Welt zu leben, er ist in seiner Wahrnehmung und in seinen Impulsen *eingebunden*. Erst mit der Schulreife wird er erleben, dass auch er Wahrnehmungen *hat,* diese moderieren lernt und nicht mehr den verschiedenen Impulsen und der Faszination auf Gedeih und Verderb ausgeliefert ist. Mit Beginn der Schulzeit entwickelt sich dann ein *Souveränes Selbst*, das stark in seine Bedürfnisse, Interessen und Wünsche eingebunden ist. Jorim erlebt sich immer wieder zermürbt als personifiziertes Bedürfnis, als ganzheitliches Interesse, als einen einzigen großen Wunsch auf zwei Beinen. Seine Eltern begreifen nicht, wie emotional ihr Sohn geworden ist. Aus Jorims Sicht hat das nichts mit Emotionen zu tun, aber irgendwie fühlt er sich doch unfrei und fremdbestimmt. Er kann jetzt seine Wahrnehmung, seine Beobachtungen und seine Impulse steuern und objektivieren, allerdings wird er bis ins Alter von zehn oder elf Jahren damit kämpfen, Bedürfnisse und Wünsche zu *sein*, diesen ausgeliefert zu *sein*. Er wird häufig beseelt von einer Idee, von einem überwältigenden Antrieb, von einem bezwingenden Wunsch. Erst wenn Jorim im Alter zwischen 11 und 20 das *Zwischenmenschliche Selbst* ausbildet, kann er Bedürfnisse und Wünsche *haben* und als Objekt betrachten. Jetzt ist er allerdings mit der existentiellen Aufgabe konfrontiert, Beziehung zu *sein*. Verliebtheiten, Beziehung, Freundschaft und Liebeskummer betreffen ihn als ganze Person und ermöglichen ihm keine Außenansicht. Dies gelingt ihm erst im Erwachsenenalter. Dann kann er zwischenmenschliche Beziehungen *haben* und ist wiederum als *Institutionelles Selbst* in ein System an Ideologie, Autoritäten, Verwaltung und Zwängen eingebunden, aus dem ihn erst das *Überindividuelle Selbst* im fortgeschrittenen Erwachsenenalter frei sein und Autoritäten und Ideologien aus der Distanz betrachten lässt. Jorims Entwicklung im Bereich des Wollens beinhaltet allerdings parallel weitere Entwicklungsebenen seiner Identität. Während er nämlich als existenziell hungriger Säugling schreiend in seinem Bettchen lag, hat er durch die Versorgung seiner Eltern Urvertrauen aufgebaut, das als solides Bauchgefühl mitunter ein Leben lang tragen wird. Es liegt zwischen einem blauäugigen bzw. naiven Vertrauen und dem selbstzerstörerischen Urmisstrauen. Erik Erikson (1998) entwickelte 1968 seine Vorstellung davon, dass gesunde menschliche Grundhaltung durch die optimale Erledigung von acht Entwicklungsstufen befördert werden kann. Während die Vertrauensfähigkeit im ersten Lebensjahr ohne Reflexion entsteht, zielt die zweite Krise auf eine geglückte Loslösung und eine optimale Abgrenzung zwischen Autonomie und Scham. Im Alter von etwa zwei Jahren wird Jorim seine primären Bezugspersonen vielleicht bis zum Äußersten herausfordern. Im so genannten *Trotzalter* muss der Wille entstehen, sich selbst abzugrenzen und Nein zu sagen. Dies geht immer wieder einher mit ausweglosen Situationen, wenn Jorim beispielsweise nicht mehr selber mit dem Bobbycar fahren will, aber auch nicht gezogen werden will – und schon gar nicht alleine im Wald sitzen bleiben will. Der Erwachsene kennt keine weitere Option und ist gezwungen, dem kleinen Jorim furchtbares Leid anzutun – jedenfalls erweckt das anschließende Geschrei diesen Eindruck. Der drei- bis sechsjährige Jorim wird später davon profitieren, wenn er in Bobbycar-Erfahrungen, auf Spaziergängen, am Abendbrottisch, auf dem Autorücksitz und beim Schlafengehen von seinen Eltern seinen eigenen Willen zugestanden und nicht etwa »gebrochen« bekommen hat. Das Bewusstsein des eigenen Willens, das Bewusstsein der eigenen Wirksamkeit und der eigenen Leistung stellen wichtige emotionale Voraussetzungen für eine gesunde Identitätsentwicklung dar. Jorim ist jetzt sechs Jahre alt und hat gelernt, seine spontanen Impulse zu moderieren. Seine Fähigkeit zur emotionalen Selbstkontrolle hat seit seinem dritten Lebensjahr ständig zugenommen. Er hat außerdem gelernt, dass er als Person das Recht besitzt, eine Position und eine Meinung zu vertreten, und er hat gelernt, dass er wirksam auch für seine Wünsche und seine Ziele eintreten kann. Dabei fühlt er sich in seiner Beziehung zu den Eltern sicher und weiß, dass sie in Krankheitszeiten, wenn er sich beim Fahrradfahren verletzt hatte oder wenn er einfach traurig war und Nähe suchte, für ihn da waren und immer da sein werden. Er weiß, was Freundschaft ist und kann vertrauen – und wenn es nötig ist, auch in gesunder Weise misstrauisch sein. Jorim brennt darauf, in die Schule zu kommen. Er kann es kaum erwarten, will lernen, sich ausprobieren, fleißig sein und ein Forscher werden wie sein Onkel Klaus, der alles erreicht hat, weil er nicht faul war.

Der erste Schultag ist wunderbar. Jeder Junge und jedes Mädchen in seiner Klasse hat von der örtlichen Bankfiliale eine leuchtend gelbe Mütze bekommen. Die sollen sie aufsetzen, wenn sie unterwegs zur Schule sind. Dann können die Autofahrer besser erkennen, dass dort jemand läuft. Für Jorim ist wichtiger, dass alle sehen, wer dort läuft: Ein Schulkind nämlich. Die Gelbmütze trägt er jedenfalls überall. Immerhin hat er sie sich gewünscht, seit er in die Vorschulgruppe des Kindergartens gekommen ist. Sie bedeutet, dass er jetzt groß ist, dazu gehört. Die Kindergartenkinder schauen voller Neid auf die Gelbmützenträger. Sie haben es geschafft und sind jetzt Teil der erwachsenen Gesellschaft, der Schüler und Studenten, der Menschen. Wunderbar. Gelbmützenträger dürfen im Schulalltag übrigens auch jederzeit zur Schulleiterin gehen, wenn sie ein Problem haben. Sie dürfen auch mal weinen oder zwischendurch etwas essen, wenn sie sehr hungrig sind. Im zweiten Halbjahr beschleicht Jorim allerdings ein böser Verdacht: Sind Gelbmützenträger vielleicht doch noch halbe Kindergartenkinder? Ist die Gelbmütze nicht sogar das Zeichen dafür, eben gerade noch nicht ganz groß zu sein? Im Sommer freut er sich, weil die neuen Gelbmützen zur Schule kommen und er nicht mehr dazu gehört. Jorim wird in seinem Leben noch viele Gelbmützen tragen. Schon bald steht die nächste an: Viertklässler freuen sich darauf, endlich in der weiterführenden Schule zu sein. Endlich müssen sie mit dem Bus fahren, um ins Gymnasium zu kommen. Dort trägt man voller Stolz den normalen Rucksack, der nicht mehr als Schulranzen erkennbar ist. Dort verliert man sich wie ein Großer in der Weite des Schulgebäudes und von dort kommt man wie die Erwachsenen spät nach Hause und spricht von Schulaufgaben, Klausuren und schließlich ernsthaft von Berufsplänen. Ehe sich Jorim versieht, trägt er wieder eine Gelbmütze. Er ist Abiturient und beginnt im Herbst sein Studium, geht in die Ausbildung oder ist Anfänger in einem Freiwilligendienst. Schule ist für Kinder und Jugendliche – jetzt beginnt das Erwachsenenleben. Mit dem Eintritt ins Erwachsenenleben erhält Jorim viele weitere Gelbmützen. Die erste eigene Wohnung, die erste feste Partnerschaft, die erste richtige Arbeitsstelle, die erste Ehe, das erste Kind, ein eigenes Haus und so weiter und so fort. Eine Gelbmütze bewusst zu tragen heißt, Unsicherheiten und Ungewissheiten als willkommene Herausforderung anzusehen. Jorim hat sich zur Gewohnheit gemacht, Übergänge ganz bewusst als Anfänger, als Fragender, als Lernender zu erleben. Eine Gelbmütze darf Fehler machen und Hilfen in Anspruch nehmen. Jedes Mal beginnt Jorim ein neues Projekt mit Stolz und Aufregung, voller Hoffnung und Tatendrang und schließt den endenden Lebensabschnitt als anderer Mensch ab. Er wechselt bewusst die Rollen und empfindet Veränderungen nicht als Bedrohung. Das sieht sein langjähriger Schulfreund Marc anders. Natürlich ist auch er von Veränderungen betroffen. Wie jeder andere wird auch er älter, treten auch in sein Leben schwere Enttäuschungen und die große Liebe. Auch Marc hat beruflichen Erfolg, kauft ein Haus und heiratet. Aber er fühlt sich im Unterschied zu Jorim durch Veränderungen eher bedroht. Er möchte sie so begrenzt wie möglich halten, lieber dauerhafte

Lösungen und langfristige Arrangements schaffen. Marc und Jorim haben bis zum Ende ihres Lebens die Aufgabe, mit den anstehenden Veränderungen konstruktiv umzugehen. Das schaffen sie auch – der eine hat Spaß daran und verändert aktiv mit, der andere sucht Sicherheit und Konstanz und reagiert stabilisierend auf unvermeidliche Veränderungen des Lebens. Das Fundament ist ein tief verwurzeltes Urvertrauen, das sie in ihren Familien aufbauen konnten.

Setzen wir uns noch einmal am ersten Schultag neben Jorim an seinen Tisch in der zweiten Reihe und genießen einen Moment den Augenblick. Der Wechsel aus der Familienerziehung zur *Schulerziehung* bringt mit sich, dass Jorim jetzt auf ganz unterschiedlichen Ebenen herausgefordert werden wird. Die Zeit der sorglosen Kindergartentage ist vorbei. Über kurz oder lang werden Leistungsdruck und Misserfolge neben Jorim Platz nehmen. Er wird lernen müssen, verbindlich zu sein und dabei eine gesunde Form der Selbstattribuierung zwischen Fleiß und Minderwertigkeitsgefühl zu finden. Das bedeutet: Wenn er fleißig arbeitet, darf er sich den Erfolg zuschreiben, wenn er zuhause faul und in der Schule desinteressiert ist, muss er den Misserfolg auf seine Kappe nehmen. Die Schulzeit fordert jeden Lerner immer wieder in seiner Motivation heraus. Das Schulkind lernt, sich konstant, erfolgsorientiert und ausdauernd einer Anstrengung zu unterziehen und nicht der etwaigen Angst vor Versagen oder vor Menschen nachzugeben. Schulisches Lernen braucht positive Gefühle, innere Freiheit und Freude an Neuentdeckungen. In Jorims Fall wird schnell klar, dass er lernen muss, fleißig zu sein, obwohl er auch ohne Anstrengung Erfolg hat. In der Grundschule wusste er immer ziemlich schnell, was Sache war und merkte sich Dinge ratz-fatz. Die Noten bewegten sich alle im grünen Bereich, und mehr musste nicht sein. Beim Übertritt aufs Gymnasium stürzt jemand wie Jorim deshalb hinsichtlich seiner Leistungen gerne einmal ab: Ohne Sorgfalt und ohne Fleiß bleiben die Erfolge aus. Es stehen harte Wochen und Monate an. Er muss eine andere Einstellung zum Lernen und Arbeiten entwickeln und sich selbst zugestehen, dass Anstrengungsbereitschaft keine Schwäche ist. Jorim lässt sich darauf ein, Lässigkeit und Coolness gegen Verbindlichkeit und Sorgfalt einzutauschen, und verändert sein Arbeitsverhalten. Nachdem er seine innere Handbremse gelöst hat, kommt er gut mit den unterschiedlichen Fächern, Lehrkräften und Mitschülern zurecht. Und während er sich in dieser Weise mit der Schule und ihren Anforderungen arrangiert, taucht schon seine nächste Krise auf: Er sieht die Mitschülerinnen und Mitschüler, beobachtet seine Lehrer und erlebt die Eltern, liest Schullektüre und begegnet Meinungen im Internet – und fragt sich zunehmend, welche Rolle er eigentlich in diesem ganzen Theater spielt. Was will er, was kann er, wer ist er? Seine Identitätssuche fällt aus schulischer

Perspektive in eine ausgesprochen ungünstige Phase. Die konstruktiven Arbeitstugenden geraten mächtig ins Wanken und seine Eltern überdies unter Generalverdacht der Übergriffigkeit. Jorim lernt, sich auf seine Freunde zu verlassen und selber ein guter Freund zu sein. Das Wichtigste ist, einige wenige gute Freunde zu haben. Marc gehört nicht mehr dazu. Er scheint lieber einen großen und »breit aufgestellten« Freundeskreis zu haben, ganz anders als Jorim. Der hat dagegen häufig den Eindruck, dass er ganz ähnlich denkt und fühlt wie z. B. Jonas oder Tina. Dann fühlt er sich ihnen sehr nah. Aber zugleich spürt er mitunter ein paar Tage später wiederum eine tiefe Abneigung gegen einen ihrer Sprüche oder gegen die verrückte Aktion letzte Woche. Weil er sich dann zurückzieht, fühlt er sich oft schon nach kurzer Zeit wie ein Gefangener im Gefängnis seiner eigenen Gefühle. Es ist, als rasteten dann Schlösser ein – und es fällt ihm unendlich schwer, wieder offen und vertraut mit Jonas und Tina umzugehen. Freundschaft muss gelernt werden. Oder besser: Kommunikation muss gelernt werden. Auf den einzelnen Internetforen ist es immer so einfach, klar und deutlich eine Meinung und eine Position zu vertreten. Jorim hat allerdings den Eindruck, dass hier nur extreme Positionen geschaffen werden. Das hat nichts mit der Realität zu tun. Viel realer ist zurzeit das Gefühlschaos in Jorim. Ist er in Babsi verliebt oder will er nur endlich mal mit einem Mädchen schlafen? Wenn er darüber nachdenkt, scheint es so zu sein, als habe jemand sein Gehirn abgepumpt und stattdessen einen explosiven Hormoncocktail eingefüllt. Seine Phantasien spielen verrückt und ehrlich gesagt ist er froh, dass niemand sieht, was er denkt und empfindet. Doch Jorim traut sich und fühlt sich dabei in seiner Beziehung zu Babsi sehr verletzlich – und wird auch tatsächlich verletzt. Aber diesmal will er nicht mehr ins Gefängnis seiner Emotionen. Die Offenheit hat nicht weh getan, sondern diese spezielle Beziehung zu Babsi hat ihn verletzt. Das ist ein wichtiger Unterschied – und Jorim will lernen, einen Menschen ohne Angst und Mauern ganz nah zu sich zu lassen. Er will lernen, über seine sexuellen Bedürfnisse und Empfindungen zu sprechen, dazu zu stehen und sie mit einer Vertrauensperson auszuleben. Trotz einiger weiterer Schiffbrüche lässt er sich immer neu auf das Experiment ein. Das hilft ihm auch, mit seinen Bedürfnissen anständig umzugehen. Anständig im Sinne von gesund, im Sinne von gemeinschaftsfähig. Er hat in den letzten Jahren gelernt, Ansprüche von außen kritisch zu hinterfragen und sein empfundenes Pflichtgefühl an der einen oder anderen Stelle in Frage zu stellen. Vielleicht duckt er sich immer noch zu oft, wenn es darum geht, seine Meinung, seine Position und seine Bedürfnisse zu formulieren. Mit Selbstbewusstsein und zugleich Kompromissbereitschaft aufzutreten, bleibt für Jorim ein klares Entwicklungsziel. Er hat inzwischen beherzigt, dass er »Ich möchte das nicht« oder »Ich habe das Bedürfnis ...« denken und auch sagen darf. Sein gestärktes *Ich* kann zunehmend gut zwischen den Trieben einerseits und den Regeln und Normen andererseits moderieren.

Inzwischen ist Jorim volljährig und hat die Schule verlassen. Obwohl er grundsätzlich Veränderungen mag und gerne ein selbstbestimmtes Leben führen möchte, ist es diesmal anders. Er ist jetzt auf sich selbst gestellt. In der Phase der *Selbsterziehung* muss er einen Lebensstil entwickeln, eine Einstellung zu verschiedenen Fragen finden. Wer will er sein, welche Rolle spielt er im Theater des Lebens? Will er den Banker spielen, viel Geld verdienen, im Penthouse leben und Luxus genießen? Oder lockt ihn die Entwicklungshilfe, rufen ihn Not und Dankbarkeit der Menschen, die im Leben nicht so viel Glück hatten wie er? Zuerst wohnt Jorim mit einigen seiner Kommilitonen in einer WG und studiert Maschinenbau. Seine Freundin studiert auf Lehramt und engagiert sich für Geflüchtete. Sie hat begonnen, in der UNI-Schule Deutsch zu unterrichten, während er in seiner Freizeit gerne mit dem Mountainbike durch die Wälder fährt und sich sonst mit moderner Kunst und Jazz-Musik beschäftigt. Die Hobbies der beiden schließen sich überhaupt nicht aus, aber sie merken, dass sich ihre alltäglichen Lebensgewohnheiten und Vorlieben zunehmend auseinanderentwickeln. Langsam aber sicher lassen sich ohne Probleme in nahezu allen Lebensbereichen diametral entgegengesetzte Geschmäcker und Einschätzungen entdecken. Sie findet seine Haltung in vielen Dingen spießig und egozentrisch, er weiß bei bestimmten Fragen schon vorher, wie unerträglich selbstlos sie darüber denken und wie sie entsprechend reagieren wird. Als er sie neulich zum Geburtstag in ein chices Restaurant einlud, fragte sie nur: »Willst du so leben? Ist das deine Vorstellung davon, dass es uns gut geht?« Ja, stimmt: Jorim hat mittlerweile ein Gespür dafür, wie er leben will. Er will in seinem Leben etwas erreichen, das sich sehen lassen kann. Dafür passt sein Studienabschluss gut. Er ist auf dem aktuellen Stand der Wissenschaft und liebt die technischen Errungenschaften der letzten Jahre.

Für seine Karriere in verschiedenen mittelständischen Unternehmen verwendet er in den nächsten Jahren viel Zeit und Energie und erreicht schließlich eine gute Position. Auf seine Disziplin und seinen Fleiß ist er stolz, denn ohne geht es nicht. Anett, seine liebenswerte und sehr attraktive Frau, hat ihn unterstützt und ihre eigene Arbeitszeit so gestaltet, dass es sogar möglich war, zwei reizende Kinder zu bekommen, mit denen sie in einer eigenen großzügig geschnittenen Altbauwohnung im Stadtzentrum leben. Sozialforscher würden Jorim zum Delta-Milieu der liberalen Performer zählen (Wippermann 2020). Er hat seinen niveauvollen Lebensstil gefunden und bewahrt sich zugleich seine Flexibilität. Obwohl sich Jorim dessen bewusst ist, dass er im mittleren Erwachsenenalter bereits zur älteren Generation gezählt wird, liegt ihm nichts ferner, als der Stagnation, dem Gedanken an das Angekommensein Raum zu geben. Stillstand kommt für ihn nicht in Frage. Er hat sich entschieden, ein Buch über Medienkompetenz zu schreiben, und denkt zunehmend häufig an seine Studienzeit zurück. Warum ist es für Kriegsflüchtlinge so schwierig, in Deutschland Fuß zu fassen, wo wir doch so dringend nach Fachkräften suchen? Jorim fragt sich, welche Verantwortung Menschen wie er in diesem Prozess haben und was hier moralisch die richtige Position ist. In seiner Kindheit hat er – wie jeder andere auch – immer mal wieder empfindliche Erfahrungen mit seinem Gewissen gemacht. Als Kleinkind gehorchte er seinen Eltern, weil er Angst vor Strafe hatte, und verhielt sich später möglichst so, dass er seine Bedürfnisse befriedigen konnte und zugleich nicht erwischt wurde, also persönlich möglichst gut wegkam. Lawrence Kohlberg (2002) beschreibt diese Moral auf der Entwicklungsstufe 2 von 6. Tatsächlich handeln viele Erwachsene auf präkonventionellem Niveau, wenn sie ihr Verhalten und ihren Lebensstil grundsätzlich an den eigenen Bedürfnissen und nach dem eigenen Vorteil ausrichten. Jorim füllt allerdings seine Steuererklärung ehrlich aus und beschäftigt keine Schwarzarbeiter, weil er der Meinung ist, dass es für die Gesellschaft einen Unterschied ausmacht, ob sich die Mitglieder anständig verhalten oder nur an sich denken. Damit trifft er seine Entscheidungen auf einem höheren moralischen Niveau als viele seiner Alters- und Berufsgenossen: Kerngedanke der konventionellen Entwicklungsstufen 3 und 4 ist die Maßgabe, seiner gesellschaftlichen Rolle zu entsprechen und gemeinschaftsförderliche Prinzipien zu verfolgen, selbst wenn ein persönlicher Nachteil daraus entstehen sollte – wie z. B. höhere Steuerabgaben. Kohlberg stammte aus sehr reichem Hause und kam 1945 als Soldat nach Europa. Dort half er verfolgten Juden und geriet deswegen selbst in Gefangenschaft. In seiner späteren wissenschaftlichen Laufbahn beschäftigt er sich fortan mit der Frage, wie die Menschen zu moralischen Wesen werden, und beschreibt verschiedene Stufen der Moralentwicklung. Jorim hat die beschriebene Entwicklung bis zur Stufe 4 durchlaufen. Allerdings hat das Prinzip der Pflichterfüllung unter Umständen dann seine Grenzen, wenn andere Verpflichtungen diesen widersprechen. Jorim denkt und handelt nach der Maxime, dass die Gruppe – seine Familie, sein Freundeskreis und auch die gesamtgesellschaftliche Gemeinschaft – durch die soziale Ordnung gesichert ist. Gesetze und Regeln müssen eingehalten werden, ggf. auch gegen das eigene Interesse. Jetzt – im Alter – denkt Jorim öfter darüber nach, ob es richtig ist, sich gegen Flüchtlinge abzuschotten. Ob es richtig ist, als hochentwickelte Nation auf Kosten so vieler anderer Menschen rund um den Globus zu leben. Welche Maßstäbe sollten eigentlich gelten und welche moralischen Prinzipien haben zeitlebens sein Handeln bestimmt? Jorim ist im Laufe seines späten Erwachsenenalters zunehmend ins Grübeln gekommen. Er resümiert sein Leben, schließt Frieden mit Entscheidungen und Entwicklung, mit verpassten Gelegenheiten und auch damit, dass einige von den Dingen, die er noch gerne erlebt hätte, nicht mehr möglich sein werden. Dafür hat er begonnen, die Zeit mit seinen Kindern und Enkeln zu genießen. Und er hat seinem Neffen den wunderschönen Strich-Achter Mercedes, Baujahr 1974, geschenkt. Zwei Jahre nach dem Tod seiner Frau, noch lange vor seinem eigenen Schlaganfall, hat Jorim auch den Garten am Mainufer abgegeben. Jetzt liegt das letzte Stück Weg vor ihm. Der Gedanke ist ihm nicht mehr so fremd wie früher. Es hat schon portionsweise gelernt loszulassen und ist jetzt bereit, sich ganz fallenzulassen, wenn es soweit ist.

4.4 Entwicklungslinien im Überblick

Auf die Problematik, die mit der vereinzelten Darstellung der Entwicklungslinien des Könnens, des Wissens und des Wollens einhergeht, ist eingangs hingewiesen worden. Insbesondere die Tatsache, dass ein menschliches Leben niemals wie ein statisches Gebäude beschrieben werden kann, sondern zu jeder Zeit vor dem Hintergrund eines sich ständig wandelnden Bewusstseinsprozesses begriffen werden muss, scheint die jeweils isolierte Betrachtung der Fertigkeiten, der Kognitionen und der Emotionen zusätzlich zu verbieten. Wenn wir dies dennoch taten, dann nicht in der Absicht, auf unzulässige Weise Komplexität zu reduzieren, sondern um die Schwerpunkte der Entwicklungsaspekte hervortreten zu lassen. Immer wieder ist dabei deutlich geworden, wie stark die Ebenen verflochten sind, weil menschliches Bewusstsein durch ganzheitliches Erleben entsteht. Dieses Erleben findet durch Wahrnehmung statt und verändert zugleich augenblicklich die Wahrnehmung. Und dieses Erleben ist ein körperliches und hinterlässt zugleich Spuren in den Empfindungen und Kognitionen. Die Erkenntnisse und Überlegungen wiederum haben aber den Menschen ursprünglich dazu animiert, das Risiko einzugehen, das Erlebnis anzubahnen oder das Abenteuer zu wagen. Es ist in ähnlichem Maße unmöglich, eine Entwicklungslinie isoliert zu betrachten, wie es unmöglich ist, die Sehnenaktivitäten eines Menschen unabhängig von den Muskeln und Nerven zu beschreiben. Und doch kann es im Blick auf die Erläuterung notwendiger Interventionen sinnvoll sein.

4.4 Entwicklungslinien im Überblick

Tab. 3: Können - Wissen - Wollen: Drei Dimensionen im Lernprozess

Können *Motorik und Wahrnehmung*	Wissen *Kognitive Prozesse und Kenntnisse*	Wollen *Haltungen und Einstellungen*
Visuelle, auditive, taktile, olfaktorische und gustatorische Wahrnehmung	Intelligenz, Begabung, Gedächtnis	Motivation, Emotionen, Bindungsmuster
Hierarchisierung von Wahrnehmungen: Konzentrationsvermögen, Aufmerksamkeitssteuerung	Faktenwissen, Informationen	Lernbereitschaft, Anstrengungsbereitschaft, Mut
Ordnungssinn und Umgang mit Ordnungen	Kulturtechniken, spezifische Lerninhalte	Ausdauer, Spannkraft, Geduld, Optimismus, Frustrationstoleranz
Lebensweise, Manifestationen und Gewohnheiten	Metakognitionen, Reflexivität	Triebaufschub, Moral, Verantwortungsübernahme
Motorik und Feinmotorik, Fertigkeiten	Gedankenwelt, Kreativität	Soziabilität, Lebensstil
Lern- und Arbeitsstrukturen	Vorwissen, Erfahrungswissen	Autonomie und Selbständigkeit
Mimik, Sprechen		Altruismus, Toleranz

5

Lernaufgaben, Lerndimensionen und Lebensalter

Die Entwicklungslinien in den drei zentralen Lerndimension geben in vertikaler Perspektive einen Überblick zur ontogenetischen Entwicklung des Menschen in pädagogischer Hinsicht. Hier wurde gezeigt, welche Meilensteine der Mensch im Rahmen seiner Personagenese in den unterschiedlichen Lerndimensionen und Lebensaltern zu bewältigen hat, um potentiell ein Leben in personaler Selbstbestimmung führen und diese Lebensführung auch weitestgehend aufrechterhalten zu können. Im Folgenden aber wollen wir nun mehr in der horizontalen Perspektive verweilen, uns jeweils ein Lebensalter genauer anschauen und dort Lernaufgaben, die möglicherweise damit einhergehenden Lernhemmungen und die darauf bezogenen Lernhilfen systematisch beschreiben und zur Darstellung bringen. Immer gilt es, die vorgestellten Lernaufgaben als prototypisch zu betrachten und sich dem Sachverhalt immer wieder zu vergewissern, dass in jedem Lebensalter und in jeder Lerndimension deutlich mehr Lernaufgaben auf den Menschen warten, als wir sie hier in diesem Rahmen beschreiben wollen und können. In diesem Sinne sind unsere Beispiele als »dichte« und »verdichtete« Beschreibungen

(Geertz 2019) zu verstehen, die gewissermaßen als Ankerbeispiele für die personagenetische Entwicklung angenommen werden können. Die Systematik unserer Darstellung orientiert sich im Großen an den pädagogischen Räumen der Erziehung und im Kleinen an den jeweiligen, den Räumen der Erziehung zugeordneten Lebensaltern. Immer werden wir hierbei zunächst eine Lernaufgabe aus der primären Lerndimension beschreiben, um dann auch die für die Bewältigung der Lernaufgabe nötigen Inhalte der jeweiligen peripheren Lerndimensionen in den Blick zu nehmen.

5.1 Familienerziehung

Wir beginnen also mit dem pädagogischen Raum der Familienerziehung, dem das Säuglingsalter, das Kleinkindalter und das Kindergartenalter zugeordnet werden können. Der Familienerziehung kann, wie bereits dargelegt, eine grundlegende Bedeutung für die Personagenese des Menschen zugesprochen werden, denn: »Die Erziehung ist Sache der Familien; von da geht sie aus, und dahin kehrt sie größtenteils zurück« (Herbart 1831/1964, 165) – ob nun die aus der Familienerziehung herausgewachsenen Kinder später selbst Familien gründen oder ob diese frühen Erziehungserfahrung die Folie für den weiteren Erfahrungshorizont des Menschen abgeben.

5.1.1 Säuglingsalter

Jana ist vor kurzem auf die Welt gekommen. Ihre Eltern freuen sich sehr über die Geburt des Kindes, zumal es ihr erstes Kind ist. Jana, das weiß auch die Hebamme zu berichten, ist ein aktives Kind und bewegt sich viel. Im Mittelpunkt der motorischen und perzeptuellen Entwicklung stehen in absehbarer Zeit das schrittweise Heben des Kopfes und das Greifen in Richtung interessanter Gegenstände – also eine Lernaufgabe, die sich primär aus der Lerndimension des Könnens ergibt.

Hierfür sind sowohl motorische Fertigkeiten und die damit in Zusammenhang stehenden biologischen Grundlagen als auch der Gebrauch der Sinne ausschlaggebend. Sind diese Voraussetzungen als Fähigkeiten gegeben, also sich prinzipiell bewegen und wahrnehmen zu können, müssen sie zu Fertigkeiten ausgebildet werden. Dies kann schon recht früh dadurch geschehen, dass die Eltern vielleicht über der Wickelkommode ein Mobile aufgehängt

Tab. 4: Lernaufgabe Kopfheben und Greifen nach begehrten Objekten

Säuglingsalter Entwicklungsthema 5-Sinne entdecken	Lernaufgabe: Kopfheben und Greifen nach begehrten Objekten
Primäre Lerndimension **Können**	motorische Entwicklung, 5 Sinne entwickeln, Wahrnehmungsfunktionen
Periphere Lerndimension I **Wissen**	geistige Wachheit
Periphere Lerndimension II **Wollen**	Interesse an der Umwelt, Neugierde, Motivation zur Erkundung, Anstrengungsbereitschaft

haben, und das Ganze sogar noch eher bei ins rötlich gehenden Farbentönen, das kann Jana gut wahrnehmen, und da sich das Mobile bewegt, wird es interessant. Sie fixiert es mit ihren Augen, und falls ihre Füße mal weniger interessant sind, versucht sie danach zu greifen. Unterstützt wird das ganze Unterfangen durch meist unbewussten Zuspruch der Eltern in Form von Liedern, Reimen, Gestik, Mimik, (Finger-)Spielen und noch vielem mehr. Jana ist dann ganz aufgeregt, juchzt vor Freude und scheint sehr motiviert, dem Mobile auf den Grund zu gehen.

In ähnlicher Weise wird auch das Kopfheben von Jana als Ausbildung einer Fertigkeit unterstützt. Die Eltern legen Jana zum Beispiel viel auf den Bauch, was ihr zunächst so gar nicht gefällt, weil ihr Gesichtsfeld eingeschränkt ist und die Wahrnehmung mit den Augen ganz schön mühsam ist – und das, wo doch so viel um sie herum zu passieren scheint. Hinzu kommt dann vielleicht noch, dass Mama und Papa die Kleine nicht mehr die ganze Zeit herumtragen. Das war praktisch, denn da konnte sie viel in Augenschein nehmen, ohne sich groß anzustrengen. Es bleibt also dabei, ein echter Fortschritt in Richtung Autonomie ist dann erreicht, wenn Jana ihren Kopf selbstständig anheben kann. Dann kann sie schauen, wohin sie will – sie ist zumindest deutlich weniger auf andere Personen angewiesen, wenn sie etwas visuell entdecken möchte. Um die skizzierten Lernaufgaben, also den Kopf zu heben und nach interessanten Gegenständen zu greifen, zu bewältigen, sind, wie wir bereits gesehen haben, basale Fähigkeiten im Bereich des Könnens Voraussetzung. Zwar kann die Lernaufgabe dem Können primär zugeordnet werden, doch sind die beiden peripheren Lerndimensionen für die erfolgreiche Bewältigung ebenso relevant. Im Bereich des Wissens muss eine gewisse Wachheit und im Bereich des Wollens Interesse und Aufmerksamkeit aufgebracht werden. Erst die Wachheit und Neugierde, die im Modus der Exploration münden, geben die

Voraussetzungen ab, um gezielt zu greifen und den Kopf anzuheben. Damit wird auch ersichtlich, wie die drei Lerndimensionen, auch wenn immer eine als primäre Lerndimension imponiert, untrennbar zusammen gedacht werden müssen – sowohl mit Blick auf die pädagogische Gestalt der Lernaufgabe als auch mit Blick auf die erzieherischen Bemühungen.

Nun kann es aber auch passieren, dass Jana zunächst keine Anstalten macht, nach Gegenständen und Personen zu greifen oder gar den Kopf zu heben. Wie können wir das als Pädagogen verstehen? Was ist da los? Aus entwicklungspädagogischer Sicht blicken wir zunächst auf die Lerndimension, die für die Lernaufgabe maßgeblich ist. Lassen sich hier Bedingungen feststellen, die die Bewältigung der Lernaufgabe und die Aneignung der Fertigkeiten erschweren? Zunächst müssen wir uns vergewissern, dass die biologischen Voraussetzungen gegeben sind, um die Lernaufgabe zu bewältigen. Hier kommt es darauf an, dass die motorischen und perzeptuellen Fähigkeiten nicht eingeschränkt sind, also prinzipiell die biologische Basis für den spezifischen Lernprozess bereitstellen. Lassen sich im Bereich der Motorik und der Wahrnehmung möglicherweise Beeinträchtigungen feststellen, müssen diese einer entsprechenden pädagogischen Förderung oder gar medizinischen Behandlung zugeführt werden. Aber auch hier gilt, jenseits von feststellbaren Beeinträchtigungen, müssen die Kinder lernen und eben auch erzogen werden. Gehen wir aber mal davon aus, dass keine medizinischen Gründe für die Entwicklungsverzögerung vorliegen – dann müssen wir weiter nach den lernhemmenden Bedingungen Ausschau halten. So kann es zum Beispiel sein, dass Jana ihre Zeit zuhause überwiegend in einer Baby-Wippe verbringt, und wenn es dann mal nach draußen geht, setzen die Eltern das Kind in eine Baby-Schale, um die Sicherheit im Auto zu gewährleisten. Diese Wippe ist sogar noch, wenn das Kind eingeschlafen ist, auf einen fahrbaren Untersatz zu montieren. Das klingt alles auf den ersten Blick ganz gut, erleichtert es doch den Umgang der Eltern mit dem Kind enorm. Und auch Jana scheint dabei ganz zufrieden zu sein, denn in der Schale ist der Blick durch die vorgegebene Position frei und ein Training der Muskulatur ist nicht nötig. Und wenn es gut geht, reagieren die Eltern darüber hinaus auf Äußerungen des Kindes ganz automatisch, ja lesen dem Kind seine Wünsche von den Augen ab, so dass noch nicht einmal das anstrengende Strecken und Greifen nach begehrten Gegenständen nötig wird. Szenen, wie die grob skizzierte, sieht man ja fast überall und sie finden eigentlich auch keine weitere Beachtung. Im Blick auf die festgestellte Lernhemmung, dass das Kind so gar nicht den Kopf heben oder nach interessanten Dingen greifen will, kann das umfängliche Wippen- und Schalenangebot zu einer das Lernen beeinträchtigenden Bedingung werden. Es werden sowohl die Fertigkeiten als auch die Kenntnisse und Willenseinstellungen, die für die

5 Lernaufgaben, Lerndimensionen und Lebensalter

Bewältigung der Lernaufgabe nötig sind, nicht entsprechend ausgebildet. Die Muskulatur festigt sich nicht, sondern bleibt eher schlaff, und die Neugierde auf die Welt und das Interesse an den dort vorfindbaren Objekten bedürfen keiner oder nur geringer Anstrengung. Es wird hier ersichtlich, dass auch damit die erste Erfahrung von Selbstwirksamkeit und Autonomie deutlich eingeschränkt wird. Dass dieser Sachverhalt nicht nur für das aktuelle Lebensalter und für die aktuelle primäre Lerndimension von Belang ist, versteht sich von selbst. Denn Jana kommt auch später immer wieder in Situationen, in denen sie sich aufraffen, Wachheit und Interesse aufbringen und in einen Zustand der Anspannung versetzen muss, um den Herausforderungen, die das Leben bereithält, zu begegnen. Auf unseren Fall bezogen, können wir vielleicht vorsichtig annehmen, dass die Lernhemmung des Kindes soziokulturell bedingt ist. Dass sich hier Überschneidungen zur sozio-emotionalen Bedingtheit ergeben, liegt auf der Hand. In soziokultureller Hinsicht sind die Baby-Schalen und Baby-Wippen möglicherweise modern und sind Ausdruck eines spezifischen Lebensstils – vielleicht sogar ein Hinweis auf den sozialen Status der Familie, denn die Industrie, die sich um Baby-Wippen und Baby-Schalen gruppiert, floriert ungemein, differenziert sich enorm aus und ist mit ihren Produkten häufig auch nicht gerade günstig. Insofern kann der Gebrauch der Produkte auch signalisieren, dass »man es sich leisten kann«. In sozioemotionaler Hinsicht nimmt der Gebrauch von Wippen und Schalen nicht unbedeutenden Einfluss auf die Eltern-Kind-Beziehung. Das Bereitstellen einer angemessenen und lernförderlichen Umwelt für die Lernbedürfnisse der Kinder ist oft mit vermehrter Anstrengung für die Eltern verbunden. Und es kommt dann darauf an, ob man als Eltern bereit ist, zunächst deutlich mehr Zeit und Aufmerksamkeit zu investieren oder ob der Ausblick auf eine Kaffeepause in Ruhe nicht verlockender ist. Dass den Bedürfnissen der Eltern eine bedeutende Funktion bei der Gestaltung der Eltern-Kind-Beziehung zugesprochen werden kann, muss an dieser Stelle nicht extra Erwähnung finden. Allerdings verlangen die Lernbedürfnisse des Kindes nach elterlicher Stellungnahme – und diese Stellungnahme steht im Horizont des Wohles des Kindes. Das heißt, selbstverständlich gibt es immer auch Abwägungen zwischen eigener Bedürftigkeit und der des Kindes, doch sollte den Lernbedürfnissen des Kindes überwiegend »gut genug« (Winnicott 2020) entsprochen werden. Haben wir damit mehr die motorische Lage der Kinder aus soziokultureller und sozioemotionaler Sicht betrachtet, so können sich, und diese Situation steht in nicht unerheblichem Zusammenhang mit den beispielhaft angeführten Baby-Wippen/-Schalen, auch beeinträchtigende Bedingungen für die Lernaufgabe aus einem mangelnden Zuspruch der Eltern an das Kind ergeben. Die den Lernprozess begleitende Unterstützung durch Fingerspiele, liebevolle Ansprache, körperlicher Nähe usw. setzt sowohl Einsicht in dessen Bedeutung für die kindliche Entwicklung und für die Eltern-Kind-Beziehung als auch das prinzipielle elterliche Bedürfnis, sich mit seinem Kind zu beschäftigen, voraus. Eine eingeschränkte liebevolle und feinfühlige Beschäftigung mit dem Baby kann für die motorische und perzeptuelle Entwicklung des Babys nachteilige Folgen haben. Werden die kindliche Neugierde und die Lust an der Bewegung nicht aufgenommen, droht eine Lernhemmung bei der Bewältigung der Lernaufgabe des *Kopfhebens und Greifens nach begehrten Objekten*. Damit wird ersichtlich, dass eine Förderung, die auf eine Auflösung der Hemmung abhebt, nicht allein das Baby als Adressat der pädagogischen Bemühungen ansehen sollte, sondern mehr die Bedingungen des Aufwachsens, zu denen die Verfasstheit der Eltern, die Paarbeziehung und die Eltern-Kind-Beziehung ebenso gehören wie die soziokulturelle und sozioökonomische Einbettung der Familie.

Einsichtig ist, dass die motorische und perzeptuelle Entwicklung des Kindes im Fokus des Säuglingsalters steht. Wie verhält es sich nun aber mit vermeintlichen Herausforderungen aus der Lerndimension *Wissen*? Ist hier bereits von Kenntnissen zu sprechen, die sich ein Säugling aneignet bzw. diesem vermittelt werden sollten? Die Erziehung im Säuglingsalter ist ja zunächst eine ganz basale Erziehung, die letztendlich durch die Beziehung der Eltern zu ihrem Kind getragen wird und sich auch durch die Eltern-Kind-Beziehung realisiert. Da müssen nicht extra säuglingsdidaktische Erziehungsprogramme umgesetzt werden, es reicht, wenn sich die Eltern intuitiv-liebevoll und gut genug um den Säugling kümmern. Und doch, trotz der scheinbaren Absichtslosigkeit des Miteinanders, lassen sich Kenntnisse identifizieren, die für das spezifische Lebensalter relevant sind. Im Mittelpunkt stehen die Kenntnis und die Unterscheidung von Sprachmelodien und die innere Verarbeitung von äußeren Reizen.

Tab. 5: Lernaufgabe Kenntnis und Unterscheidung von Sprachmelodien

Säuglingsalter Entwicklungsthema Denken	Lernaufgabe: Kenntnis und Unterscheidung von Sprachmelodien
Primäre Lerndimension *Wissen*	Unterscheidung und Kenntnis verschiedener Stimmen, innere Verarbeitung von äußeren Reizen
Periphere Lerndimension I *Können*	ausgebildete Wahrnehmungsfunktionen weiter differenzieren
Periphere Lerndimension II *Wollen*	aufmerksame Ruhe, emotionale Sicherheit

Wenden wir uns diesbezüglich noch einmal Jana zu. Jana kann ab der 24. Schwangerschaftswoche hören. Zwar werden die Geräusche durch das den Säugling umgebende mütterliche Gewebe und Fruchtwasser gedämpft, doch Jana hört die Stimme ihrer Mutter, und ab dem dritten Trimester kann sie sogar die Stimme ihres Vaters hören, wenn er mit normaler Lautstärke in der Nähe des Bauches der Mutter spricht. Diese zumeist affektiv aufgeladenen Geräusche ermöglichen Jana eine Differenzierung mit Blick auf die Unterscheidung der unterschiedlichen Stimmen, die sie auch später, wenn sie auf die Welt gekommen ist, wiedererkennen kann. So findet Jana im Neuen und Ungewohnten etwas sehr Bekanntes, das ihr vertraut ist und das im gelingenden Fall auch überwiegend zur Beruhigung und Regulation von Spannungszuständen beigetragen hat. Es gibt also etwas, auf das Jana – auch schon als Säugling – zurückgreifen kann. So ist es richtig, dass die Eltern viel mit Jana sprechen, dass sie gemeinsam singen, dass Jana hört, wie die Eltern miteinander und mit anderen sprechen. Von Bedeutung ist, dass die Eltern dabei ihre Stimme modulieren und Jana so ganz unterschiedlich affektiv gefärbte Stimmungslagen kennen lernen kann. Jana hat also Kenntnis von den Stimmen ihrer Eltern und kann sie auch voneinander unterscheiden. Darüber hinaus wird diese Kenntnis in den Dienst der Regulation von Spannungszuständen genommen. Durch den Gebrauch der unterschiedlich affektiv getönten Stimmen, vermag Jana sich zu beruhigen oder, wenn es mal nicht so gut läuft, führt das, was sie hört, dazu, dass sie unruhig wird oder gar Angst verspürt. Für Jana ist also neben der körperlichen Zuwendung die sprachliche Hinwendung der Eltern zum Kind von enormer Bedeutung, denn diese bietet Schutz, Orientierung und auch die Möglichkeit zur Regulation unterschiedlicher physisch-psychischer Spannungszustände. Jana lernt so, auf die Stimmen und die Stimmung der sie umgebenden Welt – zunächst exklusiv in der familialen Welt – zu hören und vermag so, sich zu orientieren und zu regulieren. Diese Kenntnisse, die natürlich noch ganz leibnah empfunden werden, sind die Vorläufer derjenigen Kenntnisse, die dann dazu beitragen, die Welt zu verstehen und ihr einen Sinn zuzuschreiben. Damit lässt sich der Erwerb der Kenntnis und der Fähigkeit zur Unterscheidung der Stimmen der Eltern als eine Lernaufgabe für Jana ableiten und bestimmen. Am besten gelingt dieser Prozess des Kennenlernens und des Differenzierens der elterlichen Stimmen und die Indienstnahme dieser Kenntnisse zur Regulierung und Orientierung dann, wenn Jana in einen Zustand der aufmerksamen Ruhe eintreten kann. Dieser mentale Zustand setzt allerdings die grundsätzliche biologische Funktionsfähigkeit der Wahrnehmungsorgane, insbesondere mit Blick auf das Hören, voraus. Erst dann kann differenziert wahrgenommen werden, und aus dem Wahrgenommenen können entsprechende Muster gebildet werden. So kann einsichtig werden, dass die elterliche Ruhe und Gelassenheit und die Fähigkeit, Affektlagen zu markieren und zu spiegeln, für die Bewältigung der Lernaufgaben grundlegend sind. Sind diese Bedingungen, sowohl auf Seiten von Jana als auch auf Seiten ihrer Eltern, gegeben, kann davon ausgegangen werden, dass Jana in die Lage versetzt wird und auch dann in der Lage ist, sich die skizzierten Kenntnisse anzueignen.

Wie verstehen wir aber den Entwicklungs- und Lernstand von Jana, wenn diese irgendwie nicht zu erkennen gibt, dass sie die Stimmen der Eltern differenziert wahrnimmt und offensichtlich auch nicht zur Regulation innerer Spannungszustände zu verwenden weiß? Hierfür bietet sich eine sorgfältige Analyse des erzieherischen Geschehens nach der Maßgabe entwicklungspädagogischer Grundsätze an. Zunächst können wir uns die Bedingungen des Aufwachsens im Allgemeinen und die jeweils spezifischen erzieherischen Interaktionen im Besonderen anschauen, denn es ist uns klar, dass für die Bewältigung der Lernaufgabe Zustände wacher Ruhe notwendig sind. Das heißt, wir müssen uns ein Bild davon machen, ob solche Phasen in der Entwicklung und Erziehung des Kindes ganz natürlich vorkommen, bewusst initiiert werden oder aber gar gänzlich fehlen beziehungsweise dysfunktional ausgestaltet werden. So sind zum Beispiel das Zu-Bett-Bringen, das Wickeln und das Füttern, neben allen anderen lebenspraktischen Verrichtungen, die ein Kind im Säuglingsalter einfordert, immer gute Gelegenheiten, das Lernen durch Sprache und Gespräch zu unterstützen. Uns interessiert also, wie und wie oft miteinander gesprochen wird. Hier kann sich schon herausstellen, dass sich der soziokulturelle Hintergrund oder aber die sozioemotionale Verfassung der Eltern beeinträchtigend auf die Bewältigung der Lernaufgaben auswirken. So ist es zum Beispiel nicht allen Eltern gegenwärtig, welche Bedeutung das Miteinandersprechen – auch im Säuglingsalter – für die kindliche Entwicklung hat. Manche wissen es nicht, andere haben zwar eine Ahnung, aber wenig Lust, sich auf das Kind in dieser Weise einzulassen, und wieder andere wissen es genau, es fehlt ihnen aber an Zeit, und wieder andere können es vielleicht aufgrund einer emotionalen Beeinträchtigung – beispielsweise einer depressiven Verstimmung – nicht. Es geht darum, sich sprechend und affektmarkierend dem Kind zuzuwenden. Aus der bisherigen Blickrichtung ergibt sich zwangsläufig die Notwendigkeit, Bedingungen herzustellen, die dem sprachlich unterstützten Miteinander zuträglich sind. In diesem Sinne muss den Eltern und Kindern Lernhilfe zu Teil werden, die in der Lage ist, das interpersonelle Zusammenspiel (wieder) anzuregen und zu befördern. Diese Lernhilfe kann sich durch den Freundeskreis, durch Großeltern, Bekannte, durch die Hebamme, durch Krabbelgruppen, Schwangerschaftsrückbildungskurse, aber auch durch (sozial- und sonder-)pädagogische Unterstützung realisieren. Nun haben wir uns dem Phänomen des gehemmten oder gar beeinträchtigten Lernens aus der Perspektive der primären Lerndimension genähert und kommen vielleicht zu dem Schluss, dass hier Unterstützung hilfreich wäre und nun gefragt werden muss, welcher Art diese Unterstützung sein kann und wie diese zu realisieren ist. Es kann aber auch sein, dass wir den Eindruck haben, dass die Bedingungen im Grunde soweit gegeben sind, dass Jana eigentlich mit ihrer Lernaufgabe vorankommen müsste. Wir müssen also unseren pädagogischen Blick um eine Lerndimension erweitern, und so stellt sich vielleicht die Frage, ob Jana überhaupt gut hören kann. Hier ist gewissermaßen die körperlich-biologische Dimension der Lernaufgaben in den Fokus der Aufmerksamkeit zu stellen. Da der Hörfähigkeit, neben den anderen Wahrnehmungsfunktionen, eine grundlegende Bedeutung für die Konstitution des Selbst und der Ausbildung der Ich-Funktionen und damit auch für die Bewältigung unterschiedlicher Lernaufgaben (Sprachentwicklung, Schriftsprachentwicklung, kognitive Entwicklung, psychosoziale Entwicklung) zukommt, wird diese auch unmittelbar nach der Geburt ärztlich untersucht. Gleichwohl muss darauf geachtet werden, dass neben angeborenen Hörproblemen auch erworbene Beeinträchtigungen des Hörens nicht übersehen werden dürfen. Diese können umfassend und irreversibel das Hörvermögen beeinträchtigen oder doch auch eher einen temporären Charakter aufweisen, wenn zum Beispiel der Gehörgang durch Sekretbildung blockiert ist und diese Blockierung durch einen ärztlichen Eingriff aufgehoben werden kann. Damit wird ersichtlich, dass der entwicklungspädagogisch fundierte Blick in der Lage sein muss, die Grenzen der pädagogischen Zuständigkeit zu erkennen und entsprechende disziplinäre und professionelle Kooperation zu initiieren. Aber selbst die medizinische Abklärung und der ärztliche Eingriff entbinden die Eltern nicht von der Erziehung und Jana nicht vom Lernen – ganz im Gegenteil. Ist von einer Beeinträchtigung des Hörens auszugehen, sollten pädagogische Maßnahmen initiiert werden, die dem Kind angesichts der Beeinträchtigung helfen, ein Höchstmaß an personaler Selbstbestimmung zu realisieren. Schließlich müssen wir aber unter Umständen noch einmal eine weitere Lerndimension zu Rate ziehen, und zwar immer dann, wenn sich sowohl die soziokulturellen und sozioemotionalen Bedingungen des Aufwachsens als auch die körperliche Funktionsfähigkeit als unbeeinträchtigt herausstellen. Wir müssen dann nach weiteren Organisationsbedingungen der Lernhemmung in pädagogischer Hinsicht fragen. Wir haben ja schon die »aufmerksame Ruhe« in den Blick genommen, die notwendig ist, um sich den

Lernaufgaben zu stellen. Hierhin müssen wir nun noch einmal zurückkehren, denn es kann sein, dass es Jana nicht gelingt, die dafür wichtige Ruhe aufzubringen und diesbezüglich Unterstützung benötigt. Die Hinwendung zur sicheren, gelassenen Ruhe gelingt dem Säugling nicht von selbst – wie auch, denn es gibt so viele psycho-physische Prozesse zu regulieren, die ja erst die Voraussetzung für weitere, darauf aufbauende Prozesse abgeben. Insofern ist der Säugling hier auf Ko-Regulation durch die Eltern angewiesen. Das Wollen des Säuglings ist, in Anlehnung an Sigmund Freuds Ausführungen zum Ich (Freud 1923b), vor allem ein körperliches. Das heißt, neben der großen Bedeutung der sprachlichen Verfasstheit der Eltern-Kind-Beziehung darf nicht übersehen werden, dass es die körperliche Beziehung ist, die die frühe Entwicklungsdynamik befördert. Ruhe und Sicherheit als Basis für Exploration und Entwicklung entstehen durch körperliche Berührungen und leibhaftiges Zusammensein. Und die Bandbreite hierfür ist groß – vom Tragen des Säuglings in Tüchern am eigenen Körper, über Schmusen, Zärtlichkeiten und Liebkosungen bis hin zur Baby-Massage. Im Prinzip zielen die Lernhilfen auf die Anbahnung von ko-regulierendem Körperkontakt – so kann dem Kind geholfen werden, über den ko-regulierenden Anderen zu sich zu kommen. Dass hierbei möglicherweise die eigenen, biographisch verfassten Erfahrungen der Eltern eher zuträglich oder auch erschwerend wirken können, versteht sich von selbst und muss, wie bereits weiter oben ausgeführt, beim pädagogischen Sehen, Denken und Handeln Berücksichtigung finden.

In den beiden vorherigen Lerndimensionen sind schon Aspekte des Wollens im Säuglingsalter angeklungen und mit den dort beschriebenen Themen auch verwoben. Der Anschaulichkeit wegen wollen wir aber im Folgenden zentrale Lernthemen des Wollens, gewissermaßen etwas künstlich isoliert, hervorheben und darstellen. Jana hatte also bisher einige Herausforderungen im Bereich der zu erwerbenden Kenntnisse und Fähigkeiten zu bewältigen – das haben wir ja bereits gesehen. So stellt sich nun also die Frage, welche Lernthemen die Lerndimension des Wollens für Jana bereithält. Im Grunde geht es um erste, auch hier noch wesentlich leibhaftige, rudimentäre Herausbildungen von dem, was später dann mit den Begriffen »Einstellungen« und »Haltungen« bezeichnet werden kann. Im Mittelpunkt stehen Regulationsbedürfnisse – sowohl in der Lerndimension des Könnens, des Wissens als auch in der des Wollens. Die Lernaufgabe, die sich aus dem aktuellen Lebensalter und der primären Lerndimension des Wollens ergibt, kann mit Vertrauen und Gewohnheit überschrieben werden und äußert sich zum Beispiel ganz konkret in der Ausbildung eines spezifischen Tag-Nacht-Rhythmus.

5 Lernaufgaben, Lerndimensionen und Lebensalter

Tab. 6: Lernaufgabe Routinen und Gewohnheiten

Säuglingsalter Entwicklungsthema Vertrauen	Lernaufgabe: Routinen und Gewohnheiten: Tag-Nacht-Rhythmus
Primäre Lerndimension **Wollen**	Optimales Vertrauen
Periphere Lerndimension I **Können**	Fähigkeit zur Entspannung, Fähigkeit zur Umsetzung
Periphere Lerndimension II **Wissen**	Kenntnis und Erfahrung unterschiedlicher Tagesrhythmen, Gewissheit über die Anwesenheit bedeutsamer Anderer

Nun kann man vielleicht einwenden, dass Jana dann schon schläft oder wach ist, wenn sie das Bedürfnis dazu hat, doch sprechen die praktischen Erfahrungen von Hebammen und Kinderärzten, die jenseits einer »schulenbezogenen« theoretischen oder gar weltanschaulichen Orientierung mit Säuglingen und deren Eltern zu tun haben, dafür, dass es für die Ausbildung von Gewohnheiten und in der Folge von Vertrauen ganz essentiell ist, einen Tag-Nacht-Rhythmus für den Säugling zu befördern. Hier geht es nicht darum, dass die Eltern möglichst schnell am Abend ihre Ruhe haben und möglichst durchschlafen wollen – ganz im Gegenteil! Im Mittelpunkt steht das Bedürfnis des Kindes nach Routinen. In pädagogischer Hinsicht sind Routinen etwas ganz Hervorragendes, weil sie uns die Möglichkeit geben, auf Strukturen und Funktionen zurückzugreifen, ohne diese jedes Mal bei Bedarf zu vergegenwärtigen. Von Belang ist allerdings, dass Routinen nur dann pädagogisch wertvoll sind, wenn sie in sich auch immer die Möglichkeit zur Überwindung, das heißt zur Modifikation, repräsentiert haben. Starre Routinen, die sich nicht durch alternative und/oder bessere bzw. funktionalere Routinen ersetzen lassen, sind im pädagogischen Verständnis keine wirklichen Routinen. Es macht also Sinn, wenn sich Janas Bedürfnis nach Schlaf im Sinne eines Rhythmus etwas organisiert. So entstehen Gewohnheiten, die Sicherheit stiften und den Säugling prinzipiell zur Ruhe kommen lassen. Es versteht sich hier von selbst, dass das Erlernen eines Tag-Nacht-Rhythmus wenig bis gar nichts mit Trainingsprogrammen zu tun hat, die es gewissermaßen nach Rezept anzuwenden und umzusetzen gilt. Vielmehr benötigt das Erlernen eines Tag-Nacht-Rhythmus von Seiten der Eltern viel Geduld, Zeit und liebevolle Zuwendung. Denn zu einem gewissen abendlichen Zeitpunkt gilt es, mit unterschiedlichen Ritualen das Zu-Bett-Gehen einzuleiten. Jana wird so signalisiert,

dass es zu einem Wechsel im Tagesablauf kommt, der nun mehr Ruhe, Entspannung und geregelten Schlaf verspricht. Zu diesen Ritualen gehört sicherlich, neben dem Stillen von Hunger und Durst und dem Wechseln der Windel, viel Körperkontakt, beruhigende Beschäftigung mit dem Säugling; und wahrscheinlich finden hier auch ganz unterschiedliche Einschlafrituale ihren Ort – ob nun in Gestalt von Schlafliedern, die vorgesungen, Schlafgeschichten, die vorgelesen, oder auch Massagen, die dem Baby zuteil werden. Wichtig hierbei ist, dass die Beschäftigung zur Beruhigung beitragen und Jana helfen soll, in den Schlaf zu finden. Der Lernprozess, diese Schlafgewohnheiten in der primären Lerndimension des Wollens auszubilden, bedarf im Bereich der peripheren Lerndimensionen spezifischer Voraussetzungen, die letztendlich ineinandergreifen. So muss sich im Bereich des Könnens langsam die Fähigkeit ausbilden, »in den Schlaf fallen« zu können. Hierzu gehört auf der körperlichen Ebene die Fähigkeit zur Entspannung. Diese kann sicherlich durch die Eltern regulierend unterstützt werden. Um allerdings »in den Schlaf fallen« zu können, bedarf es der Gewissheit, die sich in der Lerndimension des Wissens verorten lässt, dass dann auch jemand da ist, der auf den Schlafenden aufpasst. In evolutionsbiologischer Hinsicht wäre es kein Selektionsvorteil, wenn der Schlaf zu einem Risikofaktor für das Leben des Kindes werden würde. Die Sicherung des Säuglings im Schlaf wird von der ihn umgebenden Gruppe übernommen – in unserem Fall die Familiengruppe. Daher ist es auch nicht verwunderlich, dass Kinder für das Einschlafen die Versicherung der Gegenwart ihrer Eltern benötigen und dass Kinder, die aufwachen, nach ihren Eltern rufen, um sich deren Anwesenheit erneut zu versichern. Kinder schlafen in der Gemeinschaft am besten und wollen, wenn sie nachts kurzzeitig aufwachen, die gleichen Bedingungen vorfinden, die sie beim Einschlafen hatten. Dann ist alles gut, und sie können wieder in den Schlaf fallen. Entspannung, die für Schlaf unabdingbar ist, ist im Säuglings- und Kleinkindalter ohne Geborgenheit nicht zu haben. An dieser Stelle zeigt sich zweierlei für die Lernaufgabe der Ausbildung von Routinen und Gewohnheiten. Zum einen bilden sich Gewohnheiten nur dann aus, wenn sie sich bewähren und als haltgebend und schützend wahrgenommen und erfahrbar werden. Zum anderen benötigt die Herausbildung von Gewohnheiten und Routinen Zeit und individuelle Unterstützung. Ein »Schema F« kann es hierbei nicht geben, nur ein feinfühliges Einstimmen auf und ein Abstimmen der Eltern mit dem Säugling.
Doch was ist zu tun, wenn sich kein Tag-Nacht-Rhythmus einstellt, wenn Jana einfach nicht in den Schlaf findet. Im Bereich der Kinder- und Jugendmedizin stellen sogenannte Schlafstörungen, neben Fütterungs- und Gedeihstörungen und exzessivem Schreien, einen Hauptanlass für das Aufsuchen des Kinderarztes, des Kinderpsychotherapeuten oder einer Beratungsstelle dar. Unser

5 Lernaufgaben, Lerndimensionen und Lebensalter

entwicklungspädagogischer Blick entlang der Lerndimensionen kann uns diesbezüglich helfen, wesentliche diagnostische Fragen zu formulieren. Zunächst richten wir unsere Aufmerksamkeit auf die Eltern. So kann es durchaus sein, dass die Eltern, vielleicht aus mangelnder Kenntnis, die Auffassung vertreten, dass sich ein Tag-Nacht-Rhythmus von selbst einstellen wird, und sie irritiert sind, wenn das nicht passiert. Dann kann schnell aus der ursprünglichen Irritation Wut werden und Gedanken dahingehend entstehen, Jana wolle die Eltern nur tyrannisieren. Entsteht aus der Irritation darüber, dass Jana einfach nicht in den Schlaf findet, eher Verzweiflung, dann zweifeln Eltern an sich und daran, dass sie gute Eltern sind. In beiden Fällen haben die Folgen der Irritation dysfunktionale Auswirkungen auf das Wohlbefinden von Jana und ihrer Familie und tragen möglicherweise noch weiterhin dazu bei, das Einschlafen und den Erwerb eines Tag-Nacht-Rhythmus zu erschweren. Jana gerät so mit ihren Eltern unweigerlich in einen Teufelskreislauf, der sich selbst negativ verstärkt. An dieser Stelle ist es wichtig, den Lernbedarf bei den Eltern zu verorten und als mangelnde Kenntnis der Lerndimension Wissen zuzuordnen. Es liegt dann auf der Hand, dass Information und Aufklärung zur Aufhebung des Lernbedarfs beitragen, so dass der Erwerb von Routinen und Gewohnheiten für Jana und für ihre Eltern möglich wird. Nun kann es aber auch sein, dass sich die Eltern darüber im Klaren sind, dass sich ein Tag-Nacht-Rhythmus nicht so ohne weiteres von selbst ergibt und gewissermaßen erzieherisch angeleitet werden muss. Hier gilt dann zu fragen, wie denn genau die Eltern die Anleitung vornehmen. Manchmal ist einiges zu viel des Guten. Dann werden die Rituale, die den Schlaf einleiten sollen, überfrachtet und haben mehr einen anregenden als beruhigenden Charakter. Jana kann dann nicht zur Ruhe kommen, wird stimuliert, obwohl sie eigentlich müde ist. Die Folgen davon kann man sich lebhaft vorstellen. Man hat es dann eher mit einem quengelnden und unzufriedenen Säugling zu tun, der, wenn die Eltern die Signale des Kindes weiterhin nicht richtig deuten können, zu einem Mehr an anregender Beschäftigung führt – auch hier droht ein Teufelskreis, der alle Beteiligten grundlegend unzufrieden und verzweifelt werden lässt. Das heißt, das Wissen um die Notwendigkeit, den Säugling beim Aufbau von Gewohnheiten und Routinen zu unterstützen, reicht noch lange nicht aus, um diese Unterstützung auch angemessen zu praktizieren. In diesem Falle liegt bei den Eltern ein Lernbedarf im Bereich des Könnens vor, und man kann sich nun überlegen, wie diesem Lernbedarf zu begegnen ist. Wesentlich aber ist, dass nun weniger Kenntnisse als vielmehr elterliche Fähigkeiten gefragt sind – kann ich etwas singen oder vorlesen, um meinem Kind den Tag-Nacht-Wechsel zu erleichtern? Sind mehr Körperkontakt und liebevolle Zuwendungen gefragt? Können vielleicht aus dem Eltern-Kind-Kontakt beruhigende Rituale abgeleitet werden? All das sind Fragen, deren mögliche Antworten ausprobiert werden müssen und die nicht durch bloßes Anlesen schon ihre Wirkung entfalten. Sowohl Lernbedarfe im Bereich des elterlichen Wissens als auch solche im Bereich des elterlichen Könnens können unterschiedliche Gründe haben. Neben fehlender Information und Übung können elternseitig auch emotionale und psychische Hintergründe dafür verantwortlich sein, dass es mit der Ausbildung von Gewohnheiten nicht klappt. Weil Kinder das Tempo ihres Lernens vorgeben, wird von den Eltern viel Geduld und Feinfühligkeit verlangt, die es im hektischen Berufs- und Familienalltag erst einmal auch aufzubringen gilt. Und klar ist auch, dass mit Blick auf die Erziehung der Allerkleinsten die eigenen Bedürfnisse als Erwachsene partiell und temporär zurückstehen. Eine gleichzeitige Selbstverwirklichung der Erwachsenen ist nur schwer machbar. So kann es gut sein, dass die Eltern gut informiert sind und auch über einige spezifische Fähigkeiten verfügen, den Kindern den Tag-Nacht-Rhythmus näher zu bringen, sie aber schlichtweg die notwendige Einstellung hierzu nicht aufbringen, im Klartext: nicht wollen. Das heißt nicht gleich, dass sie »schlechte« Eltern sind, es kann aber heißen, dass die Mühen der Erziehung Erwachsene auch gelegentlich an den Rand ihrer Kräfte führen, so dass Geduld und Einfühlung nicht mehr möglich sind. Hinzu kommt, dass eine biographisch gewordene sozioemotionale Verfasstheit der Elternteile oder des Elternpaares das feinfühlige und geduldige Eingehen auf den Säugling verhindern kann, und zwar immer dann, wenn sich Eltern durch die Bedürfnisse des Kindes gewissermaßen grundsätzlich »bedroht« fühlen. So können durch die Geburt und durch die Dynamik der Entwicklung des Kindes eigene ungelöste Konflikte aktualisiert und Abwehrstrukturen labilisiert werden. In solchen Situationen fällt es dann schwer, sich um das Kind zu kümmern, wenn doch die eigene Struktur in Gefahr ist. Dieser Sachverhalt gilt sowohl für den seelischen Haushalt des Einzelnen als auch für das Gleichgewicht der Eltern als Paar. Wird das eingeforderte und notwendige Eingehen auf die Bedürfnisse des Säuglings als »Zurückstecken« und »Missachtung« der eigenen Bedürfnisse oder als »Niederlage« (innerhalb der Dynamik des Eltern-/Ehepaares) empfunden, bleibt kein Raum für Geduld und liebevolle Zuwendung, um verlässliche und geduldige Sicherheit zu stiften, aus der heraus Gewohnheiten und Routinen entstehen können. Die psychoanalytisch informierten Säuglings- und Kleinkindforscher und Pädagogen sprechen seit Selma Fraiberg, einer Sozialarbeiterin und Kinderanalytikerin, die als Begründerin der Eltern-Säuglings-Kleinkind-Psychotherapie angesehen werden kann, von den so genannten »Ghosts in the Nursery« (Fraiberg et al. 1975, 387). Darunter versteht man die permanente Präsenz der elterlichen Innenwelt, die den Umgang mit dem Kind, mehr oder weniger bewusst, prägt. Wie Horst

5 Lernaufgaben, Lerndimensionen und Lebensalter

Eberhard Richter eindrücklich gezeigt hat, neigen Eltern, wie wir alle im Übrigen, dazu, eigene verinnerlichte Beziehungserfahrungen (und die daraus resultierenden ungelösten Konflikte) zu übertragen oder aber auch eigene missliebige Anteile zu projizieren (Richter 1992). Die kindliche Rolle wird dann maßgeblich durch elterliche Übertragungen und Projektionen mitbestimmt.
Bislang haben wir, obwohl es sich ja um eine Lernaufgabe des Säuglings handelte, mehr über die Eltern gesprochen. An dieser Stelle wird das Ineinandergreifen von kindlichen und elterlichen Lernaufgaben deutlich. Nicht nur, dass sich die verschiedenen Lerndimensionen mit Blick auf eine Lernaufgabe wechselseitig aufeinander beziehen – zentral ist auch, dass sich die kindliche Entwicklung nur sehr schwer von den elterlichen Kapazitäten trennen lässt und damit gleichzeitig auch auf die im familiären Lebenszyklus fortschreitenden Lernaufgaben der Elternschaft verweist. Wenn Winnicott (1960) sagt: »There is no such thing as an infant« (586), dann meint er genau den Tatbestand, dass sich die (frühe) kindliche Entwicklung nicht ohne die Bezugspersonen und das nähere Umfeld verstehen lässt. Bleiben wir bei unserem Beispiel: Jana ist mit Blick auf ihr Lernen und auf die Bewältigung ihrer Lernaufgaben auf andere (Bezugs-)Personen angewiesen. Letztendlich kommt dieser Sachverhalt im (frühen) Kindesalter natürlich besonders zum Tragen, doch dürfen wir nicht vergessen, dass die Entwicklungspädagogik prinzipiell davon ausgeht, dass der Mensch über seinen Lebenslauf lernen muss und sich dieses Lernen an vielen Stellen eben nicht von selbst ergibt, sondern durch Erziehung erreicht werden muss. Sicherlich ändert sich im Lebenslauf die Perspektive auf die »bedeutungsvollen Anderen« (Loch 1988, 245), doch bleibt die Bedeutung der Anderen im Lebenslauf bestehen – das kann aus pädagogischer Sicht auch nicht anders sein, weil Erziehung immer auf ein personales Verhältnis angewiesen ist. Und auch im Bereich der Selbsterziehung, wenn also die Erziehungsbedürftigkeit von der Erzogenheit prinzipiell abgelöst wurde, kommt dem »lebensgeschichtlichen Diskurs« mit den verinnerlichten Erziehern aus dem »Dort-und-Damals« herausragende Bedeutung zu. Führen dieser Diskurs und die daraus abgeleiteten Entscheidungen und Konsequenzen angesichts einer Lernaufgabe im Erwachsenenalter nicht zu einem gewünschten Zustand, müssen sich selbst erwachsene Menschen wieder in ein erzieherisches Verhältnis im »Hier-und-Jetzt« begeben, um hier die Lernhilfe zu bekommen, die die aktuell schwierige lebensgeschichtliche Situation fordert. Diese »erzieherischen Verhältnisse« und die damit verbundenen »Lernhilfen« firmieren im Erwachsenenalter allerdings eher unter Begriffen wie »Erwachsenenbildung«, »Coaching«, »Beratung« und gelegentlich auch »Psychotherapie«. Zwar sehen wir die Angewiesenheit auf den Anderen im (frühen) Kindesalter besonders deutlich,

doch bleibt diese über den Lebenslauf konstitutives Merkmal und unhintergehbare Tatsache menschlicher Existenz. Doch zurück zu Jana. Was lässt sich hier mit Blick auf den Erwerb beziehungsweise mit Blick auf mögliche beeinträchtigende Aspekte des Erwerbs von Routinen und Gewohnheiten sagen? Die Herausbildung eines Tag-Nacht-Rhythmus setzt auf Seiten von Jana zunächst voraus, dass die biologischen Prozesse, die Strukturen und Funktionen des Körpers diesen Lernprozess auch unterstützen. So können unter anderem Sauerstoffmangel bei der Geburt, Stoffwechselstörungen, Entzündungen, Störungen des Immunsystems und auch chronische Erkrankungen dazu beitragen, dass die Aneignung von Gewohnheiten und Routinen für Jana beeinträchtigt wird. Sie kann dann nicht zur Ruhe kommen, entwickelt möglicherweise eine grundlegende motorische Unruhe, einen hohen Muskeltonus, und vielleicht trägt auch der hohe Ruhepuls dazu bei, dass es Jana schwer fällt, sich zu entspannen. Ebenso kann eine basale Ungewissheit dazu beitragen, dass frühkindliche Ängste entstehen, die alles andere als förderlich sind, um in den Schlaf zu fallen. Kann Jana nicht auf das basale Urvertrauen des Gehaltenwerdens zurückgreifen, wird der Erwerb von schlafbezogenen Routinen erschwert. Vielleicht spielt aber auch Janas Temperament, das als physiologische und konstitutionelle Grundlage der Persönlichkeitsentwicklung angesehen werden kann, eine nicht unbedeutende Rolle. In allen Fällen können von den genannten Aspekten lernhemmende Wirkungen ausgehen, doch entbindet es die Eltern nicht von der Aufgabe der Erziehung. Auch wenn unterschiedliche, mehr oder weniger gravierende Beeinträchtigungen vorliegen, muss Jana erzogen werden. Hierauf hat sie ein Recht, denn nur durch Lernen besteht die Möglichkeit zur späteren potentiell selbstbestimmten Lebensführung. Die Erziehung und die Aufgabe der Erziehung bleibt angesichts der Lernaufgabe die gleiche. Doch müssen möglicherweise besondere Mittel gefunden werden, die es Jana erleichtern, in den Schlaf zu finden – diese reichen von einem Mehr an Zeit, über beruhigende körperliche Zuwendung unter Einbezug von ätherischen Ölen bis hin zu konkreten Verfahren, um Jana bei der Regulation ihrer Welt und ihrer inneren Prozessen zu unterstützen.

5.1.2 Kleinkindalter

Dem Säuglingsalter folgt das Kleinkindalter. Das Kleinkind hat nun schon einiges in seinem bisherigen Leben erfahren, das die Grundlage für die weiteren Entwicklungsschritte abgibt. Nun sollen auch in diesem Lebensalter exemplarische Lernaufgaben des Kleinkindes aus den Lerndimensionen des Könnens, Wissens und Wollens zur Darstellung gebracht werden.

5 Lernaufgaben, Lerndimensionen und Lebensalter

Max hat seinen ersten Geburtstag schon hinter sich gelassen – er ist nun kein Säugling mehr, sondern ein Kleinkind, das eifrig die ihn umgebende Welt entdecken will. Und das geht am besten, wenn man sich selbstständig bewegen kann. Klar ist auch, dass die Fähigkeit zu sprechen hierfür ebenfalls maßgeblich ist, doch soll uns im Folgenden zunächst nur die motorische Lernaufgabe des Laufen-Lernens interessieren.

Tab. 7: Lernaufgabe »sicher laufen lernen«

Kleinkindalter **Entwicklungsthema** **Motorik und Sprache**	**Lernaufgabe: sicher laufen lernen**
Primäre Lerndimension *Können*	Gleichgewicht, Raumorientierung, Muskeltonusregulation, Zusammenspiel von Wahrnehmung und Motorik
Periphere Lerndimension I *Wissen*	Kenntnis von Verhaltensabläufen, Wissen um Raumdimensionen
Periphere Lerndimension II *Wollen*	eigenständige Nähe-Distanz-Regulation, Neugier, Entdeckerlust, Autonomiewunsch, Exploration

Max hat sich nicht sehr viel bewegt, als er noch jünger war – Rollen, Robben, Krabbeln etc. waren für ihn nichts. Vielmehr hat er viel geschaut und sich auch gerne hingesetzt. Nun aber, und das überrascht seine Eltern, steht er plötzlich im Wohnzimmer – mit einer Hand am Wohnzimmertisch schwankt er hin und her auf seinen Beinen, bis ihn die Kräfte verlassen und er sich wieder auf den Po plumpsen lässt. Das scheint ihn sehr zu freuen, denn er lacht vergnügt dabei. Nach einer kurzen Pause wendet er sich dem Tischbein zu, zieht sich daran hoch und findet wieder in den Stand. So geht das eine ganze Weile, bis ihn endgültig die Kraft verlässt und er erschöpft auf dem Boden sitzen bleibt. Im Fokus der Lerndimension des Könnens im Kleinkindalter steht ganz unzweifelhaft der Erwerb, der Ausbau und die Stabilisierung der Fähigkeit zum Gehen und Laufen. Um dieser Lernaufgabe, deren Impulse aus dem Physiologischen drängen, angemessen begegnen und sie bewältigen zu können, bedarf es zunächst im Bereich des Könnens im wahrsten Sinne des Wortes gewisse »Vorläuferfähigkeiten«. Das heißt, die Kinder müssen sich im Raum orientieren und ein gewisses Maß an Gleichgewichtsregulation aufbringen können. Ist dies gegeben, steht dem Schritt zu Laufen erst einmal nichts im Wege. Klar ist, dass sich die genannten Fähigkeiten durch Übung immer weiter verfestigen und differenzieren. Ein Laufen-Lernen ohne Übung ist nicht machbar. Gleichermaßen aber stößt Max auch an Grenzen, wenn er nur versucht, die Fähigkeiten aus der Lerndimension des Könnens zur Vollendung zu bringen. Das klappt auch nicht, denn um sicher laufen zu können, bedarf es auch Kenntnisse und ebenso entsprechende Willenseinstellungen. Zu den Kenntnissen gehört, dass sich Max bewusst ist, dass es eine Differenz gibt zwischen dem, was man sieht, und dem Ort, an dem man sich befindet, und dass es dann eben gilt, diese Wegstrecke zurückzulegen – mit allen Höhen, Tiefen und Weiten. Hierzu gehört auch ein gewisses Erfahrungswissen um die Beschaffenheit der ihn umgebenden Umwelt. Vielleicht könnte man hier im Sinne Rousseaus von der »Erziehung durch die Dinge« (Rousseau 1998) sprechen. Denn nicht unmaßgeblich ist es zu wissen, welche Umgebung eher hart und welche Dinge eher weich sind und in welchen Situationen Gefahren lauern. Das haben ihm seine Eltern wahrscheinlich schon gezeigt. Nun kann er sich im Wissen um die Dinge auf den Weg machen. Könnte er, wären da nicht vielleicht die Sorgen, es nicht zu schaffen oder aber auch eine grundlegende Unsicherheit im Vertrauen auf die eigenen Fähigkeiten. Vielleicht hat er immer, wenn er sich regt, die mahnenden Worte seiner Eltern im Ohr, die alle seine Aktivitäten begleiten: »Pass auf!«, »Nicht zu schnell!« – all das führt vielleicht dazu, dass viele potentielle Gefahrenquellen benannt und vielleicht auch gemieden werden können, stärkt aber nicht unbedingt den Explorationsdrang und das Vertrauen in die eigene Selbstwirksamkeit. So bildet Max ungewollt eine Haltung der vorsichtigen Aufmerksamkeit oder eine ängstliche Erwartungshaltung aus, die den Zugriff auf die Welt hemmen kann. Zum Laufen-Lernen gehört also neben den Fähigkeiten und den skizzierten Kenntnissen auch der Wille zum Laufen – und das im doppelten Wortsinn, denn mit dem Laufen-Lernen ist auch immer ein Sich-Entfernen verbunden, das auf eine unweigerlich sich einstellende Trennung von den Eltern verweist. Und das muss erst einmal von den Beteiligten auch zugelassen werden. An dieser Stelle zeichnet sich ja schon ab, wie die Eltern Max bei der Bewältigung der Lernaufgabe unterstützen und welche Lernhilfe sie bieten können. Prinzipiell benötigt Max im wahrsten Sinne des Wortes Gehhilfe. Die sucht er sich dort, wo er sie finden kann, aber üblicherweise leisten die Erwachsenen diese Unterstützung und klagen dann nicht selten über Rückenschmerzen. Die Eltern werden so temporär zu einem motorischen Hilfs-Ich, das stützt, nach vorne bringt und das Gleichgewicht hält. Daneben sind aufmunternde Worte und Gesten zentral. Diese sollen vermitteln, dass es etwas Schönes ist, alleine zu Laufen, und sich damit eine Welt erschließt, die vorher so noch nicht erfahrbar war. Im Grunde geht es darum, dass Max in den Augen und Worten seiner Eltern seine Befindlichkeit und Situation gespiegelt sieht. Im besten Falle findet er Zutrauen zu sich und erfährt auch in der Umsetzung seiner Aktionen Erfolg. Wesentlich ist für die Lernhilfen, die Max von seinen Eltern bekommt, dass sie zum einen darauf angelegt sind, Max zu mehr beweglicher autonomer Eigenständigkeit zu verhelfen und sich zum anderen selbst überflüssig machen sollten – eben keine Abhängigkeit vom Objekt fördern sollen. Selbstverständlich kann das Bedürfnis der Eltern nach unbeschadeter Wirbelsäule und unverkrampften Muskeln nicht außer Acht gelassen werden, so dass hier sicherlich auch ein Kompromiss zwischen Unterstützungsbedürfnis des Kindes und den Bedürfnissen der Eltern zu suchen ist. Ebenso gestaltet sich die Verfügbarkeit der Eltern als Hilfs-Ich auch nicht immer als unproblematisch. Wenn aber im Grunde Lernhilfen gefunden sind, die Max nutzen kann, und die Entwicklung in den peripheren Lerndimensionen dies zulässt, so wird er sich ziemlich flott zu einem sicheren Geher entwickeln. Was aber, wenn Max keine Anstalten macht zu laufen oder es ihm auf Dauer nicht gelingt, sicher und verlässlich Tritt zu fassen? Als entwicklungspädagogisch geschulte Pädagogen blicken wir zunächst auf die primäre Lerndimension und fragen danach, ob die Wahrnehmung, die Motorik und/oder das Zusammenspiel von Wahrnehmung und Motorik den Gehversuchen von Max im Wege stehen bzw. diese hemmen oder gar verunmöglichen. Mit Blick auf die Beantwortung dieser Fragen bedarf es eines gründlichen kinderärztlichen Befundes. Liegen zum Beispiel strukturelle oder funktionelle Beeinträchtigungen des Wahrnehmungs- und/oder Bewegungsapparates vor, ist unsere Aufgabe darin zu sehen, trotz dieser Beeinträchtigungen, Max darin zu unterstützen, dass er sich die Fertigkeiten zum weitgehend selbständigen Stehen und Gehen, soweit als möglich, aneignen kann. Die Ausprägungen von Beeinträchtigungen des Wahrnehmungs- und Bewegungsapparates reichen von irreversiblen, mehr oder weniger umfangreichen Behinderungen, über eingegrenzte passagere oder überdauernde Störungen bis hin zu Gefährdungen, die noch keine Beeinträchtigung nach sich gezogen haben. So können allein schon ein dem Stehen und Gehen nicht zuträglicher Muskeltonus oder eine Sehschwäche dazu beitragen, dass sich mit Blick auf die anstehende Lernaufgabe Lernhemmungen einstellen. Ebenso können aber auch umfängliche körperliche Erkrankungen oder Behinderungen zu einer besonderen und erschwerenden Bedingung für die Bewältigung der Lernaufgabe werden. Ganz gleich, wie sich die Situation darstellt, sie entbindet uns nicht von der Verantwortung für die Erziehung von Max – ganz im Gegenteil! Wir müssen dann überlegen, mit welchen besonderen (Erziehungs-)Mitteln wir das Lernen von Max erreichen können. Diesbezüglich gibt es, je nach individueller Ausgestaltung, schon unterschiedliche Fördermaterialien oder pädagogische Hilfsmittel. Oder aber wir müssen erfinderisch und kreativ sein und uns so auf Max einlassen, dass uns ein Zugang zur Lernaufgabe möglich wird.

Erst wenn wir sicher sein können, dass keine strukturellen und auch keine grundsätzlich funktionellen Beeinträchtigungen des Wahrnehmungs- und Bewegungsapparats vorliegen, müssen wir uns den peripheren Lerndimensionen zuwenden – also auch den Kenntnissen und Willenseinstellungen, die für das Laufen-Lernen von Max mit verantwortlich sind. Hat Max zum Beispiel keine Ahnung von Entfernungen, weiß er vielleicht nicht, dass man einen Fuß vor den anderen setzen muss, um zu gehen? Dann ist es höchste Zeit, dass die Eltern ihm das zeigen – also sowohl vor Augen führen, damit befinden wir uns wieder mehr in der Lerndimension des Könnens, als auch durch Erzählungen und Geschichten das Stehen, Gehen und Laufen zu repräsentieren. Ein Kleinkind, das mehr sitzt und sich weniger bewegt, kann durchaus durch entsprechende Medien, die sich bewegende Menschen abbilden, zur Aktion motiviert werden.

Aber auch selbst dann, wenn Max fähig ist zu stehen und zu gehen und er diesbezüglich auch über die einschlägigen Kenntnisse verfügt, kann es doch sein, dass er einfach nicht will. Dann sind vielleicht die Ursachen für die Hemmungen eher im Bereich der Lerndimension des Wollens zu suchen. Klar ist, dass mit der Lerndimension des Wollens nur bedingt der bewusste und freie Wille gemeint ist. Vielmehr sprechen wir von Willenseinstellungen, die auf Haltungen verweisen, oder vielleicht auch, wie Paul Moor sagt, auf den »inneren Halt« (Moor 1960), der sich durch die Kultivierung der Affekte, der Antriebe, der Stimmungen, der Beziehungen und des Erlebens zu erkennen gibt und als tragender Grund dafür sorgt, dass wir uns mit unseren Möglichkeiten auch entfalten können. Wenn also Max nicht will, dann heißt das nicht, er ist einfach nur stur und könnte, wenn er wollte. Vielmehr müssen wir davon ausgehen, dass Max möglicherweise im Bereich der Bildung seiner Emotionalität und Sozialität noch Lernaufgaben zu bewältigen hat, deren Ausstand ihm aktuell beim Laufen-Lernen im Wege steht. An prominenter Stelle müssen wir unseren entwicklungspädagogischen Blick auf die inneren Objektbeziehungen von Max richten und auch schauen, wie er äußere Beziehungen gestaltet. Laufen-Können bedeutet immer einen Zugewinn an Autonomie, und die Aussicht auf Erweiterung von Autonomie löst nicht selten einen Konflikt mit Hinblick auf die gleichzeitige Abhängigkeit aus. Wenn die Abhängigkeitsbedürfnisse größer sind als die Autonomiebedürfnisse, dann kann es geschehen, dass, wie in unserem Fall, motorische Funktionen gehemmt werden. Selbstverständlich kann auch das Denken und das Fühlen gehemmt werden, aber diese Ausdrucksgestalten des Autonomie-Abhängigkeitskonfliktes sollen jetzt an dieser Stelle nicht zum Thema werden. Stehen- und Laufen-Lernen sind auf ein gehöriges Maß an Exploration angewiesen. Dieser sogenannte Explorationstrieb ist uns in die Wiege gelegt, korrespondiert aber mit dem Bedürfnis nach Sicherheit, das uns ebenfalls konstitutionell mitgegeben ist. Und Lernen ist immer mit der Zuwendung zu noch nicht Bekanntem verbunden und löst prinzipiell Unsicherheit und gegebenenfalls auch Angst aus. Insofern kommt es bei Max jetzt darauf an, wie er bisher gelernt hat, mit Angst und Unsicherheit umzugehen und diese so zu regulieren, dass prinzipiell Entwicklung, in unserem Fall: Fort*schritt*, möglich ist. Wenn er, wie die Bindungstheorie sagt, über ein sicheres internales Arbeitsmodell verfügt, dann wird er alles daransetzen, Stehen und Laufen zu lernen und sich dabei immer wieder bei seinen Eltern, von denen er sich zunehmend entfernt, rückversichern – sich also immer wieder Sicherheit vergegenwärtigen, vor deren Hintergrund er weiter exploriert. Verfügt Max eher über ein unsicher-vermeidendes internales Arbeitsmodell, dann wird ihm das Stehen und Laufen zwar Unbehagen verursachen, er wird sich das aber aneignen können und sich dabei wenig um die Hilfe der Eltern bemühen. Das sieht dann so aus, als hätte Max mit diesem Entwicklungsschritt keine Probleme. Das heißt dann aber auch, dass eine mögliche Lernhemmung im Bereich der Lerndimension des Wollens bei dieser Lernaufgabe vom nicht entwicklungspädagogisch geschulten Blick auch nicht erfasst wird, weil sich manifest keine Lernhemmung einstellt – es sei denn, man ist irritiert ob der scheinbar autonomen und von Personen unabhängigen Entwicklung. Wenn allerdings keine weiteren Irritationen hinzukommen, dürfte es relativ unwahrscheinlich sein, dass man sich als Eltern größere und weitergehende Gedanke macht. Anders ist es, wenn Max sich permanent rückversichert, klammert, weint und wehklagt angesichts der Option zu Stehen und zu Laufen. Wenn sich die ganzen Lernschritte permanent interpersonell in Szene setzen und die Beziehungsgestaltung mehr im Mittelpunkt steht als das eigentliche Lernthema, dann kann man die Vermutung anstellen, dass Max eher über ein unsicher-ambivalentes internale Arbeitsmodell verfügt. Er will ja, er traut sich aber nicht und ist sich auch nicht sicher, ob ihm seine Eltern gegebenenfalls sichere und verlässliche Unterstützung zukommen lassen. All diese Ausdrucksformen internaler Arbeitsmodelle sind streng genommen noch überhaupt keine Störung. Zwar kann man vielleicht sagen, dass das sichere Arbeitsmodell funktionaler ist als das unsicher-vermeidende oder das unsicher-ambivalente, aber beide stellen immerhin eine Organisation dar, die es Max ermöglicht, mit Stress umzugehen. Schwieriger wird es, wenn eine solche Organisation gänzlich fehlt – man spricht dann von einer Desorganisation. Wie auch immer es um das internale Arbeitsmodell von Max bestellt sein mag, wir müssen es berücksichtigen, wenn es mit dem Stehen und Gehen nicht so klappt und sich keine pädagogischen Befunde aus den Lerndimensionen des Wissens und des Könnens erheben lassen. Dann kommt es darauf an, Max bei der Regulation seiner inneren Welt, die durch Stress in Aufruhr versetzt ist, zu unterstützen. Das können wir machen, wenn wir uns Stück für Stück und ganz behutsam immer etwas mehr als sicherheitsversprechende Personen beim Lernen einbringen und so ganz vorsichtig auch die Sorgen und Nöte von Max zulassen können (unsicher-vermeidendes Arbeitsmodell) oder aber ganz bewusst und unaufgeregt deutlich machen, dass passieren kann, was will, wir stehen zu Max, so dass es diesem sukzessive gelingt, sich nicht mehr so viel um die Beziehung zu uns zu sorgen, sondern sich verstärkt mehr seiner Lernaufgabe zuzuwenden (unsicher-ambivalent). Das heißt, ein verlässliches, unaufgeregtes und mehr oder weniger ausdrucksstarkes Bindungsangebot ist als Lernhilfe anzusehen, wenn die Lernhemmung eher im Bereich des Wollens angesiedelt werden kann.

Für Max steht aber nicht nur Autonomieentwicklung, die auf Eigenständigkeit verweist, im Vordergrund des Lernens in seinem Lebensalter, sondern auch der Bezug zur Gemeinschaftsfähigkeit. Das bedeutet, und im Wort Gemeinschafts*fähigkeit* ist dieser Sachverhalt schon angelegt, dass Max das zwischenmenschliche Zusammenleben, auf das er anthropologisch angewiesen und diesbezüglich konstitutionell mit entsprechenden Fertigkeiten auch ausgestattet ist, als Fähigkeit erwerben muss. Letztendlich muss er ein Wissen um das Zusammenleben erwerben, und zwar ganz konkret im Sinne der Frage: »Wie geht es hier zu?!«. Das ist eine Frage, die wir uns im Laufe unseres Lebens immer mal wieder stellen müssen – manchmal gewollt und freiwillig, manchmal aber auch gezwungenermaßen. Wie auch immer, die prototypische Lernsituation, in der diese Frage zu allererst eingebettet ist, ist in der Familienerziehung zu finden. Hier stellt sich für Max die Frage nach den »Regeln des Hauses«.

Tab. 8: Lernaufgabe »Zusammenhänge erkennen«

Kleinkindalter Entwicklungsthema Regeln des Hauses	Lernaufgabe: Zusammenhänge erkennen
Primäre Lerndimension *Wissen*	Kennen, Verstehen, Memorieren
Periphere Lerndimension I *Können*	Verkörperung einer Rolle, Umsetzen der Regeln
Periphere Lerndimension II *Wollen*	Aktionslust, Angstregulation

Um einigermaßen konfliktfrei miteinander leben zu können, bedarf es Regeln, die für das Verhalten Orientierung stiften. Dann muss nicht immer wieder von Neuem ausgehandelt werden, dass am Abendbrottisch die Mobiltelefone ausgeschaltet sind und der Fernseher nicht läuft. Dagegen kann man vielleicht rebellieren, aber so ist das in der Familie von Max, und überdies wird auch noch um 18:00 Uhr gegessen – nicht später und auch nicht früher, ob man Hunger hat oder nicht. Und so ergeben sich, mehr oder weniger explizit, Regeln, nach denen das Familienleben organisiert ist und über die Max im Kindergarten, in der Schule und später dann auch im Erwachsenenalter noch Auskunft geben kann: »So ist das bei uns gewesen.« Damit leuchtet unmittelbar ein, dass die »Regeln des Hauses« beziehungsweise die der Familie eindeutig als Kenntnisse in Erscheinung treten, die sich Max aneignen soll. Hierzu bedarf es zunächst der Fähigkeit, familiäre Zusammenhänge und familiäre Rollen imitatorisch nachzuahmen und im Spiel zu reproduzieren und zu verfestigen. Das macht Max sehr gerne. Er spielt dann, wie der Papa in der Küche steht, die Spaghetti kocht und nebenbei noch, das Telefon unter das Kinn geklemmt, mit der Oma das nächste Weihnachtsfest plant. Oder aber Max ist ganz von der Konzentration seiner Mama begeistert, wenn sie auf dem heimischen PC noch etwas für ihre Arbeit erledigt. Dann nimmt er sich ein Küchenbrett und »versendet E-Mails«. Und er sieht auch, wie die Eltern Sachverhalte besprechen, wie sie den Alltag meistern und vieles mehr. Max »lebt sich in die Grundhaltung und Grundeinstellung sowie die einzelnen Tätigkeiten des Hauses ein. (...) Mit- und nachahmend nimmt (...) (er) am Tun der Erwachsenen teil« (Roeßler 1961, 61). Um sich diese Kenntnisse, die ja der partikularistischen Moral des Hauses zuzurechnen sind und die spätestens in der Schulerziehung um die universalistische Moral der Gesellschaft (Prange 2008) erweitert werden, anzueignen, muss er auf der Ebene der Könnens sukzessiv die Fähigkeit ausbilden, sich in andere hineinzuversetzen und das so Verstandene in Rollenspielen in Szene zu setzen. Dann sieht man Max vielleicht, wie er mit seinen Teddys umgeht, wie er sie ins Bett bringt oder zu Tisch bittet, und ist deutlich daran erinnert, wie es zuhause zugeht. Damit ist auch schon die Lerndimension des Wollens angesprochen, die ebenso maßgeblich dazu beiträgt, dass sich Max die Kenntnisse des Zusammenlebens aneignen kann. Max will groß sein, er ist motiviert, all das, was er sieht, spielerisch so zu bearbeiten, dass er es für den Aufbau seiner inneren Welt verwenden kann. In der Heilpädagogik spricht man salopp von der äußeren Struktur, die zur inneren Struktur führt. Und dieser Prozess der Internalisierung muss bei Max jetzt nicht extra angestoßen werden, sondern basiert auf der ihm innewohnenden Entwicklungsdynamik, die von Neugierde im Sinne des Drangs nach Exploration getragen wird.

5.1 Familienerziehung

Nun stellt sich aber heraus, dass sich Max in einigen Situationen so gar nicht nach den »Regeln des Hauses« verhält, und die Eltern werden ärgerlich und denken schon daran, weil sie ja als gute Eltern viel Erziehungsratgeberliteratur gelesen haben, auf das Verhalten, das so gar nicht ihren Vorstellungen entspricht, Konsequenzen folgen zu lassen. Am ärgerlichsten finden sie, dass Max einfach nicht folgt, wenn er aufgefordert wird, brav zu sein, also nicht so viel zu quengeln und auch mal Ruhe zu geben, wenn sich die Eltern kurz unterhalten wollen. Die Eltern sind dann übereinstimmend der Meinung, dass Max in verschiedenen Situationen einfach nicht hört. Aus entwicklungspädagogischer Sicht fragen wir uns natürlich erst einmal, wo die Lernhemmung primär organisiert ist. Nun könnte es sein, dass Aussagen, die Eltern so gerne und oft tätigen, wie: »Nun sei doch mal brav!«, »Hör´ auf!«, »Willst Du nicht mal lieb sein?!«, »Das ist aber gar nicht schön von dir!« und vieles mehr, in ihrem inhaltlichen Gehalt für Max gar nicht zu fassen sind. Das heißt, Max weiß gar nicht sicher, was genau mit »brav«, »lieb«, »schön« gemeint ist. Das erschließt sich umgehend: Wenn man nicht weiß, mit was man aufhören soll oder wie man sich verhalten soll, um zum Beispiel als lieb zu gelten, fällt es schwer, sich zu orientieren und entsprechend auch das eigene Verhalten zu verändern. Es kommt dann wesentlich darauf an, dass die Eltern zur Darstellung bringen, was sie genau mit ihren Aufforderungen meinen. Und hier wird auch noch einmal die pädagogische Form der Darstellung, also des repräsentativen Zeigens, relevant, weil es sich schwerlich vor Augen führen lässt, was die Eltern unter »brav« und »lieb« und so weiter verstehen. Da muss man als Eltern etwas zur Erscheinung bringen – etwa das Lieb- und Brav-Sein, das gegenständlich nicht gegeben ist, die Kenntnisse hierüber aber für das Zusammenleben von Belang sind. Wenn Max also nicht folgt, dann kann das durchaus an seiner mangelnden Kenntnis liegen, nicht zu wissen, wohin die familiäre Reise eigentlich gehen soll. Ist allerdings bekannt, welche »Regeln des Hauses« gelten, und werden diese Max altersentsprechend auch immer wieder gezeigt und es kommt trotzdem verstärkt und mit gewisser Regelmäßigkeit zu Situationen, in denen es so scheint, als ob Max einfach nichts mit den Kenntnissen anfangen kann, dann müssen wir weiterdenken. So besteht sicherlich auch die Möglichkeit, dass Max nicht versteht, was man von ihm will, und zwar jenseits von mangelnden Kenntnissen, sondern mit Blick auf seine kognitiven Fähigkeiten, die als Voraussetzung anzusehen sind, Wissensbestände auch lebenspraktisch aktualisieren zu können. Es ist an dieser Stelle die Aufgabe der Eltern und Erzieher, Max die Themen des zwischenmenschlichen Zusammenlebens so darzustellen, dass er sie sich auch aneignen kann. Dann ist es vielleicht mit einer einfachen Information, die täglich wiederholt wird, nicht getan, sondern es müssen ergänzende Mittel und Wege gefunden werden, um es Max zu ermöglichen, ein eigenverantwortliches und gemeinschaftsfähiges Verhalten aufzubauen. Wenn allerdings die kognitiven Fertigkeiten soweit entwickelt sind, dass Max versteht, was man von ihm will, dann entwickelt sich unser interventionspraktisches Verstehen eher in folgende Richtung: Max weiß um die Sachverhalte, kann sie aber nicht umsetzen. Wir erweitern unseren entwicklungspädagogischen Blick um die Lerndimension des Könnens. Letztendlich geht es darum – eigentlich von der Wiege bis zur Bahre –, dass Kenntnisse auch zur verkörperlichten Handlungsfähigkeit führen sollten. Das heißt allerdings auch umgekehrt, dass der Besitz von Kenntnissen nicht zwangsläufig zu deren lebenspraktischen Umsetzung führen muss. So können motorische und perzeptuelle Einschränkungen dazu beitragen, dass es mit dem Befolgen der »Regeln des Hauses« nicht (immer) klappt. Dass Max nicht »hört«, kann dann zum Beispiel ganz wörtlich genommen werden, wenn er bisher nicht erkannte audiologische Probleme hat. Ebenso kann aber auch der visuelle Zugriff auf die Welt beeinträchtigt sein, so dass Max, so scheint es zumindest, nur fehlerhaft den Aufforderungen der Eltern folgen kann. In ähnlicher Weise verhält es sich mit den motorischen Fähigkeiten, deren Ausbildung zu Fertigkeiten vielleicht noch etwas zu wünschen übriglassen oder gar durch eine körperliche Behinderung so eingeschränkt sind, dass Max nur bedingt über seine Motorik willentlich verfügen kann. In vielen Fällen zeigen sich die Kinder dann als »ungeschickt« und »zappelig«. Bis man dann erkennt, dass ein mangelndes Hör- oder Sehvermögen oder ein eingeschränkter Bewegungsapparat sehr unsicher machen und nicht gerade dazu beitragen, Lernprozesse in Ruhe in Gang zu bringen. Aber auch angesichts solcher Herausforderungen gilt es, die erzieherischen Bemühungen nicht zu vernachlässigen, sondern, ganz im Gegenteil, nach ergänzenden und unterstützenden (Erziehungs-)Mitteln Ausschau zu halten, mit deren Hilfe das Lernen von Max besser erreicht werden kann. Gehen wir aber noch einen Schritt weiter in der entwicklungspädagogischen Erkundung der Lernhemmung, dann können wir davon ausgehen, dass Max alles weiß, also die Regeln kennt, und diesbezüglich auch alles kann, aber seine sozioemotionale Verfasstheit im Wege steht. Wir beziehen also in unsere entwicklungspädagogische Betrachtung der Lernhemmung nun auch die Lerndimension des Wollens mit ein. Es kann ja zum Beispiel gut sein, dass man alles weiß und alles kann und trotzdem Angst davor hat, etwas falsch zu machen. Das führt dann meist zur Ausbildung einer ängstlichen Erwartungshaltung, in deren Folge dann auch tatsächlich vieles schief geht und so die Angst und Unsicherheit noch bestärkt werden. Vielleicht sind die Eltern nicht sehr geduldig und maßregeln Max permanent. Oder aber sie werden schnell aufbrausend oder sind ganz im Gegenteil eher gar nicht auf Max bezogen und zeigen sich mehr gleichgültig. Wie auch immer, Unsicherheit und Angst tragen prinzipiell nicht dazu bei, dass Lernen gut gelingen kann. Obwohl Max über alle Kenntnisse und Fertigkeiten verfügt, sich die »Regeln des Hauses« anzueignen und diese auch zu praktizieren, scheitert er an dieser Lernaufgabe. Und es wird so unmittelbar klar, dass hier eine verstärkte und aufgrund des Scheiterns noch massiertere Förderung mit Blick auf die Kenntnisse und Fertigkeiten wohl eher genau das Gegenteil von dem erreichen würde, was eigentlich intendiert ist – Max wird so mehr Angst und Unsicherheit aufbauen und die Wahrscheinlichkeit eines sich verstetigenden Versagens mit all seinen Konsequenzen ist mehr als gegeben. Solche entgleisenden Entwicklungsprozesse zeigen sich dann auch noch einmal in eindeutigerer und dramatischerer Weise im pädagogischen Raum der Schulerziehung. Dort finden sich vermehrt Schülerinnen und Schüler, die vor dem Hintergrund ihres ausgeprägten Wissens, ihrer guten kognitiven, perzeptuellen und motorischen Leistungsfähigkeit doch vor den Lernaufgaben der Schule scheitern.

Damit kommen wir zu einer prototypischen Lernaufgabe im Kleinkindalter aus der Lerndimension des Wollens. Diese ist ja in den vorherigen Ausführungen mit Blick auf ihre Relevanz für die Bewältigung von Lernaufgaben aus den beiden anderen Lerndimensionen schon mehrfach in Erscheinung getreten. Auf alle Fälle können wir, vor dem Hintergrund des bisherigen Nachdenkens, davon ausgehen, dass die sozioemotionale Verfasstheit des Kindes, und selbstverständlich auch des Jugendlichen und des Erwachsenen, eine wesentliche Basis für Lernprozesse abgibt. Und wir können uns vielleicht auch noch etwas weiter vorwagen und feststellen, dass sich Lernen prinzipiell nicht mit Angst verträgt. Blicken wir aber jenseits von Angst auf eine genuine Lernaufgabe der Lerndimension des Wollens im Kleinkindalter, dann kommen wir nicht umhin, von ersten Anzeichen der Erprobung von Selbstbehauptung zu sprechen.

Tab. 9: Lernaufgabe »Selbstbehauptung«

Kleinkindalter Entwicklungsthema Abgrenzung	Lernaufgabe: Selbstbehauptung
Primäre Lerndimension *Wollen*	Durchsetzung und Unterordnung, Mut, Selbstbewusstsein, Sicherheit
Periphere Lerndimension I *Wissen*	Kenntnisse der Ordnungen und Regeln, Kenntnisse der Verhaltensspielräume
Periphere Lerndimension II *Können*	Macht und Handlungsmöglichkeiten

5 Lernaufgaben, Lerndimensionen und Lebensalter

Wir sind jetzt im so genannten »Trotzalter« angekommen. Es zeichnen sich erste Auseinandersetzungen dahingehend ab, dass die Eltern wohl davon ausgehen müssen, dass Max über einen eignen Willen verfügt. Da passt es auch ganz gut, dass Max im Bereich der Lerndimension des Könnens nicht nur Anstalten macht zu gehen, sondern ebenso auch daran interessiert ist, seine sprachliche Entwicklung voranzutreiben. Eines der ersten Wörter ist »Nein!« – zum Verdruss der Eltern. Mit dem »Nein!« markiert Max seine Grenze zu den Anderen. Mit dem »Nein!« entsteht Dissens, und aus diesem wiederum erst kann sich ein intersubjektives Feld der Auseinandersetzung herausbilden, in dem Differenz wahrgenommen, anerkannt und bearbeitet und so die Entwicklung vorantrieben werden kann. Das gelingt mit einem Konsens eher selten. Insofern stimmt es schon, wenn man sagt, dass der Mensch am »Nein« wächst und eben nicht am »Ja«. Wie der Name ja schon sagt, ist Max aufgefordert, sein auftauchendes Selbst zu behaupten. Und diese Selbstbehauptung ist eben kein Ausdruck von »Trotz« und »Widerworten«, sondern im gegenteiligen Sinne sind »Trotz« und »Widerworte« Ausdrucksformen der Selbstbehauptung. Das ganze Unterfangen der Selbstbehauptung gestaltet sich zwar, von außen betrachtet, nicht selten als ein so genannter Wutanfall oder Ausbruch des Zorns, doch Max muss üben, wie das geht, sein Selbst zu behaupten, ohne dabei »das Kind mit dem Bad auszuschütten« – da schießt er manchmal mit seinem Protest über das Ziel heraus. Damit steht die Wahrnehmung, der Umgang mit und die Regulation der eigenen Affektivität vor dem Hintergrund des eigenen Wollens und der Auseinandersetzung mit den Eltern im Mittelpunkt dieser Lernaufgabe. Klar ist, dass Max auch erste bewusste Erfahrungen mit den Grenzen der eigenen Selbstbehauptung machen muss. Das enttäuscht ihn, macht ihn wütend, frustriert ihn gar, fordert aber zur Bearbeitung und möglicherweise zur Modifikation der eigenen Affektlage auf. Das sind nicht nur für Max schwierige und anstrengende Zeiten, sondern auch für seine Eltern, die sich immer wieder vor Augen halten müssen, dass Max sie nicht aus Spaß an der Freude und um des Willens zur Macht tyrannisiert, sondern dass nur auf diesem Wege der Auseinandersetzung zwischen Eltern und Kind aus Max ein selbstbewusster, aber auch nachsichtiger und einfühlsamer Junge wird. Solche Auseinandersetzungen, in denen es gefühlt nicht selten affektiv »um´s Ganze« geht, werden nur dort geführt werden können, wo sich Max sicher fühlt. Das ist, auch wenn es für die Eltern von Max manchmal schwer zu begreifen ist, letztendlich ein Hinweis darauf, dass sich Max bei ihnen gut aufgehoben fühlt. Er traut sich ohne Angst vor Verlust der Zuwendung, die Auseinandersetzungen mit ihnen zu wagen. Kinder, die Angst vor Verlust der elterlichen Liebe haben, zeigen sich später dann eher überangepasst und darauf fokussiert, die Zuwendung durch die Eltern nicht zu verlieren. In diesem Sinne bedarf es einer grundlegend wahrnehmbaren, spürbaren und verlässlichen Sicherheit, um die Auseinandersetzung zu wagen. Für diese Zeit gilt zusammengefasst: Es ist normal, dass es kracht! Wesentlich hierbei ist allerdings, dass sich die Eltern der Generationendifferenz bewusst sind – weniger pädagogisch ausgedrückt: dass sich die Eltern ihrer Rolle als Erwachsene bewusst sind. Das heißt nichts anderes, als dass sie die Verantwortung dafür haben, dass es bei den Auseinandersetzungen nicht eskaliert. Damit sich Max auch so richtig selbst im eigenen »Nein« erfahren kann, bedarf es, wie bereits weiter oben dargelegt, Kenntnisse der Ordnung und der Regeln der Familie, um somit gegen diese spürbar opponieren zu können. Wenn ich nicht weiß, »wie der Hase läuft«, fällt es mir auch schwer, einen entgegengesetzten oder alternativen Standpunkt einzunehmen. Für eine gelungene Selbstbehauptung müssen darüber hinaus auch verkörperlichte Handlungsmöglichkeiten bestehen. Zu den sprachlichen Ausdrucksgestalten gesellen sich dann motorische Ausdrucksgestalten hinzu. Max kann sich zum Beispiel dem elterlichen Zugriff entziehen, er kann auch, falls nötig, die »Flucht ergreifen« oder aber auch seinem Begehren zunehmend Nachdruck verleihen. Alles in allem befindet sich Max in diesem Alter in einer ersten Hochphase des Selbstwirksamkeitserleben. Eingeschränkt werden kann dieses Erleben wiederum durch Lernhemmungen, die auf unterschiedlichen Lerndimensionen lokalisiert sein können. An erster Stelle im Bereich der Lerndimension des Wollens steht auch hier wieder Angst, die es Max nicht erlaubt, sich selbst zu behaupten. Möglicherweise duldet das familiale Umfeld keinen »Widerspruch« oder fühlt sich herausgefordert, den kindlichen Willen »zu brechen«. Da mögen ganz unterschiedliche (biographisch verfasste oder auch populärwissenschaftlich vermittelte) Gründe bei den Eltern vorhanden sein, denen jetzt nicht im Detail nachgegangen werden kann, doch das, was zählt, ist, dass Max eher zurückhaltend mit der Behauptung seines Selbst verfährt. Das Problematische an dieser Zurückhaltung ist, dass sich so auch nur eingeschränkt eine kohärente Selbstwahrnehmung, die auf Erfahrungen von Selbstwirksamkeit baut, entwickeln kann. Und je mehr sich Max um Selbstbehauptung bemüht, umso mehr wird er die Restriktionen und Sanktionen des familiären Umfeldes zu spüren bekommen. Da Max darüber hinaus noch nicht über eine ausgebildete reflexive Funktion verfügt, er also nicht im Sinne von Metakommunikation darüber nachdenken kann, was hier eigentlich los ist, wie die Eltern mit ihm umgehen und wie er sich dabei fühlt, besteht die Möglichkeit, dass er ein »falsches Selbst« (Winnicott) ausbildet, das sich durch Anpassung an die Umwelt auszeichnet und in dessen praktischer Ausdrucksgestalt keine Hinweise mehr auf die früher zu Grunde liegende Selbstbehauptungstendenz zu finden sind. Max erscheint dann als »braver«, »folgsamer« und vielleicht auch

»freundlicher« und »zuvorkommender« Junge, dem die eigene Aggression im Sinne einer sich selbst behauptenden Lebensenergie abhandengekommen, ja fremd geworden ist. Aber auch dann, wenn die Lernprozesse in ein förderndes Umfeld eingebettet sind, kann es sein, dass Max Schwierigkeiten mit der Behauptung seines Selbst hat. So können motorische und perzeptuelle Beeinträchtigungen dazu beitragen, dass Max seinem Willen nicht Ausdruck und Nachdruck verleihen kann. Sprachentwicklungsstörungen, motorische Entwicklungsstörungen oder auch Störungen der Wahrnehmung tragen nicht selten dazu bei, dass es Kindern nur eingeschränkt möglich ist, sich in einer Weise selbst zu behaupten, die auch der Lernaufgabe gerecht wird. Allerdings, und dies gilt es immer zu beachten, ist grundsätzlich davon auszugehen, dass sich die Kinder immer so gut es eben geht, selbst behaupten. Wenn also Situationen zu eskalieren drohen, müssen wir uns als Eltern immer vergegenwärtigen, dass Max die Möglichkeiten nutzt, die ihm zur Verfügung stehen. Beeinträchtigungen führen nicht selten zu entgleisenden Lernprozessen in dem Sinne, dass die Erscheinungsformen der Selbstbehauptung manchmal nur schwerlich zu tolerieren sind. Wichtig an diesen Stellen ist natürlich auch Begrenzung, aber das oberste Ziel dieser Begrenzung, neben Schutz vor Selbst- und Fremdgefährdung, muss sein, dass die Begrenzung von Max als Rahmen für eine funktionale Selbstbehauptung genutzt werden kann. Damit haben wir nun schon Lernhemmungen thematisiert, die sich den Lerndimensionen des Wollens und Könnens zurechnen lassen. Wie bereits dargelegt, kann aber auch ein Lernbedarf im Bereich der Lerndimension des Wissens zu Lernhemmungen führen, die die Bewältigung der Lernaufgabe der Selbstbehauptung in der Lerndimension des Wollens beeinträchtigen. So tragen mangelnde Kenntnisse der Regeln des familialen Miteinanders zu skurrilen Formen der Selbstbehauptung ebenso bei wie die eingeschränkte Verstehbarkeit oder die mangelnde Fähigkeit zur Interpretation von Interaktionen. Das, was uns als Eltern in der partnerschaftlichen und familialen Interaktion als einleuchtend und eindeutig erscheint, ist für die Kinder keineswegs immer so. Vielmehr stehen sie vor der Aufgabe, den Sinn und die Bedeutung von Kommunikation – ob nun verbal oder non-verbal – grundlegend zu erschließen. Und nicht selten führen Fehlinterpretationen zu Konflikten in der Familie, die mit der Lernaufgabe der Selbstbehauptung nicht viel zu tun haben – und das gilt für alle Beteiligten. So gestalten sich kindliche Lernaufgaben immer auch als Herausforderung für das bereits Gelernte der Erwachsenen. Denn diese kommunizieren auch nicht immer eindeutig, sind von unterschiedlichen Motiven beseelt und nicht selten straft unsere analoge Kommunikation die digitale Kommunikation Lügen. Schaut man sich die in Ansätzen skizzierten Hemmungen an, die der Lernaufgabe der Selbstbehauptung entgegentreten können, dann ergeben sich zwangsläufig entsprechende Lernhilfen. Diese können aber sowohl Max als auch die Eltern und das Umfeld im Blick haben. Nicht umsonst hat ja Paul Moor bereits in den 1960er Jahren darauf hingewiesen, dass nicht nur das Kind, sondern auch seine Umgebung zu erziehen sei (Moor 1974). So müssen Eltern in der Lage sein, ihre Haltungen und Einstellungen zur Erziehung, zur Partnerschaft und zur Familie vor dem Hintergrund der eigenen Biographie zu reflektieren. Sie sollten auch gelegentlich die eigenen ungelösten Konflikte in der Auseinandersetzung mit ihrem Kind erkennen und mit diesen angemessen umgehen können. Ebenso gilt es, und dieser Sachverhalt wiegt für den Menschen als ein nach Gründen suchendes Wesen schwer, die Kinder mit der Sinn- und Bedeutungsdimension des menschlichen Lebens vertraut zu machen. Das geht zumeist über Sprache, aber nicht nur. Dort, wo die Sprachfähigkeit eingeschränkt ist, benötigen wir eine andere Sprache, um gegenseitigen Zugang zueinander zu finden. Und so kommen wir auch zu Lernhilfen, die sich direkt an die Person des Kindes wenden. Wir müssen vor dem Hintergrund potentieller Beeinträchtigungen davon ausgehen, dass die Ausdrucksgestalten der Selbstbehauptung als die Eigensprache des Kindes zu verstehen sind. Diese gilt es zunächst anzuerkennen und gegebenenfalls so zu regulieren, dass sie dem Ziel der Lernaufgabe zuträglich ist. Wenn Max also zum Beispiel aufgrund einer sprachlichen Beeinträchtigung zu einem verständlichen »Nein!« nur bedingt in der Lage ist und so überwiegend seinen Willen motorisch in Szene setzt, dann ist es an uns, Max eine Hilfe zur Behauptung seines Selbst zu geben, die letztendlich auch für ihn selbst funktional und zielführend ist. Klar kommt man um die Auseinandersetzung nicht herum, aber dann sind das vielleicht Konflikte, die die Beteiligten nicht »über Tische und Bänke« gehen lassen. Im Wesentlichen gilt es – Beeinträchtigung hin oder her – Max zu signalisieren, dass man ihn verstanden hat – ihm vielleicht nicht zustimmt, ihn aber in seiner Selbstbehauptungsgeste ernst nimmt.

5.1.3 Kindergartenalter

Das Kindergartenalter schließlich ist sowohl ein gewisser Abschluss als auch ein zentraler Neubeginn. Abgeschlossen wird zum Teil die überwiegend exklusive, diffuse und komplexitätsreduzierende Dynamik der Familie. Neu eröffnet wird ein Lern- und Erfahrungsraum, der von ganz verschiedenen und zunächst fremden Subjekten und Objekten bevölkert ist.

Lilli ist vor nun knapp einem Jahr in den Kindergarten gekommen, und es gefällt ihr mittlerweile sehr gut dort. Nach anfänglichen Eingewöhnungsschwierigkeiten – sie wollte die Eltern nur ungern gehen lassen –, denen die

Eltern und Erzieherinnen und Erzieher mit Geduld begegnet sind, klappt die Trennung nun ganz gut. Als hilfreich hat sich herausgestellt, das morgendliche Ankommen im Kindergarten möglichst ohne Zeitdruck zu gestalten, so dass immer noch Gelegenheit für ein paar Worte mit anderen, Eltern, Kindern und den Erzieherinnen und Erziehern, bleibt. Die Eltern haben versucht, soweit dies möglich war, ihre Arbeitszeiten so zu gestalten, dass sie selbst nicht allzu sehr unter Zeitdruck geraten sind.

Das, was Lilli, als »Kindergartenkind«, aber momentan sehr umtreibt und beschäftigt, sind die unterschiedlichen Ausdrucksformen von hinzugewonnener Autonomie. So möchte sie sich morgens am liebsten ganz alleine anziehen und dann auch zum Gehen fertig machen. Allerdings sind für die Umsetzung dieser autonomen Strebungen gewisse Fertigkeiten von Nöten, die es sich anzueignen gilt. Zum Beispiel ist das Binden von Schnürsenkel von großer Bedeutung, heißt das doch, dass Lilli nun nicht mehr nur auf Schuhe mit Klettverschluss angewiesen ist und damit zum Ausdruck bringen kann, schon fast zu »den Großen« zu gehören. Um sich allerdings die Schnürsenkel selbst zu binden, bedarf es zunächst einiger grundlegender motorischer und perzeptueller Fertigkeiten, die sich ausbilden müssen.

Tab. 10: Lernaufgabe »Schnürsenkel binden«

Kindergartenalter Entwicklungsthema Konzentration	Lernaufgabe: Schnürsenkel binden
Primäre Lerndimension *Können*	Feinmotorische Fertigkeiten, selektive Aufmerksamkeit, diffizile Bewegungsabläufe
Periphere Lerndimension I *Wissen*	Kenntnis von Knoten
Periphere Lerndimension II *Wollens*	Einlassen auf Herausforderung, Autonomiewunsch, Ausdauer, Übungsbereitschaft, Anstrengungsbereitschaft, Emotionsregulation

Im Mittelpunkt steht hierbei die Ausbildung einer gewissen Feinmotorik, denn die doch relativ dünnen Schnürsenkel entziehen sich oft erfolgreich dem, im wahrsten Sinne des Wortes, handgreiflichen Zugriff von Lilli, was nicht selten zu Verzweiflung und dann auch zu wütenden Ausbrüchen führt. Lilli muss also lernen, sich die Schnürsenkel ihrer Schuhe selbst zu binden. Und dabei kommen Lilli, ihre Eltern und auch die Erzieherinnen und Erzieher in der Kindertagesstätte nicht umhin, dieses Procedere zu üben. Zentral ist aber hierbei, dass das spezifische Thema der spezifischen Entwicklungsphase aus der Lerndimension des Könnens so in Erscheinung tritt, dass es auch »beübt« werden kann. Das Lernen eines Knotens, der dann die Schnürsenkel der eigenen Schuhe zusammenhält, erfolgt nur über ständig wiederholendes Tun. Und vielleicht, dies ist eine didaktische Frage, gestaltet sich dieses Üben zunächst mit »echten« Schnürsenkel, die sich in den Schuhen befinden, als allzu große Herausforderung, die dann wenig mehr als nur Frustration bereithält. Dem Vater von Lilli ist diesbezüglich, aus eigener Verzweiflung über die morgendliche Verzweiflung von Lilli, eingefallen, dass er im Keller noch alte Stricke von seinem Großvater hat, die er nun hervorholt. Die Stricke sind alles andere als filigran, dienen aber dem Zweck, den Knoten, der doch so wichtig für das Schnürsenkelbinden ist, Lilli gewissermaßen »im Großen« vor Augen zu führen. Der Vater schreitet also zur Tat, stellt Lilli mit dem Rücken an einen Baum und legt ein Seil um den Baum und Lilli herum, so dass sich in ihrer rechten und linken Hand jeweils ein Ende des Seils befindet. Der Knoten, auf den es der Vater abgesehen hat, soll jetzt erst einmal nicht die Schnürsenkel zusammenhalten, sondern Lilli in Höhe ihres Bauchs an den Baum binden. Das macht zunächst einmal allen eine Freude, weil Lilli sich schon vorstellt, wie sie dann später ihren Vater an den »Marterpfahl« fesseln kann. Was Lilli hierbei aber erfahren kann, ist, wie ein Knoten grundsätzlich aussieht und wie sich dieser zu Wege bringen lässt. Der Weg des Erlernens der Fertigkeit des Schnürsenkelbindens führt also in unserem Fall über große motorische Bewegungen und über eine übersichtliche Wahrnehmung des Gegenstands hin zu immer kleineren Bewegungen und differenzierteren Ansichten mit Blick auf den kleinen Schnürsenkel. Das, was hier zu Wege gebracht werden muss, ergibt sich aus der grundlegenden Forderung des Lernthemas nach Beübbarkeit. Allerdings ist es mit dem Üben alleine nicht getan. Zwar geht es ohne Übung nicht, doch lässt sich nur dann etwas im Sinne der Aneignung üben, wenn man sich auch dabei auf die Abläufe, um die es geht, konzentriert. Übung ohne Konzentration führt nicht zum Lernen. Später dann sind die verkörperlichten Handlungsabläufe so routinisiert, dass man nicht mehr darüber nachdenken muss – das ist ja auch für den lebenspraktischen Vollzug Sinn und Zweck. Zum Zeitpunkt der Aneignung aber bedarf es der konzentrierten Hinwendung zum Lerngegenstand während der Übung. Konzentriertes Wiederholen von Handlungsabläufen ist die Grundlage des Lernens von Fertigkeiten – daran führt kein Weg vorbei. Und es versteht sich dementsprechend auch von selbst, dass ein alleiniges »stumpfes« Wiederholen keine so großen Lernfortschritte mit sich bringt, sondern dass es die Erzieher in der Familie und später dann die »Erzieher von Beruf« (Prange/Strobel-Eisele 2006, 44) darauf abgesehen haben müssen, das übende Wiederholen mit der kindlichen Konzentration zusammenzubringen. Durch die Übung wird letztendlich nicht nur eine Fertigkeit erlernt, sondern die grundlegende Fähigkeit des Kindes zur Aufmerksamkeit in Richtung Konzentration geschult. Nichts anderes passiert ja auch, wenn wir uns im Erwachsenenalter in Achtsamkeit üben und dabei Handlungsabläufe praktizieren und uns auf unsere Atmung konzentrieren. Das ist das, was seit jeher unter dem Namen Meditation in unterschiedlichen Kulturen praktiziert und gepflegt wird.

Das Erlernen der Fertigkeit, Schnürsenkel zu binden, kann also der Lerndimension des Könnens zugeordnet werden. Im Wesentlichen geht es hierbei um Übung und Konzentration. Allerdings müssen auch Kenntnisse und Willenseinstellungen beim Lernprozess und bei dessen erzieherischer Begleitung Berücksichtigung finden. So ist es zum Beispiel wesentlich, dass Lilli eine Vorstellung und Kenntnis davon hat, was ein Knoten überhaupt ist und wofür dieser Verwendung findet. Es kommt dann darauf an, ob auch die Eltern und Verwandten zuhause oder die Erzieherinnen und Erzieher im Kindergarten Gebrauch von unterschiedlichen Knoten machen und damit zur Darstellung bringen, wofür Knoten dienlich sind. Damit sind letztendlich auch soziokulturelle Faktoren angesprochen, weil Knoten im Laufe der menschlichen Kulturentwicklung zentrale Funktionen bei der Bewältigung des Lebens hatten und auch heute noch haben. So kann Lilli ohne Weiteres auch etwas über die lebenspraktische Bedeutung von Knoten in unterschiedlichen Zusammenhängen erfahren. Und so ist es nicht übertrieben, festzustellen, dass Kenntnisse über Knoten ungemein die Einübung in das Schnürsenkelbinden erleichtern können. Lilli weiß dann zumindest, was sie tut und wofür sie das tut. In gleicher Weise verhält es sich aber auch mit dem am Lernprozess beteiligten motivational-emotionalen Aspekt. Wenn es am Morgen mal nicht so klappt mit dem Knotenbinden oder alle Freundinnen und Freunde aus dem Kindergarten schon die Schuhe angezogen haben und auf dem Weg zum Spielplatz sind, gilt es, die »Flinte nicht gleich ins Korn zu werfen«, sondern sich in Geduld zu üben und das zu zeigen, was in der Pädagogik als Übungsbereitschaft angesehen wird. Diese ist nicht immer einfach zu aktualisieren, und schon gar nicht dann, wenn es andere wollen. Am besten klappt es dann, das ist aber die idealtypische Ausprägung, wenn Lilli weiß, wofür die Übung gut ist und sie sich dadurch motiviert zeigt, weil ihr klar ist, dass durch die Aneignung des Lernthemas und dessen Ausbildung zu einer Fertigkeit, das Ausmaß ihrer personalen Selbstbestimmung steigt. Das wird sie vielleicht so nicht ganz formulieren können, doch wird sie eine Ahnung davon haben. Der Ausblick auf ein Mehr an Selbstständigkeit und Unabhängigkeit erhöht die Bereitschaft, sich auf die übende Herausforderung einzulassen und diese auch durchzustehen – manchmal aber auch nicht, das muss auch ohne Umschweife festgehalten werden. Für die den Lernprozess erzieherisch begleitenden Erwachsenen gilt es, dem Kind in seinen aus der immer wieder misslingenden Übung resultierenden Enttäuschungen ko-regulierend zur Seite zu stehen und zu versuchen, die intrinsische Motivation des Kindes zu erreichen.

Nun kann es aber doch sein, dass sich Lilli mit dem Schnürsenkelbinden schwertut. Es will einfach nicht klappen, und die Schuhe mit den Klettverschlüssen kommen wieder vermehrt in den Fokus ihrer Aufmerksamkeit, obwohl die Schuhe mit Schnürsenkel doch viel schicker aussehen und deutlich mehr hermachen als die Kleinkinderschuhe oder gar die Lauflernschuhe. Als Pädagogen fragen wir zunächst ganz konsequent danach, auf welcher Lerndimension sich diese Lernhemmung aktuell organisiert. Dass es sich um eine Lernhemmung mit Blick auf eine Lernaufgabe in einem entsprechenden Lebensalter handelt, steht ja ganz außer Frage. Und offensichtlich drückt sich die Lernhemmung auf der Lerndimension des Könnens aus. Das heißt, wenn wir uns eindimensional der Lernhemmung zuwenden, läge es auf der Hand, sich die feinmotorischen Fertigkeiten und die Wahrnehmung von Lilli genauer anzuschauen. Klappt das mit den diffizilen Bewegungsabläufen schon so sicher, dass die Schleife gelegt und das andere Ende, ohne das die Schleife wieder verloren geht, unter der Schleife hindurchgeführt werden kann? Lassen sich hier größere Schwierigkeiten erkennen, mag es hilfreich sein, die Feinmotorik von Lilli zu fördern. Die Intensivität und Umfänglichkeit dieser Förderung ist abhängig vom entsprechenden Bedarf. Gleichwohl kann es aber auch sein, dass Lilli im Grunde ein geschicktes Kind ist, das sich motorisch sehr gut auszudrücken weiß. Wenn wir also weiterhin die Lerndimension des Könnens fokussieren, müssen wir uns fragen, ob möglicherweise die Wahrnehmung und damit die Koordination von Wahrnehmen und Handeln beeinträchtigt ist. Insofern wäre es sicherlich berechtigt, die Sehschärfe von Lilli zu überprüfen. Schnürsenkelbinden erfordert letztendlich eine räumliche Repräsentation im Sinne einer Figur-Grund-Konfiguration: Welches Teil des Schnürsenkels liegt oben und muss wohin geführt werden? Diese Frage erfordert ein räumliches Vorstellungsvermögen, das dann die Basis für eine funktional-zielgerichtete Auge-Hand-Koordination abgibt. Lassen sich hier Defizite erkennen, ist sicherlich auch eine Förderung der Wahrnehmung und/ oder der Koordination von Wahrnehmung und Handlungsvollzügen angezeigt. Entsprechend dem Kindergartenalter von Lilli und dem Grad der Beeinträchtigung lassen sich üblicherweise solche Fördermaßnahmen noch sehr gut »wie nebenbei« realisieren – vom Anschauen von Wimmelbüchern, über das Zuhören von Geschichten bis hin zu Mitarbeit im Haushalt und über spielerische und sportliche Betätigungen im Speziellen und Allgemeinen.

Spezifische Förderprogramm scheinen dann indiziert, wenn sich die Lernhemmung durch allzu besondere und erschwerende Lebensbedingungen von Lilli zu verfestigen droht oder bereits verfestigt hat. Können wir allerdings einen erzieherischen Bedarf in der Lerndimension des Könnens ausschließen, müssen wir uns den Lerndimensionen des Wissens und des Wollens zuwenden. Wie bereits in der Darstellung des regelrechten Lernprozesses angeklungen ist, können auch Aspekte des Wissens und des Wollens einen enormen Einfluss nicht nur auf das Gelingen, sondern auch auf eine Hemmung des Lernens nehmen. So können soziokulturelle Faktoren, die die kulturelle Bedeutung des Knotens anders bewerten, dazu beitragen, dass Lilli die Lernaufgabe des Schnürsenkelbindens überhaupt nicht als solche vermittelt bekommt. Vielleicht zeigt sich auch, dass das familiale Umfeld wenig Wert auf das Erlernen des Bindens eines Knotens legt, und sicherlich könnte man hier auch nach der kulturspezifischen Ausprägung von Lernaufgaben fragen, oder auch danach, ob frühere Lernthemen – also in der Zeit vor dem Klettverschluss – noch aktuelle Bedeutung für sich beanspruchen können. Gleichwohl wird Lilli spätestens im Kindergarten in irgendeiner Form mit dieser Lernaufgabe konfrontiert, und da macht es Sinn, nicht nur gleich zur Übung anzusetzen, sondern die Kinder darüber erst einmal in Kenntnis zu setzen, was es mit einem Knoten so auf sich haben und was man damit alles machen kann. Das heißt, ein Mangel an Kenntnis kann zur Hemmung des Lernprozesses führen, beitragen und/oder diese aufrechterhalten. Eng verbunden mit einem Mangel an Kenntnis ist dann möglicherweise auch ein Mangel an Motivation – oder auch umgekehrt: Lilli will nicht üben, weil ihr das zu anstrengend ist, und hat so auch kein gesteigertes Interesse an Informationen über den Knoten. Hier läuft die Förderung der Wahrnehmung, der Feinmotorik und der Kenntnisse ins Leere. Vielmehr erscheint es hilfreich zu explorieren, worin die Gründe für das individuelle Nicht-Wollen zu finden sind. Es geht also darum, den subjektiv verfassten Sinn des Nicht-Wollens zu verstehen und diesbezüglich Förderangebote zu unterbreiten. Wenn das Schnürsenkelbinden mit einem deutlichen Autonomieschub verbunden ist, kann dieser aber auch ängstigen, wenn damit, subjektiv wahrgenommen, verbunden ist, sich von der Familie zu entfernen und »groß zu werden«. Insbesondere fällt solch ein Entwicklungsschritt noch um einiges schwerer, wenn sich darüber hinaus ein jüngeres Geschwisterkind in der Familie befindet. Da will man dann vielleicht gar nicht groß und autonom werden, wenn sich doch der oder die »Kleine« weiterhin im Schoß der Familie befindet und sich so ungeteilter Aufmerksamkeit gewiss sein kann. Lernen kann dann ganz schnell auch riskant werden.

Es ist ja schon zu Beginn angeklungen – für Lilli, und natürlich auch für ihre Eltern, war der Beginn des Kindergartens ambivalent. So hat sich Lilli zwar gefreut, nun endlich ein Kindergartenkind zu sein, doch bedeutete dieser Schritt hin zum und dann auch in den Kindergarten ein temporäres Verlassen der Familie. Und nicht nur das, denn das, was in der Familie so als Ensemble von Regeln bekannt war, galt nun nicht mehr umstandslos für den Kindergarten. Klaus Prange spricht mit Bezug auf den Eintritt in die Schule davon, dass an »die Stelle der partikularistischen Moral des Hauses (...) die strukturell universalistische Moral einer Organisation (tritt)« (Prange 2008, 948), und das gilt in gleicher Weise auch für den Eintritt in den Kindergarten. Die familiale Erfahrungswelt wird um gesellschaftliche Aspekte erweitert. War bislang der familiale Nahraum durch notwendige Reduktion von Komplexität gekennzeichnet und hatten die von Lilli bisher erfahrenen Beziehungen fast durchweg einen diffus-familialistischen Charakter, so macht sie nun Erfahrungen mit einem Lebensraum außerhalb des familialen Nahraums, der durch andere Regel bestimmt ist als der in der Familie. Der Sozialraum »Kindergarten« unterscheidet sich eben zentral, und das macht ja auch seine Sinnhaftigkeit aus, und in weiten Teilen vom gemeinschaftlichen Leben innerhalb der Familie. Lilli muss diese Differenz erfahren, um die erzieherischen Angebote des Kindergartens, die als ergänzende und erweiterte Lernmöglichkeiten nun hinzutreten, nutzen zu können. Grundlegend für die Möglichkeit von Lilli, den Kindergarten als außerfamilialen Lernort zu erfahren und in den Dienst ihrer Entwicklung zu stellen, ist ein Wissen darum, wie es dort zugeht – gewissermaßen Kenntnis davon zu erlangen, nach welchen Regeln des Umgangs hier im wahrsten Sinne des Wortes gespielt wird. Erst wenn ich die Spielregeln kenne, besteht die Möglichkeit, dass das Spiel auch Spaß macht. Der Vermittlung dieser Regeln, die ja Ausdruck spezifischer Werte sind, die sich wiederum deutlich von denen in der Familie unterscheiden können, muss als eine wesentliche Lernaufgabe aus der Lerndimension des Wissens größte Bedeutung beigemessen werden.

Tab. 11: Lernaufgabe »Allgemeine Regeln des Umgangs«

Kindergartenalter Entwicklungsthema Normen	Lernaufgabe: Allgemeine Regeln des Umgangs
Primäre Lerndimension *Wissen*	Kenntnisse aus dem familialen Umgang
Periphere Lerndimension I *Können*	Handlungsrepertoire
Periphere Lerndimension II *Wollen*	Rücksichtnahme, Integrationsbereitschaft, Interessensvertretung, Empathie

Lilli erfährt diese Regeln meist schon nebenbei im Vorfeld des eigentlichen Kindergartenbesuchs, wenn es darum geht, einen kleinen Rucksack zu kaufen, in dem das Frühstück verstaut und das dann wahrscheinlich in irgendeiner Form gemeinsam eingenommen wird. Ebenso werden vielleicht Hausschuhe gekauft, die nur für den Kindergarten bestimmt sind und dort auch belassen werden. An den Hausschuhen zeigt sich im Übrigen ganz deutlich das Spannungsverhältnis von diffus-familialistischen und spezifisch-rollenförmigen Anteilen des Kindergartens. Einerseits weisen die Hausschuhe auf das Haus und damit auf die Familienerziehung hin, andererseits ist das Kindergartenkind eben kein ausschließlich familienbezogenes Kleinkind mehr. Dieser Aspekt ist es ja auch genau, der die Kinder stolz macht und auf ihren Autonomiezuwachs verweist. Die damit verbundene Ambiguität und die Parallelität der Beziehungsmuster erfordern gewissermaßen ein Management durch Regeln. Für Erwachsene wäre es ja ebenfalls in höchstem Maße erklärungsbedürftig, wenn sie mit Hausschuhen zur Arbeit, zum Arzt oder zu ihrem Steuerberater gingen. Hier bleiben die Worte Karl Lagerfelds in Erinnerung, der darauf hinwies, dass derjenige, der Jogginghosen trägt, wohl die Kontrolle über sein Leben verloren habe. Das notwendige Regelwerk hilft den Kindern, sich in den unterschiedlichen Lebensräumen zurecht zu finden und die entsprechenden Wechsel angemessen und funktional zu vollziehen. Im Kindergarten zeigt sich zumeist schon am Eingang, woher der Wind weht. Da finden sich dann schon an der Tür Anweisungen, nicht das Gelände zu verlassen, sich beim Erzieher zu melden, wenn man ankommt, oder auch ein überwiegend in der dritten Person plural formuliertes Regelwerk, in dem darauf hingewiesen wird, dass wir einander zuhören, dass wir uns nicht beschimpfen, dass wir höflich miteinander umgehen und dergleichen mehr. Zwar gilt vieles vielleicht auch für den familialen Nahraum, doch sind hier im Kindergarten zunächst Fremde zusammen, deren Zusammensein durch Bezug auf Verhaltensvorgaben irgendwie geregelt werden muss. Dann holt sich Lilli nicht einfach etwas zu trinken – zu Hause ist das kein Problem, denn sie kommt ja schon alleine an das Regal mit dem Wasser –, sondern fragt die Erzieherin, um etwas zu trinken zu bekommen, und muss dabei vielleicht sogar ihren Durst noch etwas hinten anstellen, weil gerade Paul, der vom Stuhl gefallen ist, mit einem Cool-Pack versorgt wird. Ebenso ist Lilli auch ganz überrascht, dass sie nach dem Essen und auch nach dem Spielen wieder aufräumen soll. Zuhause gibt es einen Tag in der Woche, an dem sie ihr Zimmer in Ordnung bringen muss, und letztendlich ist es auch immer der Papa, der den Tisch zum Essen deckt und auch alles abräumt. Das heißt, es könnte gut sein, dass im Kindergarten »die Musik ganz anders spielt« als zuhause. Und damit sich Lilli an den veränderten Regeln des Umgangs orientieren kann, muss sie davon Kenntnis haben. Allerdings sorgt das Wissen um Regeln nicht umstandslos dafür, dass diese auch befolgt werden. Im Wesentlichen geht es ja darum, nicht nur zu wissen, sondern dieses Wissen auch in die Tat umzusetzen. In diesem Sinne ist Lilli aufgefordert, die Kenntnisse, die sie sich mit Bezug auf die Regeln des Umgangs im Kindergarten angeeignet hat, handlungspraktisch wirksam werden zu lassen. Wissen, im Sinne einer verkörperlichten Handlungsfähigkeit, ist auf ein Handlungsrepertoire angewiesen, das wiederum auf die Lerndimension des Könnens verweist. Die Kenntnisse über die Regeln des Umgangs im Kindergarten können ohne weiteres als »knowing what« aufgefasst werden – interessant ist aber dann das »knowing how«. Gelingt es Lilli zum Beispiel, beim Mittagessen die Ellenbogen vom Tisch zu nehmen und eher leise, gewissermaßen im Flüsterton, mit den anderen Kindern zu sprechen, oder ist der Ellenbogen eine notwendige Stütze, um die feinmotorischen Handlungen, die die Essensaufnahme erfordert, zu bewältigen. Auch die Aufforderung, sich leise mit den anderen Kindern zu unterhalten, erfordert die Ausbildung der Fertigkeit, die eigene Stimme zu modulieren und zu kontrollieren – diese Fertigkeit hat sich Lilli vielleicht zuhause aneignen können, weil die Oma und der Onkel immer mit ihr Singspiele gespielt haben und dabei mal laut und eben auch mal ganz leise miteinander gesungen haben. Es kann aber auch sein, dass es Lilli völlig fremd und auch in der Familie unüblich ist, die sprachliche Lautstärke zu variieren. Im Kindergarten allerdings ist das gefordert. Gehen wir aber zunächst davon aus, dass Lilli um die Regeln weiß und auch in der Lage ist, dieses Wissen in adäquate Handlungen umzusetzen, dann heißt dies aber immer noch nicht, dass es mit der tatsächlichen Realisierung auch klappt. Kenntnisse und Fertigkeiten sind zwar Voraussetzungen, aber als solche noch nicht hinreichend. Lilli weiß um die Regeln, kann sie auch umsetzen, will es aber vielleicht nicht. Es versteht sich ja von selbst, dass hier neben bewussten Entscheidungen, sich nicht entsprechend der Regeln zu verhalten, damit also ein bewusstes »Ich will nicht!« im Vordergrund steht, dessen Motivation sicherlich auch einer Klärung zuzuführen ist, insbesondere auch sowohl den die Existenz tragenden latenten Haltungen und Einstellungen als auch der unbewussten sozioemotionale Konfliktlage eine wesentliche Bedeutung zugesprochen werden muss. Klar ist, wie bereits gezeigt werden konnte, dass, um sich an die Regeln des gemeinschaftlichen/gesellschaftlichen Umgangs in einem anderen Sozialraum als den der Familie funktional bewegen zu können, dafür sowohl Kenntnisse als auch Fertigkeiten von Nöten sind. Allerdings müssen bei Lilli, entsprechend ihres Alters, auch ein Gespür für Rücksichtnahme und überhaupt ein Wunsch nach Integration in den neuen Sozialraum und dem Kennenlernen dessen Regeln ausgebildet sein. Letztlich sind beide motivationale Bewegungen für ein gelingendes Miteinander wichtig. Für Lilli ist das explorative Interesse und die

Neugierde zu erkunden, wie es im Kindgraten zugeht und welche Möglichkeiten des Zusammenseins sich hieraus ergeben, genauso wichtig wie ein taktvolles Gespür dafür zu erkennen, wann es sinnvoll ist, sich auch mal zurückzunehmen. Exploratives Interesse und taktvolle Rücksichtnahme ermöglichen erst im Zusammenspiel mit Kenntnissen und verkörperlichter Handlungsfertigkeit ein sich Sicher-Bewegen im Sozialraum Kindergarten. Hinzukommen müssen dann noch Aspekte des Selbstvertrauens und der Selbstwahrnehmung. Das heißt, Lilli wird sicherlich auch aufgefordert sein, ihre Interessen zu vertreten. Es geht also nicht nur um selbst- und weltbezogene neugierige Exploration und Rücksichtnahme, sondern eben auch um Bekundung des eigenen Willens und um die Vertretung der eigenen Interessen im interpersonellen Geschehen des Kindergartens. Die Regeln des Umgangs im Kindergarten eröffnen erst dann einen alternativen und ergänzenden Raum des Lernens, wenn sich Lilli diese modulierend aneignen kann. Es ist gerade die Möglichkeit zur Modulation, die auf die Grenze zwischen Konditionierung und Dressur auf der einen Seite und Erziehung und Lernen auf der anderen Seite verweist. Die Auseinandersetzung mit den Regeln des Miteinanders im Kindergarten führt zu einem Mehr an Kenntnissen und zu einer Erweiterung des persönlichen Erfahrungsraumes. Werden diese Kenntnisse und Erfahrungen von Lilli subjektiv mit Sinn und Bedeutung versehen, kann mit Fug und Recht von einem individuellen Bildungsprozess gesprochen werden. In diesem Verständnis sind Bildungsprozesse nichts anderes als transformatorische Lernprozesse – und die Transformation gibt sich durch die »Aufladung« des Lernens mit individuellem Sinn und Bedeutung zu erkennen (Koller 2012; Hechler 2013). Mit den Regeln im Kindergarten verhält es sich also nicht anders als mit der für uns fremden Sprache in einem anderen Land. Es bedarf eines motivationalen Grundes, diese zu lernen. Erst wenn wir die Sprache sprechen, können wir uns verständigen, verstehen, was so vor sich geht und können uns entsprechend unserer Anliegen auch verständlich ausdrücken. Wo dieser motivationale Grund fehlt oder die Konfrontation mit Neuem gar Angst auslöst, werden die Kenntnisse um die allgemeinen Regeln des Miteinanders im Kindergartens von Lilli vielleicht gerade mal zur Kenntnis genommen, bleiben aber unverbunden und müssen unter Umständen sogar als eine herausfordernde, schwer zu bewältigende Zumutung zurückgewiesen werden, und das, obwohl die Regeln verstanden wurden und Lilli auch auf ein entsprechendes Handlungsrepertoire zurückgreifen kann.

Mit diesen Überlegungen nähern wir uns auch schon denjenigen Faktoren, die dafür verantwortlich sein können, dass es mit einem regelrechten Verhalten im Kindergarten manchmal nicht so klappen will. Zunächst, erinnern wir uns an die Lerndimension des Wissens, können die Gründe für ein Fehlverhalten mit entsprechender problematischer Situation ganz banal in der Unkenntnis der Regeln des Miteinanders im Kindergarten liegen. Wenn Lilli diese Regeln nicht gezeigt bekommt, kann sie sich diese auch nicht zu eigen machen. Das heißt, es kommt zunächst ganz wesentlich auf die Vermittlung, auf die Darstellung dieser Regeln an. Man kann ein Kind nicht zu einem Verhalten auffordern, das vorher nicht ausführlich dargelegt wurde und man sich auch soweit als möglich versichert hat, dass das Kind potentiell in der Lage ist, der Aufforderung Folge zu leisten. An dieser Stelle lassen sich sehr häufig die Gründe für ein Fehlverhalten finden, das aber häufig umgehend, fast reflexartig dem persönlichen Verantwortungsbereich des Kindes zugeschrieben wird. So entstehen dann schnell Überlegungen dahingehend, personverankerte Gründe für das Fehlverhalten verantwortlich zu machen, obwohl eindeutig von einem didaktischen Kunstfehler auszugehen ist. Immer gilt es, sich den Sachverhalt zu vergegenwärtigen, auf den schon Christian Gotthilf Salzmann 1805 hingewiesen hat: »Habe ich denn gesagt, daß man den Grund von allen Untugenden und Fehlern der Zöglinge dem Erzieher beimessen müsse? Nichts weniger als dieses. Nur von dem Erzieher fordere ich, daß er selber den Grund davon in sich suchen sollte, damit, wenn er wirklich in ihm läge, er ihn wegräumen können« (Salzmann 1964, 23). Wenn also die Eltern von Lilli zum Gespräch mit den Erzieherinnen und Erziehern im Kindergarten gebeten werden, weil sich Lilli nicht an die Regeln hält und scheinbar macht, was sie will, macht es Sinn, zunächst zu fragen, ob diese Regeln Lilli überhaupt bekannt sind und ob sie diese auch in ihrer Sinnhaftigkeit verstanden hat. Der Bezug auf die Sinnhaftigkeit verweist auf das sachlogische Verstehen der Regeln. Denn es kann ja auch durchaus sein, dass die Regeln in aller Deutlichkeit gezeigt wurden, allerdings mit einem Zeichensystem, das Lilli nicht bekannt ist. Zum Beispiel könnte es Lilli schon irgendwie klar sein, dass die sprachlichen und schriftsprachlichen Ausdrucksgestalten im Kindergarten Bedeutung haben, doch lassen sich diese aufgrund mangelnder Sprachkenntnisse nicht so einfach für Lilli erschließen. Sind in diesem Fall überwiegend soziokulturelle Aspekte am Werk, so lassen sich auch personverankerte Aspekte anführen, die die Aneignung der Regeln und deren handlungspraktische Umsetzung beeinflussen. Kognitive oder körperliche Beeinträchtigungen können beispielsweise das Verständnis des sprachlich und schriftsprachlich Gezeigten hemmen. Sowohl soziokulturelle als auch personverankerte Aspekte machen es mit Blick auf den Erwerb von Kenntnissen der Regeln des gemeinsamen Umgangs im Kindergarten notwendig, diese so zur Darstellung zu bringen, dass sie möglicherweise auch ohne Sprache und Schriftsprache sachlogisch zu verstehen sind – zu denken ist hier insbesondere an alternative Zeichensysteme, die es Menschen mit Beeinträchtigungen ermöglichen, sich sowohl die entsprechenden Themen anzueignen als auch sich diesbezüglich auszudrücken. Lassen sich aber hinsichtlich der Aspekte des Lernens und Zeigens mit Bezug auf die primäre Lerndimension keine Beeinträchtigungen feststellen, richten wir unseren pädagogischen Blick auf die beiden Lerndimensionen, die die Lerndimension des Wissens, zu der die Kenntnisse der Regeln des Umgangs im Kindergarten gehören, flankieren. Gehen wir also davon aus, dass Lilli um die Regeln weiß und sie auch sachlogisch verstanden hat. Und trotzdem hat sie Schwierigkeiten im gemeinsamen Umgang mit den anderen Kindern und gelegentlich auch mit den Erzieherinnen und Erziehern. Sie kann manchmal nicht stillhalten und abwarten, bis sie an der Reihe ist – ob nun beim Ausschenken des Kakaos oder beim Austeilen der Malstifte. Ebenso kann sie manchmal schwer einschätzen, ob die Spielkameradinnen und Spielkameraden mit ihren sprachlichen Ausführungen fertig sind – sie fällt dann nicht selten den anderen ins Wort. Gehen wir aber davon aus, dass Lilli sehr wohl weiß, dass es im Kindergarten darum geht, in Situationen auch abwarten zu können und sich ausreden zu lassen, dann können wir jetzt in einem weiteren Schritt danach fragen, welche Fertigkeiten Lilli fehlen, um ihre Kenntnisse auch handlungspraktisch umzusetzen. Vielleicht geht es darum, dass Lilli lernen muss, sich selbst vor dem Hintergrund ihrer eigenen Anspannung zu regulieren, um vielleicht erst einmal die Situation in Ruhe wahrzunehmen und dann daraus die entsprechenden Schlüsse zu ziehen. Hierfür ist es wesentlich, erfahren zu haben, wie andere, vielleicht die Eltern, mit unsicheren zwischenmenschlichen Situationen umgegangen sind und weiterhin damit umgehen. So hat Lilli vielleicht nie die Erfahrung machen können, dass ihre Mutter beim Bäcker, bei dem auf einmal jeder meinte, nun an der Reihe zu sein, durch eine Frage danach, wer der Letzte in der Reihe sei, eine Klärung für die eigene Position herbeiführen konnte. Es ist eine hilfreiche Fertigkeit für die Gestaltung der eigenen Lebenspraxis, wenn es gelingt, aus einer ruhigen Wahrnehmungsposition heraus, Situationen und Sachverhalten einschätzen zu können und entsprechende handlungspraktische Maßnahmen zu ergreifen. Für Lilli mögen sich zum Beispiel die Regeln des Umgangs sachlogisch erschließen, gleichzeitig bleibt aber vielleicht die Frage danach, wie das konkret hier im Kindergarten geht, offen. Dann ist es gut, wenn Lilli Fragen stellen kann, wenn sie dafür Sorge trägt, sich zu orientieren und nicht angesichts einer vielleicht anfänglichen Unübersichtlichkeit den Rückzug anzutreten. Manchmal braucht sie dafür vielleicht noch einen Erwachsenen, der ihr anbietet, die Angelegenheit gemeinsam, im Sinne: »Lass uns doch mal zusammen schauen, wie das geht«, anzugehen. Wir haben also jetzt die primäre Lerndimension des Wissens und die periphere Lerndimension des Könnens angesichts einer bestehenden Lernhemmung in pädagogischen Augenschein genommen, und vielleicht dabei festgestellt, dass sich hier keine Gründe für die Hemmung finden lassen. Was nun? Wenden wir uns also der zweiten peripheren Lerndimension zu. Wenn wir davon ausgehen, dass Lilli die Regeln sachlogisch verstanden hat und auch in der Lage ist, diese entsprechend handlungspraktisch umzusetzen, es aber nicht tut, können wir vorsichtig davon ausgehen, dass sie möglicherweise nicht will. Die Lerndimension des Wollens umfasst ja die emotional-sozial geformten Haltungen und Einstellungen von Lilli, denn wir wissen, auch Emotionales und Soziales muss gelernt werden. Das heißt, Lilli verfügt in ihrem Alter nun schon über mehr oder weniger stabile Muster emotionaler und sozialer Reaktionsbereitschaften, die auf Selbstbewusstsein, Bindungsrepräsentationen und auch auf die Fähigkeit zu mentalisieren, Bezug nehmen. Diese innere Welt gibt vor, wie die äußere Welt verstanden und auf deren Ausdrucksgestalten dann entsprechend reagiert wird. So könnte eben auch ein Schlüssel zum Verständnis von Lillis Weigerung, sich an die allgemeinen Regeln des Umgangs im Kindergarten zu halten, in dieser Lerndimension zu finden sein. Immer geht es doch bei uns Menschen mehr oder weniger um die Herstellung von sicherheitsstiftenden Bedingungen und/oder um die Realisierung von explorativen Bewegungen. Wir kennen auch alle das so genannte Kampf-/Flucht-Schema angesichts realer oder auch als real wahrgenommener Bedrohung und ebenso das tiefe Bedürfnis nach Zugehörigkeit und Liebe wie auch das nach Macht und Einfluss. Letztendlich ergeben sich aus diesen anthropologischen Dispositionen menschliche Grundkonflikte, die dann noch durch die Bedingungen des lebensgeschichtlichen Aufwachsens, zu abgeleiteten, höchst individuellen Konflikten führen. Da liegt es ja auf der Hand, dass der Eintritt in den Kindergarten für Lilli eben nicht nur erweiterte Exploration bedeutet, sondern in gleichem Maße auch eine Trennung. Der Individuationsprozess ist auch mit schmerzhaften Erfahrungen des Zurück- und des, im wahrsten Sinne des Wortes, Hintersichlassens verbunden. Das tut weh! Und manchmal ist der Schmerz für Lilli doch noch so groß, dass die Rebellion gegen die Regeln des allgemeinen Zusammenseins im Kindergarten zu einer kurzfristig erfolgreichen Vermeidung führt. Wir können die Aneignung von Kenntnissen aus der Lerndimension des Wissens wenden, wie wir wollen, ein Sachverhalt bleibt bestehen: Neben der unabdingbaren Befähigung zum Handeln hat die Aneignung von Wissen eine grundlegende sozio-emotionale Dimension, gewissermaßen die emotionale Seite des Lernens, ohne deren Berücksichtigung Lernen nicht gelingen kann. Ein Zugewinn an Kenntnissen geht auch immer mit einer gewissen Verunsicherung einher – einmal, bevor man weiß, um was es geht, denn dann stellt sich die Frage, ob es mir gelingt, das Wissen auch lernend anzueignen. Und einmal dann, wenn ich im Besitz des Wissens bin, dieses nicht nur zeigen, sondern hieraus auch noch meine Schlussfolgerungen ziehen muss. Es bleibt dabei, seit Platons Höhlengleichnis wissen wir: Das Lernen ist riskant. Und dieses Risiko gilt es zu managen beziehungsweise die Unsicherheiten, die mit dem Risiko einhergehen, zu regulieren. Damit Lilli das Wissen um die Regeln des Umgangs im Kindergarten in die Praxis umsetzen kann, muss sie sich in einem Zustand relativer innerer und äußerer Angstfreiheit befinden. Dann muss die Neugierde tendenziell überwiegen und die Freude tendenziell größer sein als die Sorge. Wenn wir also sehen, dass Lilli sich mit den Regel schwer tut, sie diese aber verstanden hat und prinzipiell auch in der Lage ist, diese umzusetzen – weil sie das in anderen außerfamilialen Feldern, wie zum Beispiel im Turnverein, durchaus kann –, dann macht es aus entwicklungspädagogischer Sicht Sinn, nach Ängsten und dem Umgang mit ihnen Ausschau zu halten. Die Inhalte der Ängste und deren Ausdrucksgestalten sind so verschieden, wie es Menschen gibt, deswegen müssen wir uns von den Kindern zeigen lassen, welche Sorgen und Nöte sie plagen, um vom Kind aus Lernhilfen zu entwickeln. Anhand der Ausdrucksgestalten der individuellen Lernhemmungen kann Paul Moors Forderung, nicht einen Fehler beheben zu wollen, sondern sich am Fehlenden zu orientieren (Moor 1969), manifeste pädagogische Praxis werden. Dann müssen wir die Frage danach stellen, was Lilli fehlt, um ihre Ängste in der Weise zu regulieren, so dass ein Kindergartenbesuch unter Beachtung der allgemeinen Regeln des Umgangs möglich wird.

Regeln im Kindergarten oder in anderen außerfamilialen Lebenswelten dienen ja vordringlich der Organisation des Umgangs zwischen Menschen, die sich zunächst fremd sind und sich (noch) nicht auf eine gemeinsame Kultur des Zusammenlebens beziehen können. Um aus dem gemeinschaftlich geprägten familialen Nahraum heraus in den gesellschaftlich geprägten Sozialraum des Kindergartens zu treten, bedarf es der Entwicklung sozio-emotionaler Gruppenfähigkeit. Können Defizite einer Gruppenfähigkeit in der Familie noch aufgefangen werden, gelingt dies zumeist im Kindergarten nicht mehr. Hier zeigen sich dann auf einmal Probleme im Umgang mit der Gleichaltrigengruppe. So mag Lilli vielleicht im direkten Kontakt mit den Erzieherinnen und Erziehern völlig unauffällig erscheinen, doch bereitet ihr das Miteinander in der Kindergruppe zunächst noch Schwierigkeiten. Vor diesem Hintergrund muss der Erwerb von Gruppenfähigkeit als eine zentrale Lernaufgabe der Lerndimension des Wollens des hier in Rede stehenden Kindergartenalters aufgefasst werden.

Tab. 12: Lernaufgabe »Gruppenfähigkeit«

Kindergartenalter Entwicklungsthema Gemeinschaft	Lernaufgabe: Gruppenfähigkeit
Primäre Lerndimension *Wollen*	Zugehörigkeitsgefühl Differenzierung von Ich und Wir
Periphere Lerndimension I *Können*	Verständigungsfähigkeit Erfahrung im Umgang mit Gruppen
Periphere Lerndimension II *Wissen*	Kenntnisse über unterschiedliche gruppale Zusammenhänge, Verständnis der Logik sozialer Beziehungen

Auch wenn die Familie zwar eine besondere Form der Gruppe darstellt, erwächst aus dem familialen Zusammenleben zwangsläufig noch keine übergreifende Gruppenfähigkeit. Die Familiengruppe weist immer eine andere Dynamik und andere Themen auf als außerfamiliale Gruppen. Muss die Familie als Gruppe eher diffuse und exklusive Beziehungen pflegen, die von der Fürsorgeverpflichtung der Eltern getragen sind, liebevolle Zuwendung realisieren und Komplexität zunächst reduzieren, so dass die Kinder gut gedeihen können, so lassen sich die Grundthemen außerfamilialer Gruppen um die zentralen Dimensionen von Macht und Einfluss, Zugehörigkeit und Intimität ordnen. Das sind auch die Dimensionen, die den gruppendynamischen Raum einer Kindergruppe im Kindergarten aufspannen. Hinzu gesellen sich noch Aspekte der soziodynamischen Rangstruktur einer Gruppe (Schindler 2016). So gibt es immer einen »Anführer« (Alpha-Position) und einen »Gegenspieler« (Omega-Position) in der Gruppe. Und um diese Positionen gruppieren sich sowohl »Mitläufer« (Gamma-Position) als auch »Berater« (Beta-Position). Das dynamische Zusammenspiel wird durch die Ausrichtung auf einen »Gegner« organisiert, der entweder phantasiert oder real innerhalb oder außerhalb der Gruppe lokalisiert ist. In Kleingruppen – wie zum Beispiel der Kindergartengruppe oder der Schulklasse – fällt häufig die Position des »Gegners« mit der Omega-Position zusammen, und so entsteht das Phänomen des »Sündenbocks«, das für die Gruppe als solche relativ entlastend, für den »Sündenbock« selbst allerdings schwierig ist. In funktionalen Gruppen bleiben die Positionen nicht permanent an den gleichen Personen gebunden, sondern wechseln. Das macht das Potential der Gruppe aus, wohingegen sich Gruppen dann zu »Anti-Gruppen« (Nitsun 2015) entwickeln, wenn die Positionen nicht mehr flexibel eingenommen und gewechselt werden können. Dann wird es für den »Sündenbock« schwieriger, denn er kommt aus seiner Position nicht mehr heraus. Aber auch die anderen Positionen leiden an einer Festschreibung, denn so wird ihr Entwicklungsraum in, durch und mit der Gruppe massiv eingeschränkt – das Gegenteil von dem, was die Kindergartengruppe aus entwicklungspädagogischer Sicht intendiert, tritt dann ein. Letztendlich betritt Lilli, wenn sie den Schritt aus der Familie in den Kindergarten wagt, das ubiquitäre und nicht hintergehbare Feld der Gruppendynamik. Die Phänomene der Gruppendynamik stellen sich immer ein, wenn Menschen zusammenkommen – ob mal will oder nicht. Und es ist nicht selten eine Frage der Gruppenleitung, ob Gruppen kreative, der Entwicklung des Einzelnen, der Gruppe und ihrer Aufgabe zuträgliche Formen finden oder eben destruktive Kräfte frei werden, die alles daran setzen, die Gruppe zu schwächen und zu manipulieren, den Einzelnen zu kränken und die gemeinsame Aufgabe zu sabotieren. Aus pädagogischer Sicht muss demnach der Gruppenleitung im Kindergarten, gerade weil der Kindergarten eine der ersten außerfamilialen Gruppenerfahrungen bereithält, eine herausragende Bedeutung zugesprochen werden, die nicht hoch genug eingeschätzt werden kann, um die sozio-emotionalen Erfahrungen auch entwicklungsförderlich werden zu lassen. Dieser Sachverhalt ist deswegen so wichtig, weil, folgt man Lev Wygostki (1985), jede »psychische Funktion (...) zunächst eine äußere (war), weil sie eine soziale war, bevor sie zu einer inneren, einer im eigentlichen Sinne psychischen Funktion wurde« (328). Damit lässt sich nachvollziehen, warum der Kindergruppe im Kindergarten in entwicklungspädagogischer Hinsicht – sowohl mit Blick auf das Lernen als auch mit Bezug auf die Selbstbildung der Kinder in der Gruppe (vgl. Brandes 2008) – große Relevanz zukommt. Hier werden soziale Funktionen bereitgestellt, die so nicht ohne Weiteres in der Familie vorhanden sind, und auf dem Weg der Internalisierung zu psychischen Funktionen werden. Die Entwicklung von Gruppenfähigkeit bedeutet also, dass sich Lilli zwischen den Ansprüchen ihrer inneren Welt (und auch denen der anderen Kinder) – gruppendynamisch spricht man hier von »inneren Umwelten« – und den Ansprüchen der »äußeren Umwelten« bewegen kann. Der Raum zwischen »inneren Umwelten« und »äußeren Umwelten« konstituiert erst das Gefüge der Gruppe mit ihrer eigentümlichen Dynamik und Gesetzmäßigkeit. Gruppenfähigkeit bedeutet damit auch, mit milder Frustration zurecht zu kommen, weil sich die eigenen Themen nicht immer so in der Gruppe zur Darstellung bringen lassen, wie das vielleicht gewünscht ist, und gleichzeitig, also trotz milder Frustration, auch ein Bedürfnis nach Zugehörigkeit entwickeln zu können. Und hier spielt eben die Differenz zwischen Familiengruppe und Kindergartengruppe eine entwicklungsförderliche Rolle – sicherlich wäre es nicht hilfreich, wenn sich die Gruppe im Kindergarten allzu sehr an die diffuse Struktur und Dynamik der

Familie angleicht, wobei zu beachten ist, dass man es ja mit kleinen Kindern zu tun hat und hier die Befriedigung zentraler Bedürfnisse, zum Beispiel nach Fürsorge, Schutz und Beruhigung, ebenso berücksichtigt werden muss. In Krippengruppen muss dieser Sachverhalt aber noch einmal deutlich differenzierter diskutiert werden. Wie dem auch sei, auch die lernende Aneignung von Gruppenfähigkeit baut auf zentralen Fertigkeiten und Kenntnissen auf, ohne die die Lernaufgabe nicht zu bewältigen wäre. Sich in Gruppen im wahrsten Sinne des Wortes bewegen zu können, basiert auf zentralen Fertigkeiten im Bereich der Motorik, der Wahrnehmung und der sprachlichen Ausdrucksfähigkeit. Es gilt zunächst, die Komplexität einer multipersonellen Situation wahrzunehmen und sich diesbezüglich zu positionieren. Wahrnehmung und angemessene Gestaltung zwischenmenschlicher Nähe und Distanz können als zentrale Elemente von Gruppenfähigkeit angesehen werden, die letztendlich aber nicht nur körperlich, sondern auch sprachlich realisiert werden müssen. Es geht also nicht nur um die Verkörperung von Nähe und Distanz, sondern auch um deren Versprachlichung. Sowohl die Verkörperung als auch die Versprachlichung menschlicher Beziehungsgestaltungen in Gruppen sind auf Übung angewiesen. Man muss sich also in gruppale Zusammenhänge begeben, um Fertigkeit im Umgang mit Gruppen zu erlernen. Das geht nicht alleine durch einen theoretischen Zugang mittels Wissens und auch nicht durch reine Willensbekundungen, sondern einzig und allein dadurch, dass man an unterschiedlichen Gruppenaktivitäten teilnimmt. Damit sind schon nicht unbedeutende parallele Lernvoraussetzungen aus der Lerndimension des Könnens angesprochen, die nun noch mit Kenntnissen aus der Lerndimension des Wissens ergänzt werden müssen. Sicherlich, und das konnte ja gezeigt werden, muss Gruppenfähigkeit auch geübt werden. Die Übung gelingt dann aber besser, wenn Lilli bereits über Kenntnisse von anderen Gruppen als der häuslichen Familie verfügt. Bleibt die Familie zu sehr auf sich bezogen, entwickelt sie eine »Wagenburgmentalität« – Horst-Eberhard Richter (1994) spricht in diesem Zusammenhang von »Festung« (90) und sie betrachtet die äußeren Einflüsse grundsätzlich als Bedrohung –, dann sind die Chancen für Lilli, andere Gruppen kennenzulernen oder sich über diese Wissen anzueignen, deutlich eingeschränkt. Pflegt die Familie allerdings Kontakte zu unterschiedlichen Gruppierungen in ihren lebenspraktischen Zusammenhängen – gehen die Eltern zum Beispiel einem Hobby nach, das in Gruppen praktiziert wird, gibt es Diskussion um unterschiedliche Parteien, fährt die Familie mit Freunden und Bekannten in den Urlaub oder besucht sie Onkel Jörn im »hohen Norden« – besteht für Lilli die Möglichkeit, sich Wissen über unterschiedliche Gruppen anzueignen. Sie spricht dann mit den Eltern über den eigenen Wohnort, über Städte, Länder und Staaten. Dann weiß Lilli, wie es so bei anderen zugeht und wie man sich dort zu verhalten hat oder besser auch nicht. Es gelingt ihr so, dem Gruppenhandeln in der jeweiligen Gruppe Sinn und Bedeutung zu unterstellen und die Logik der Beziehung besser zu verstehen. Fremde Gruppen sind dann, wenn es gut geht, nicht mehr bedrohlich, sondern fordern die Neugierde von Lilli heraus. Fertigkeiten im Umgang mit und Kenntnisse über Gruppen sind unabdingbar für den Erwerb von Gruppenfähigkeit als eine Lernaufgabe aus der Lerndimension des Wollens.

Aber auch der Prozess der lernenden Aneignung von Gruppenfähigkeit kann gehemmt werden. Wenn sich Lilli in der Kindergartengruppe nicht so wohl fühlt oder sie ständig mit anderen Kindern in Streit gerät, dann erscheint es zunächst immer sinnhaft zu fragen, wie wir das schon oft getan haben, was dem Kind fehlt. Was ist es, das Lilli den Erwerb von Gruppenfähigkeit erschwert? Oder, was fehlt Lilli, um Gruppenfähigkeit zu erlernen? Mit Blick auf die primäre Lerndimension des Wollens sollten wir zunächst Lillis innere Welt erkunden. So finden wir hier vielleicht eine ängstliche Erwartungshaltung im Hinblick auf die neue Gruppenerfahrung. Und offensichtlich reicht der neugierige Explorationsdrang nicht aus, um die Angst zu überwinden. Dies kann unter anderem damit zusammenhängen, dass die familialen Erfahrungen mit Gruppen eher als negativ bewertet werden oder bislang bewertet worden sind. Hierbei mögen sowohl soziokulturelle Faktoren – vielleicht ist hier die elterliche Überzeugung zu nennen, dass man sich als Familie genug ist und von anderen eigentlich nichts zu erwarten hat – als auch Faktoren eine Rolle spielen, die eher in den Personen der Eltern lokalisiert sind, sich aber auf das Denken, Fühlen und Handeln der Kinder auswirken. So weiß man zum Beispiel, dass es Kindern von psychisch kranken Eltern nicht selten schwerfällt, sich auf neue Gruppenerfahrungen einzulassen. Hierbei spielen dann vielleicht auch noch Loyalitätskonflikte eine Rolle, die sich daraus ergeben, die Eltern durch den Besuch des Kindergartens zu verlassen oder zumindest alleine zu lassen. Aber auch Konflikte aus unbewussten Bindungen oder Delegationen oder auch aus unausgesprochenen Vermächtnissen und Verdienstkonten (Stierlin et al. 1992), die transgenerational weitergegeben werden können (Massing et al 1994), tragen vielleicht ebenso dazu bei, dass sich Lilli in der Kindergartengruppe nicht wohl fühlt, wie narzisstische Projektionen oder Übertragungen der Eltern auf ihr Kind (Richter 1992) oder eine Eltern-Kind-Beziehung, die wenig feinfühlig ist und bei Lilli eher zu einer unsicheren Bindungsrepräsentanz führt. Wir folgen hier mit unserem entwicklungspädagogischen Blick wieder einmal der heilpädagogischen Maxime: Erst verstehen, dann erziehen (Moor 1974). Wir wollen jetzt weniger zum Fachmann oder zur Fachfrau unterschiedlicher Störungsbilder werden, die wir gekonnt diagnostizieren, sondern vielmehr verstehen, weswegen sich Lilli mit der neuen Gruppe so schwertut und welche Lernhilfen wir ihr anbieten können, um die Lernaufgabe zu bewältigen. Erziehung hat es darauf abgesehen, die Zustände von Personen durch Lernen zu verändern – die Pädagogik unterscheidet sich hierin deutlich von der Psychologie und der Medizin. Wir wollen das gehemmte und ins Stocken geratene Lernen von Lilli mit Blick auf den Erwerb von Gruppenfähigkeit erreichen, ihr diesbezüglich Lernhilfen anbieten, und vielleicht regulieren sich auf diesem Wege auch ihre Ängste – wer weiß?! In einem sonderpädagogischen Verständnis könnte man mit Blick auf einen Rahmen für mögliche Lernhilfen vielleicht den Begriff Förderdiagnostik (Breitenbach 2013) probeweise verwenden. In der schulischen Sonderpädagogik wird der Begriff zumeist mit einem Förderschwerpunkt – Lernen, Emotional-soziale Entwicklung, Sprache etc. – in Verbindung gebracht. Hier wollen wir uns jetzt erst einmal vordringlich von dem Begriff inspirieren lassen und ihn daraufhin überprüfen, ob er sich für unsere Frage als tragfähig erweist. Wenn wir also Lillis sozioemotionale Welt erkunden wollen, um zu erkennen, ob hier die Gründe der Lernhemmung zu finden sind, dann sind wir darauf angewiesen, dass uns Lilli ihre Welt zeigt. Angst, Trauer, Loyalität, Unsicherheit und andere emotionale Zustände sind ja als solche nicht zu greifen, sondern müssen irgendwie als Ausdrucksgestalten in Erscheinung treten. Im Grunde möchten wir, dass Lilli ihre Welt und ihre sozioemotionale Verfasstheit zur Darstellung bringt. Das kann spielerisch, gestalterisch (Malen, Zeichnen, Gestalten), musikalisch oder auch sprachlich vonstattengehen – aber immer stehen wir »vor einem Äußeren oder vor Äußerungen, die wir aus einem Inneren deuten müssen, das wir doch selbst wieder nur aus diesem Äußeren erschließen können« (Nohl 1947, 9). Doch die Ausdrucksgestalten des Inneren in der Äußerung geben uns nicht nur einen Hinweis auf die Verfasstheit der inneren Welt von Lilli (Diagnostik), sondern ermöglichen auch eine veräußernde symbolische Darstellung innerer Konfliktlagen und damit die Möglichkeit, diese zu modulieren und in und durch die Darstellung im Sinne einer potentiellen Lösung zu regulieren (Förderung).

Durch den psychischen Mechanismus der Projektion gelingt es, Inneres symbolisierend nach außen zu bringen und dort zum Thema zu machen – entweder in der Sprache der Symbolik selbst oder aber vorsichtig übersetzt in Richtung der der Lernhemmung zugrunde liegende Angst. Um die Innenwelt nach außen zu bringen, bieten sich all die Verfahren an, die sich wesentlich durch einen projektiven und symbolisierungsfreundlichen Charakter auszeichnen. Einen guten Überblick über die für pädagogische und sonderpädagogische Zwecke zu nutzenden projektiven Verfahren geben die beiden Kinder- und Jugendlichenpsychotherapeutinnen Dagmar Lehmhaus und Bertke Reiffen-Züger (Lehmhaus/Reiffen-Züger 2017) und der Kinder- und Jugendpsychiater Franz Wienand (Wienand 2018). Möglicherweise ergibt sich aber aus den pädagogisch-diagnostischen Bemühungen um die sozioemotionale Verfasstheit von Lilli kein pädagogisch relevanter Befund, aus dem sich entsprechende pädagogische Lernhilfen ableiten lassen, dann sind wir aufgefordert, unseren entwicklungspädagogischen Blick auf die Lerndimension des Könnens zu richten. Vielleicht zeigt sich, dass dort die Lernhemmung organisiert ist. Dies könnte immer dann der Fall sein, wenn zum Beispiel motorische und sprachliche Fertigkeiten nur bedingt ausreichen, um Gruppenerfahrungen so zu erleben und zu gestalten, dass sie für die eigene Entwicklung zuträglich sind. So können zum Beispiel körperliche oder geistige Beeinträchtigungen dazu führen, dass Gruppen eher gemieden oder dort Erfahrungen gemacht werden, die nicht förderlich für die Entwicklung von Gruppenfähigkeit sind. In ähnlicher Weise können auch sprachliche Beeinträchtigungen zu frustrierenden Gruppenerfahrungen führen, die sich am Ende noch im Sinne eines »circulus vitiosus« selbst verstärken. Teilhabe an Gruppen ist Voraussetzung für die Ausbildung von Gruppenfähigkeit. Diesem Verständnis folgend, muss Gruppenleitung eine integrative, kohärenzstiftende und differenzanerkennende Funktion haben. Gerade Gruppen im Kindergarten sind häufig aufgrund der noch nicht ausgebildeten Gruppenfähigkeit nicht in der Lage, ein selbstorganisiertes Gruppenleben zu realisieren und sind maßgeblich auf Leitung angewiesen, die die notwendigen Funktionen zunächst übernimmt – und zwar so lange, bis die zentrale Steuerungs- und Regulationsfunktionen auch von den Kindern selbst übernommen werden können. Und selbst dann bleibt die Gruppe, will sie pädagogisch wirksam sein, auf Leitung angewiesen – nicht auf ein wie auch immer zu verstehendes »Group-Management«, sondern auf Leitung und Führung, die es darauf abgesehen haben, Teilhabe manifest und faktisch erfahrbar werden zu lassen. Aber vielleicht können wir auch hier feststellen, dass wir den Gründen für die Lernhemmung von Lilli nicht habhaft werden. Im Grunde weist Lilli keine einschneidenden Beeinträchtigungen im Bereich der motorischen und perzeptuellen Fertigkeiten auf, die eine Lernhemmung mit Blick auf Aneignung von Gruppenfähigkeit erklären könnten. Somit bewegen wir unser pädagogisches Interesse in Richtung der Lerndimension des Wissens. Vielleicht weiß Lilli zu wenig über Gruppen, um Gruppenfähigkeit auszubilden. Kenntnisse über verschiedene Gruppen tragen dazu bei, dass die (natürliche) Angst vor (fremden) Gruppen nicht übermächtig wird und die Neugierde und die damit verbundene Exploration hemmen. Wenn Lilli etwas über Gruppen weiß, dann ist die Chance groß, dieses Wissen in der realen Gruppenerfahrung auch vorzufinden. Dann ist die Gruppe nicht ausschließlich fremd, sondern Lilli findet dort etwas Bekanntes wieder – ein (Wieder-)Erkennen von Bekanntem reduziert prinzipiell Angst und fördert so die Zuwendung zu dem noch nicht Bekannten. Im Alltag von Lilli bestehen ja grundsätzlich viele Möglichkeiten, über verschiedene Gruppierungen zu sprechen, diese zu zeigen und auch ein Stückweit erfahrbar zu machen – die Möglichkeiten hierzu sind nahezu unbegrenzt. So lassen sich Bilderbücher anschauen, Geschichten vorlesen, im eigenen Umfeld neue Gruppen ergründen, durch Erzählungen Erfahrungen vermitteln und vieles mehr. Letztendlich trägt die Aneignung von Kenntnissen über Gruppen zur systematischen Eigenwelterweiterung in relevanten subjektiven Erfahrungsbereichen von Lilli bei. Die Entwicklung von Gruppenfähigkeit im Kontext des Besuchs des Kindergartens wird umso besser gelingen, als diese bereits an Vorerfahrungen und an Kenntnissen über Gruppen anknüpfen kann. Es liegt dann am familialen Nahraum, sich hinsichtlich anderer Gruppen zu öffnen und diese zum Thema des gemeinsamen Austauschs zu machen. Bleiben zum Beispiel die elterlichen Erfahrungen mit (fremden) Gruppen einer eher negativen Sichtweise verhaftet und die Kenntnisse über Gruppenzusammenhänge außerhalb der Familie eher rudimentär, dann wird bei Lilli eher Furcht vor Gruppen das dominierende Gefühl sein, wenn sie in den Kindergarten geht. Zwar ersetzen Kenntnisse nicht leibhaftige Erfahrungen, doch ermöglichen diese Lilli einen bewussteren Zugang und Umgang mit der/den Kindergartengruppe(n) und tragen so zu einer vereinfachten Ausgangslage bei, die Entwicklung von Gruppenfähigkeit zu befördern.

5.2 Schulerziehung

Die mittlere Kindheit, das *frühe Jugendalter* und das *Jugendalter* werden durch die *Schulerziehung* geprägt. In dieser Lebensphase gelangt der aufwachsende Mensch idealtypisch aus der behütenden Gemeinschaft, dem Kontext der Familienerziehung, in die offenere Gesellschaft, die Schulerziehung. Dies bedeutet, dass eine große Zahl der täglichen Lernprozesse im schulischen Kontext und in der überwiegend klar strukturierten Gemeinschaft mit Gleichaltrigen stattfindet. Die Lehrpläne der Schulformen und Jahrgangsstufen orientieren sich am Wissen-Lernen, am Wollen-Lernen und am Können-Lernen. So sind bei den formulierten »Kompetenzerwartungen« und den »Inhalten zu den Kompetenzen« durchgängig Verweise auf das *Können:* »Wahrnehmen, Erkennen, Fähigkeit entwickeln« etc., auf das *Wissen:* »Verstehen, Memorieren, Lernen« etc. und auf das *Wollen:* »Leistungsbereitschaft, Selbstbewusstsein, Wertorientierung, Engagement« etc. zu finden.

5 Lernaufgaben, Lerndimensionen und Lebensalter

Schulisches Lernen ist auf Ganzheitlichkeit angelegt und muss unter Beachtung aller drei Lerndimensionen gefördert werden. Über allem steht der Anspruch, dass in der Schule auch *das Lernen* gelernt werden muss. *Lernen-Lernen* stellt im Rahmen der Schulerziehung ein wichtiges Etappenziel auf dem Weg zur Autonomieentwicklung dar. Die drei Lebensphasen der Schulerziehung sind überwiegend durch die Lehrpläne und konkret formulierte Lernziele der Schule geprägt. Es finden sich deshalb im Kapitel zur Schulerziehung Beispiele aus verschiedenen Schulformen und Jahrgangsstufen und aus den Unterrichtsfächern Mathematik, Sport, Heimat- und Sachkunde, Kunst, Geschichte, Ethik, Musik und Deutsch. Der Übergang in die schulische Erziehung ist für viele Kinder nicht nur mit aufgeregter Vorfreude verbunden, sondern leitet auch häufig eine Reihe bisher unbekannter Erfahrungen und Erlebnisse ein: Lernen ist vom Scheitern bedroht, Lernhemmungen und Lernversagen sitzen mit in der Schulbank.

Die pädagogische Sicht auf das Lernen des Menschen schließt Kenntnisse, Fertigkeiten und Willenseinstellungen ein. In schwierigen und/oder misslingenden Lernsituationen geht es im Umgang mit den Lernenden immer um die fallverstehende Frage: »Kann er nicht, weiß er nicht oder will er nicht?« Aus der Antwort auf diese Frage leitet sich die weitere – in unseren Überlegungen schulische – Lernhilfe ab. Wenn er nicht *kann*, muss Können-Lernen ermöglicht werden, *weiß* er nicht, wird Wissenserwerb unterstützt, *will* er nicht, sind andere erzieherische Interventionen nötig. Für jede erfahrene Lehrkraft klingt der letzte Satz provokativ, weil er zu einfach formuliert ist. In der Tat zieht eine solche Herangehensweise oft einen derart komplexen Klärungsprozess nach sich, dass mitunter Wochen und Monate ins Land gehen, ehe Zusammenhänge freigelegt und hilfreiche Strategien umgesetzt werden können. Insbesondere im Umgang mit Kindern und Jugendlichen, deren Sozialisationshintergrund ein Risiko für ihre Entwicklung darstellt, hängt viel von der treffenden Einschätzung ihres Scheiterns in den unterschiedlichen Lernbereichen ab. So ist von großer Bedeutung, ob ein Schüler bestimmte Lernzielkontrollen nicht mit Erfolg bewältigt, weil er nicht über das notwendige *Wissen* verfügt – da er es nicht versteht oder memoriert hat. Vielleicht versagt er aber auch, weil er nicht schnell genug schreiben, gut genug lesen oder sich nicht ausreichend konzentrieren *kann* und deshalb immer zu wenig Zeit hat. Und schließlich ist auch denkbar, dass er kein richtiges Ergebnis erzielt, weil er zwar genug weiß und genug kann, aber aus unterschiedlichen Gründen nicht leisten *will*.

In der Phase der Schulerziehung sind von den Kindern und Jugendlichen über die konkreten gegenstandsbezogenen Lernaufgaben im schulischen Alltag hinaus Entwicklungsaufgaben zu bearbeiten, die mitunter zum krisenhaftem Erleben des geforderten Lernens in der Schule beitragen, weil sie sich maßgeblich Geltung verschaffen. Da die Entwicklungslinien in Kapitel 4 (▶ Kap. 4) ausführliche Beachtung finden, reicht an dieser Stelle eine reduzierte Abbildung, um diese Problematik im Blick zu behalten, während wir in den drei Kapiteln der Schulerziehung *Jana, Mila* und *Leon* begleiten und den Fokus unserer Aufmerksamkeit auf denkbare Lernhemmungen und hilfreiche Lernhilfen der drei richten.

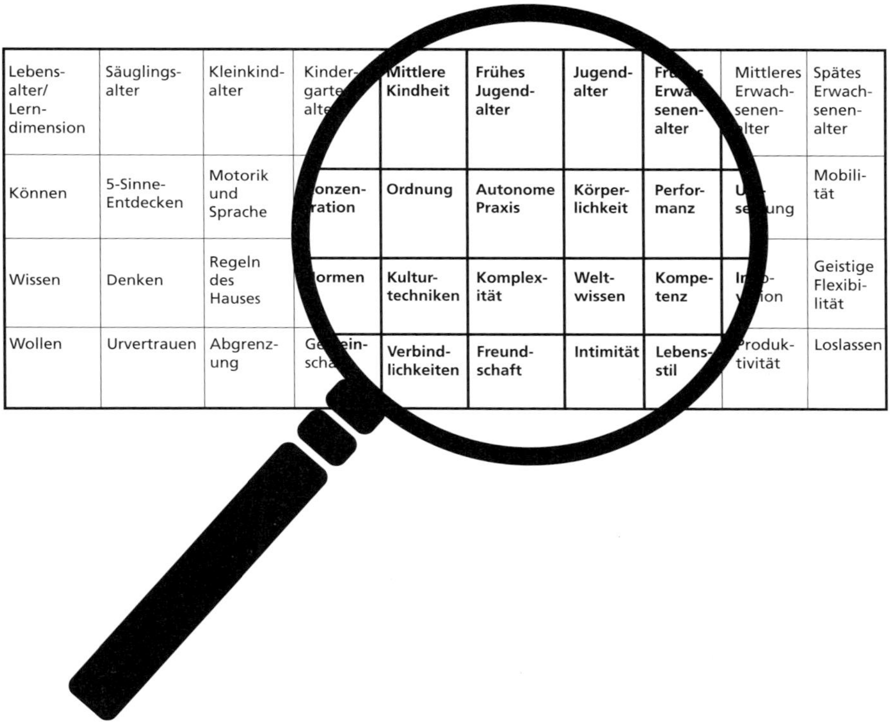

Lebensalter/ Lerndimension	Säuglingsalter	Kleinkindalter	Kindergartenalter	Mittlere Kindheit	Frühes Jugendalter	Jugendalter	Frühes Erwachsenenalter	Mittleres Erwachsenenalter	Spätes Erwachsenenalter
Können	5-Sinne-Entdecken	Motorik und Sprache	Konzentration	Ordnung	Autonome Praxis	Körperlichkeit	Performanz	Umsetzung	Mobilität
Wissen	Denken	Regeln des Hauses	Normen	Kulturtechniken	Komplexität	Weltwissen	Kompetenz	Invention	Geistige Flexibilität
Wollen	Urvertrauen	Abgrenzung	Gemeinschaft	Verbindlichkeiten	Freundschaft	Intimität	Lebensstil	Produktivität	Loslassen

Abb. 3: Entwicklungsthemen in der Phase der Schulerziehung

5.2.1 Mittlere Kindheit

Kommen wir nun zu unseren konkreten Lernaufgaben im Schulalter. Wir schlüpfen zunächst in die Schuhe von Frau Schmidtbauer, der Grundschullehrerin unserer drei Hauptprotagonisten. Die Kinder besuchen die zweite Klasse, gehen gerne in die Schule und haben schon viel gelernt. Sie können Lesen und Schreiben, sie haben Rechnen geübt und folgen dem Unterricht bereits wesentlich disziplinierter als noch vor einem Jahr. Frau Schmidtbauer und »ihre Kinder« verstehen sich gut. Wir nehmen gedanklich für ein paar Leseminuten am Heimat- und Sachkundeunterricht teil. Die Lehrerin plant, den Kindern selbständiges Erarbeiten und Erforschen von Inhalten beizubringen. Im vergangenen Schuljahr mussten die Kinder Stillsitzen lernen, mussten lernen, ihren Schreibtisch und Schulranzen aufzuräumen, haben gelernt, ihre Hausaufgaben sorgfältig zu erledigen – häufig, indem sie immer und immer wieder das Gleiche schrieben, Aufgaben rechneten, Figuren exakt nach Anweisungen ausmalten und Vorlagen umsetzten. Das zweite Schuljahr dient der Festigung des Erlernten und soll die Schülerinnen und Schüler befähigen, neben dem Befolgen von Anweisungen auch zunehmend selbständig Inhalte zu erarbeiten, zu memorieren und wiederzugeben. Dazu müssen sie auch lernen, sich in Bewegung zu setzen, Engagement zu entwickeln, Unsicherheiten zu managen und Ängste zu besiegen. Welches Fach wäre besser geeignet, diesen Lernschritt anzubahnen, als Heimat- und Sachkunde?

Tab. 13: Lernaufgabe »Erkundung und Dokumentation der heimischen Natur und Umwelt«

Mittlere Kindheit, Grundschule, Jahrgangsstufe 2, Unterrichtsfach Heimat- und Sachkunde	
Entwicklungsthema Verbindlichkeit	Lernaufgabe: Selbstständige Erkundung und Dokumentation der heimischen Natur und Umwelt
Primäre Lerndimension *Wollen*	eigenständiges Erkunden des Raumes, eigenverantwortliche Planung des Vorgehens, Ausdauer in der Suche, Auswahl der Objekte, Risikobereitschaft
Periphere Lerndimension I *Können*	Grundsätze naturwissenschaftlichen Denkens anwenden, eigenständige Gestaltung der Dokumentation, Umgang mit Materialien, Hilfsmitteln, Techniken, Fachbegriffe
Periphere Lerndimension II *Wissen*	Bestimmen heimischer Pflanzen und Tiere, Versprachlichung von Erkenntnissen und fachlichen Bezügen; Untersuchungsmethoden werden zum Gegenstand der Überlegungen gemacht

Für den *Lernbereich 3 Natur und Umwelt* in der 2. Jahrgangsstufe wird im bayerischen LehrplanPLUS vorgeschlagen, dass die Schülerinnen und Schüler ausgewählte heimische Tier- und Pflanzenarten bestimmen sowie die Anpassung an deren Lebensraum beschreiben lernen und Möglichkeiten der Ausbreitung von Pflanzen beobachten. Die Kinder sollen dabei Sorgfalt, Eigenständigkeit und Sicherheit im Umgang mit Tieren und im Umgang mit giftigen und unbekannten Pflanzen entwickeln. Frau Schmidtbauer hat für die kommende Woche ein besonderes Projekt geplant. »Bitte erstellt ein Lapbook von den Bewohnern der Erde in eurem Garten oder einem Feld, vom Wald oder einer anderen Gegend, die ihr euch aussucht.« Hintergrund eines solchen Lapbooks ist die Idee, anstelle der Interpretation bestehender Fotos und dem Erlesen vorgefertigter Texte oder von erprobten Unterrichtsangeboten die Kinder vor die Aufgabe zu stellen, einen eigenen Zugang zu finden, eigene Ideen zu entwickeln, mutig bisher unbekanntes Terrain zu erkunden und später den Erfolg der Handlung zu reflektieren. Die Aufgabe fordert die Kinder insbesondere in der *Dimension des Wollens*. Sie müssen Entscheidungen treffen, Verantwortung übernehmen und Mut zum Dreckigwerden zeigen. Womöglich tritt an die Stelle anfänglicher Begeisterung und Neugier bei vielen Kindern bald Ratlosigkeit, Frustration und Lustlosigkeit. Dann gilt es, dabeizubleiben, sich durchzubeißen, Ausdauer zu entwickeln.

Frau Schmidtbauer sammelt zunächst gemeinsam mit ihren Schülern verschiedene Orte, an denen interessanter Boden zu finden sein könnte: Am Bachlauf unterhalb der Bahnlinie, im Zauberwald an der alten Scheune, unter den lockeren Platten beim Hausmeistereingang. Sie diskutieren, wo sie am kommenden Montag den Vormittag verbringen und ihre Proben entnehmen, die Böden untersuchen und die Informationen einholen wollen. Je länger sie nachdenken, Ideen sammeln und in Gedanken durch ihren Heimatort wandern, desto mehr Begeisterung kommt auf. Sie entscheiden sich schließlich kurz vor der Pause mehrheitlich für die Böschung hinter dem Spielplatz.

In den restlichen Schulstunden bis zum Montag verbringen nun die Kinder ihre Zeit damit, ihr »Forschungsprojekt vorzubereiten«. Sie sollen zunächst in Vierergruppen eine Liste der Dinge erstellen, die sie brauchen werden. Schippe, vielleicht Fotoapparat oder Handy, Papier und Bleistift, Radiergummi, Gummistiefel sowie einen Eimer und einige Plastikgefäße für die Proben – das heißt Tiere und Pflanzen –, die sie hoffentlich finden werden.

Die Idee des »Lapbook« kommt während der Projektwoche bei den Grundschülern sehr gut an. Es gefällt ihnen, dass jeder in seinem Minibuch Inhalte verstecken kann, und sie freuen sich darauf, bei den anderen deren Buch anschauen zu dürfen. Jeder kann so viele Informationen darin sammeln und präsentieren, wie er will. Einige der Lapbooks sind kleine Hefte, andere sind Drehscheiben, Pop-up-Karten, Leporellos, Flip-Flaps oder Faltbücher. Sie müssen aufgeklappt, durchgeblättert oder gedreht werden, andere bestehen aus einem großen Stück Pappe. Die Kinder malen, basteln, kleben und schreiben. Jede »Forschungsmappe Boden« ist individuell gestaltet und einmalig. Aber nicht jeder Forscher und jede Forscherin hatte es leicht, diese zu erstellen. Stellvertretend für alle schauen wir unseren drei Protagonisten bei der Bewältigung dieser Lernaufgabe über die Schulter.

Jana kannte das Konzept schon, denn ihr zwei Jahre älterer Bruder hat das auch schon einmal gemacht. Damals ging es um die Müllverbrennungsanlage. Jana schaut im Fernsehen gerne Natur-Dokumentationen und hat im letzten Sommer mit ihrem Vater eine Dads & Kids-Abenteuerwoche in den Bergen bei Meran verbracht. Sie haben auf einer Wiese gezeltet, und es roch damals streng nach Kuhfladen und insgesamt nicht lecker. Aber Jana mag es trotzdem, in der Natur rumzukriechen und zu graben, zu schneiden und zu sammeln. Sie stellt sich ihr Equipment zusammen und wird bestimmt ein nettes Forscherinnenbuch zusammenbringen. Die Texte will sie auf dem Laptop schreiben. Sie sortiert die frischen Blätter, das Laub und die kleinen Zweige und hat auch einige Bodentiere wie Spinnen, Weberknechte und Schnecken gefunden. Die Blätter, das Laub und die kleinen Zweige klebt sie mit viel Geschick und Gefühl für Ästhetik ein.

Die gefundenen Bodentiere wie Spinnen, Weberknechte und Schnecken zeichnet sie ab und beschriftet die Bilder. Dabei ist allerdings nicht zu erkennen, ob sich der Boden mit zunehmender Tiefe verändert, welche Bewohner noch zu beobachten wären und dass es z. B. hier Laub und dort Erde – also unterschiedliche Verrottungsstufen – gibt. Jana hat längst den Überblick über die Dinge verloren, die sie in ihrem Buch dokumentiert. Sie kann den Aufbau des Bodens, die Rolle der Erdbewohner und den Kreislauf der Nährstoffe auch später nicht wirklich einordnen. Jana ist engagiert, feinmotorisch geschickt und konzentriert am Werk. Die Abstraktion und der größere Zusammenhang dessen, was sie ausgegraben und dokumentiert hat, ist ihr allerdings nicht klar. Sie ist darauf angewiesen, dass später gemeinsam die Schichtung des Bodens besprochen wird. Dann wird auch Jana die Funktion der Erdbewohner und die Veränderungen mit zunehmender Tiefe des Bodens verstehen. Die kognitive Lerndimension stellt für Jana eine echte Herausforderung dar.

Anders *Mila*. Sie ist besonders daran interessiert, Erklärungen zu finden, und genießt es, kreativ und aktiv ans Werk zu gehen. Als sie den großen Haufen auf ihren Tisch im Klassenzimmer schüttet, kommt aus dem Eimer die halbe Böschung zum Vorschein. Jetzt sitzt sie dort und hat begonnen zu sortieren. Zweige, eine tote Spinne, drei halbe Regenwürmer, dunkle Erde, Laub ... bald entsteht eine neue Landschaft: Die Schnecke bekommt eine Art Hof mit einer echten Einzäunung. Mila fotografiert jeden Schritt auf dem Weg zur »Farm-aus-der-Böschung«, wie sie ihr Forschungsbuch nennen will. Die Entwicklungsschritte wird sie ausdrucken und in ihr Buch kleben. Ist doch wirklich interessant, was man alles aus dem Material von der Böschung machen kann. Steckt nicht irgendwie alles in allem? Sie lernt viel und hilft ihren Mitschülerinnen gern. Ärgerlicherweise hat sie inzwischen aber die

Fragestellung vergessen. Sie sollte ein Buch erstellen. Das hat sie gemacht. Mit ihrer tollen Idee. Die Verarbeitung ist nicht so richtig sauber. Überall hängt irgend etwas Geklebtes rum, die Seiten lassen sich nur schwer umklappen und hinten fällt auch noch Dreck raus. Sieht nicht schön aus. Aber dort, wo der Dreck rausfällt, lebt in einer kleinen selbstgebastelten Kiste der dicke Regenwurm aus der Schicht des Oberbodens. Wenn er sich bewegt, rieselt es eben etwas. Das ist der Preis für Kreativität und Forschergeist. Mila hat keine Schwierigkeiten, sich zu motivieren. Und sie hat auch keine Schwierigkeiten, eine Idee für die Gestaltung ihres Buches zu finden. Sie versteht den Aufbau des Bodens, das Öko-System und die Funktion der einzelnen Bewohner. Allerdings hat sie Probleme mit der Strukturierung ihres Vorgehens. Sie hätte Frau Schmidtbauer gebraucht, um ihre Arbeit Schritt-für-Schritt zu planen, sorgfältig zu präparieren und ordentlich zu archivieren, denn sie ist sehr zerstreut. Ihre Lernhemmung ist im Bereich des Könnens zu beschreiben. Es fällt Mila schwer, eine Prioritätenliste zu erstellen, Arbeitsstrukturen zu entwickeln und wichtige Arbeitsabfolgen durchzuhalten. Sie hält keine Ordnung, kann nicht lange konzentriert an einer Sache arbeiten und verzweifelt manchmal beinahe daran, dass am Ende eben doch alles so unfertig und unschön aussieht.

Leon ist da ganz anders. Er kann sich ohne Probleme lange Zeit auf eine Arbeit konzentrieren und kann auch penibel Ordnung halten. Eine Weile hat er Jana zugesehen und ihr erklärt, was für kostbare Fundstücke sie in der Hand hatte. Aber irgendwann wurde er von Frau Schmidtbauer ermahnt, selbst ans Werk zu gehen. Leon ist ängstlich, unsicher und hat kein gesundes Selbstbewusstsein. Außerdem findet er es eklig, tief zu graben, und bleibt deshalb lieber auf der Ebene der Streuschicht. Leon hat vier ältere Geschwister und teilt sich mit seiner drei Jahre älteren Halbschwester und deren Bruder ein Zimmer. Er liebt die beiden und findet es toll, dass sie ihn immer unterstützen. Ohne sie könnte er nicht leben. Sie sagen ihm immer genau, was zu tun ist und wie er sich am besten verhalten muss, um gut durch's Leben zu kommen. Vielleicht fällt es ihm deshalb schwer, etwas zu beginnen. Er wartet darauf, dass seine Lehrerin immer nochmal erklärt, was zu tun ist, dass sie ihm persönlich noch einmal Mut macht, die Aufgabe anzugehen. Vorher geht es nicht. Unter Fachleuten würde man sagen, Leon wird durch seine *erlernte Hilflosigkeit* in der Unselbstständigkeit gehalten. Er kann strukturiert arbeiten, ist motorisch fit und in der Lage, sich ausdauernd und konzentriert einer Aufgabe zuzuwenden. Seine Lernhemmung liegt im Bereich des Wollens. Er hat nicht den Mut, selbständig und eigenverantwortlich in einen Arbeits-, Lern- oder Erkundungsprozess einzusteigen. Bevor er so etwas anfängt, braucht er Zuspruch, eine ganz persönliche

Unterweisung, eigene Bewertungskriterien und die Aussicht auf fortwährende Unterstützung. Das braucht er einfach. Tabelle 14 zeigt, welche Lernhemmungen bei der Erkundung und Dokumentation der heimischen Natur und Umwelt in der zweiten Klasse entstehen können.

Tab. 14: Lerndimensionen, denkbare Lernhemmungen und Lernhilfen beim Erstellen eines Lapbooks zur Bodenstruktur

Mittlere Kindheit Entwicklungsthema Verbindlichkeit	Schulische Lernaufgabe: Selbständige Erkundung und Dokumentation der heimischen Natur und Umwelt		
	Lerndimension	Lernhemmung	Denkbare Lernhilfe
Wollen/Einstellungen und Haltungen	eigenständige Planung und Entscheidung, Ausdauer, Leistungsbereitschaft	erlernte Hilflosigkeit, mangelnde Bereitschaft Verantwortung zu übernehmen, Furcht	temporäre 2er-Teams, symbolische Begleitung, Ermutigung zur Eigenständigkeit
Können/Fähigkeiten und Fertigkeiten	Umgang mit Materialien und Hilfsmitteln, Strukturierung, Ordnungssinn, Blick für die wichtigen Objekte	motorische Einschränkungen, mangelnde Sorgfalt, empfundene Eile, ungünstige Prioritätensetzung, fehlende Fähigkeit der Induktion	Strukturierungshilfen nach der Ideenfindung, Unterstützung in der Ausführung
Wissen/Kenntnisse und Kognitionen	Klassifizierung und Bestimmung der Tiere und Pflanzen, Verständnis des Systems	geringer Wortschatz, keine Schlussfolgerung vom Speziellen auf das Allgemeine	gemeinsames Besprechen der Fakten und Zusammenhänge

Inzwischen sind Jana, Mila und Leon in die dritte Klasse versetzt worden. Sie haben ihre ersten Noten bekommen und wissen jetzt auch, dass es bald um den Übertritt in die weiterführende Schule gehen wird. Die Stimmung in der Klasse hat sich verändert, auch wenn ihre Klassenlehrerin nach wie vor die Beste ist. Heute soll es eine Probe in Mathematik geben. Frau Schmidtbauer hat im Internet eine gute Textaufgabe gefunden und mit ein paar eigenen Fotos von den Ritterspielen in Hofheim verschönert. Im vergangenen Juli haben sie dort alle zusammen zwei spannende Tage verbracht, was sich sehr positiv auf die Klassengemeinschaft ausgewirkt hat. Die Textaufgabe lautet folgendermaßen:

5.2 Schulerziehung

> *Zeig was Du kannst:*
> *In einem Spielwarengeschäft wird folgendes Angebot gemacht: Sechs Ritterfiguren und sechs passende Pferde dazu kosten in einem Set 38 Euro. Der Kauf von Einzelfiguren ist auch möglich. Tom schaut sich die Preisschilder der Einzelfiguren an: einen Ritter gibt es für 4 Euro, ein Pferd für 3 Euro. Nun überlegt er, was billiger ist: der Kauf des Sets mit zwölf Figuren oder der Einzelkauf. Wie viel Euro kann er sparen?*

Liebevoll blickt Frau Schmidtbauer auf ihre Jungs und Mädels. »Unterschiedlicher können Gleichaltrige kaum sein«, schießt es ihr durch den Kopf. Allerdings ist die Rechnung im Unterricht hundertmal geübt worden und für jeden zu schaffen. Sie haben sowohl das Sechser-Einmaleins als auch schier endlos die Addition geübt. $6 \times 4 = 24$ plus $6 \times 3 = 18$; $18 + 24 = 42$,- Euro für den Einzelkauf gegen 38,-Euro im Set.

Treten wir einen Schritt zurück und fassen zusammen, welche Lerndimensionen beim Lösen der Textaufgabe beteiligt sind.

Tab. 15: Lernaufgabe »Lösen einer Textaufgabe«

Mittlere Kindheit, Grundschule, Jahrgangsstufe 3, Unterrichtsfach Mathematik	
Entwicklungsthema Kulturtechniken	Lernaufgabe: Lösen einer Textaufgabe
Primäre Lerndimension **Wissen**	Kenntnis der notwendigen Rechenoperationen, mathematisches Grundverständnis
Periphere Lerndimension I **Können**	Fähigkeit, dem Text relevante Informationen zu entnehmen, Entwickeln und Nutzen geeigneter Lösungs- und Darstellungsstrategien
Periphere Lerndimension II **Wollen**	ausdauerndes Probieren und systematisches Suchen nach konstruktiven Verständniszugängen

Jana kennt sich mit solchen Aufgaben aus. Sie liebt Deutsch und liest gerne. Tom will wissen, ob er das gesamte Set oder ob er jede einzelne Figur und jedes einzelne Pferd kaufen soll. Jetzt müsste sie nur rauskriegen, was es kostet, wenn man die Einzelfiguren kauft. Jana hat keine Idee, was sie rechnen muss, um den Preis für die einzeln gekauften Figuren mit dem Setpreis zu vergleichen. »Mensch, wir haben das doch vorgestern noch geübt. Wie war das nochmal?«, Jana verfügt über eine beeindruckende Sprachbegabung. Sie ver-

5 Lernaufgaben, Lerndimensionen und Lebensalter

schlingt Bücher, ist bei Antolin.de ungefährdete Spitzenreiterin und konnte in den letzten Wochen alle Blitzmerker-Spielrunden für sich entscheiden. Nur im Rechnen gehört sie zu den Schwächeren. Merkwürdig. Obwohl sie das kleine Einmaleins vorwärts und rückwärts beherrscht, löst sie praktisch keine Rechenaufgabe fehlerfrei. Das betrifft jede Art von Rechenaufgaben. Nach der Besprechung der Lösungswege hat sie es aber jedes Mal auch verstanden.

Milas Blick fällt als Erstes auf die Fotos aus Hofheim. Sie entspannt augenblicklich und muss grinsen: Als sie damals am Samstag beim Ritterduell zugeschaut haben, gab es einen lauten Knall, weil die Lanze des gelben Reiters mit Wucht auf den Schild des schwarzen Ritters knallte. Vor Schreck hat Ben in die Hose gemacht. Außer ihr hat es niemand gesehen. Sehr witzig. Ben hatte vorher schon die ganze Zeit rumgequengelt, weil er auf's Klo musste. »Ok. Was will Frau Schmidtbauer? Ej, cool! Den Stand mit der Heilerin hat sie auch fotografiert. – Sechs Ritterfiguren und passende Pferde also. Passend im Sinne von gleichfarbig oder in braun und die Reiter passen auf den Sattel? Hm, steht hier nicht. Zwölf Figuren – und wie viele Pferde nochmal? Sechs Pferde. Gut. Sind also 18. Hm. Versteh ich nich. Nochmal. Warte! Er spart etwas, seht hier. Wann spart er? Wenn er zwölf Figuren kauft oder wenn er sie einzeln kauft? Hm. Am besten zeichne ich mal, worum es geht ...«.

Mila kann sich nicht konzentrieren. Sie findet keinen Zugang zur selektiven Aufmerksamkeit. Wenn sie Texte liest, hat sie große Probleme, die Informationen zu sortieren und nach Wichtigkeit zu hierarchisieren. Meistens zweigen ihre Gedanken und Ideen schon ganz am Anfang ab und landen in Erinnerungen, schrillen Lösungsfantasien oder bei der Frisur der Lehrerin. Obwohl Mila sich wirklich Mühe gibt, kann sie einem längeren Text beim besten Willen nicht die nötigen Infos entlocken, sodass sie in der Lage wäre, die nötige Rechenaufgabe aufzuschreiben und eine Lösung zu finden. Diese Rechenprobe wird vermutlich wieder eine 5 werden. Und dabei gehört Mila wirklich nicht zu den dummen Schülerinnen. Im Gegenteil: Frau Schmidtbauer kann sich in der mündlichen Erarbeitung der Themen immer 100 % auf Mila verlassen. Sie ist aktiv und clever. Ein Jammer.

Leon hat es geahnt. Wieder 'ne Matheaufgabe, die eigentlich nur aus Text besteht. So ein Mist. Er wird es nicht verstehen, wetten? »Ok, erstmal lesen. Was n das für n Wort? Spiegelwarten-hä? Ritter. Ritter-was? Das schaff ich nie. Kapier ich nich. So viel Text, keine Chance. Früher war Mathe so einfach. Wenn ich Zahlen bekomme, kann ich es rechnen, aber Deutsch konnte ich noch nie. Wieso verwirrt uns Frau Schmidtbauer mit dem ganzen Zeug? Ich geb auf.« Leon fand Schule nie einfach. Lange Texte machen ihm Angst, weil er eigentlich nicht gut lesen kann. Wenn er laut lesen muss, lachen meistens alle und am Ende weiß niemand, was er da eigentlich vorgelesen hat. Seine Diktate sehen nach der Korrektur eher rot aus als blau, und wenn er an der Tafel einen der neuen Begriffe schreiben soll, ist die Katastrophe nicht mehr zu verhindern. Seine Schrift ist unleserlich und in seinem Ranzen ist nie das drin, was grade reingehören würde. Leon fühlt sich alleine, überfordert, hilflos und hasst die Welt. Seine einzige Chance sieht er darin, möglichst unsichtbar zu sein und die Zeit in der Schule ohne großes Aufsehen rumzubringen. Klar ist das Zeugnis entsprechend schlecht und sein Freundeskreis entsprechend klein.

Jana versagt auf der Ebene der primären Lerndimension des Wissens: Es mangelt offensichtlich an mathematischen Fähigkeiten. Sie geht selbstbewusst vor, versteht den Text und weiß letztendlich schlicht nicht, welchen rechnerischen Lösungsweg sie beschreiben soll. Jana wird es helfen, Rechenwege zu üben, Beispiele durchzugehen, Formeln auswendig zu lernen. Sie benötigt Unterstützung im mathematischen Denken.

Mila erinnert an ein intelligentes Kind, das allerdings im Bereich des *Könnens* Defizite aufweist. Sie kann nicht stillsitzen, sie kann Texte nicht konzentriert und strukturiert lesen, sie kann ihre Aufmerksamkeit nicht bewusst lenken. Was banal klingt, ist in vielen Fällen ein Defizit, das benachteiligte Kinder aus der vorherigen Entwicklungsphase, aus der Phase der Familienerziehung, in die Schule mitbringen. Hilfreiche Unterstützung wird hier nicht durch die Arbeit am Rechnen selbst, durch das Pauken von Dreisatz und Einmaleins geleistet, sondern sollte grundlegendes Können-Lernen ermöglichen. Solches Können-Lernen kann sich auch auf die Entwicklung der Feinmotorik, auf Zuhören-Lernen, auf Wahrnehmungstraining. richten. Mila braucht jemanden, der ihr zeigt, wie der Aufgabentext strukturiert werden könnte, welche Farben ihrer Stifte helfen würden, die wesentlichen Informationen im unübersichtlichen Text hervorzuheben. Sie braucht Unterstützung darin, gedanklich an einer Stelle zu bleiben, auch wenn sie unruhig wird. Mila braucht Hilfe und Ermutigung bei ihrer Aufmerksamkeitssteuerung.

Leon dringt offensichtlich ebenfalls nicht zum eigentlich geforderten mathematischen Kompetenznachweis vor, sondern bleibt an emotionalen Problemen hängen. Bei aller skizzenhaften Unschärfe des frei erfundenen Beispiels lässt sich folgende Beobachtung formulieren: Leon sieht den langen Text, verzweifelt angesichts seiner Leseerfahrungen, hat Angst vor dem Spott der Mitschüler und sieht sich außer Stande, ohne Hilfe auch nur in die Nähe der Lösung dieser Aufgabe zu kommen. Bevor Leon hinsichtlich seiner mathematischen Fähigkeiten benotet werden kann, braucht er pädagogische Unterstützung im Bereich des Wollens. Er bringt – wie viele Kinder aus Risikofamilien – Unsicherheit, erlernte Hilflosigkeit, mangelnde Leistungsmotivation etc., also emotionale und soziale Defizite mit in die Schule. Diese – und nicht etwaige Begabungsdefizite – beeinträchtigen sein schulisches Lernen maßgeblich.

Tab. 16: Lerndimensionen, denkbare Lernhemmungen und Lernhilfen beim Lösen einer Textaufgabe

Mittlere Kindheit Entwicklungsthema Kulturtechniken	Schulische Lernaufgabe: Lösen einer Textaufgabe		
	Lerndimension	**Lernhemmung**	**Denkbare Lernhilfe**
Wissen/Kenntnisse und Kognitionen	Kenntnis der notwendigen Rechenoperationen, mathematisches Grundverständnis, systematisches Vorgehen	keine Problemlösefähigkeit, Grundrechenarten mangelhaft, Rechenweg nicht memoriert	Erklärung, Beispielrechnungen, Übungsmaterial
Können/Fähigkeiten und Fertigkeiten	Fähigkeit, dem Text relevante Informationen zu entnehmen, entwickeln und nutzen geeigneter Lösungs- und Darstellungsstrategien	Ablenkbarkeit, schlechte Lesefähigkeit, geringes Strukturierungsvermögen	Techniken zur Textbearbeitung, Konzentrationshilfen
Wollen/Einstellungen und Haltungen	ausdauerndes Probieren, systematisches Suchen nach konstruktiven Verständniszugängen	Misserfolgserwartung, Mutlosigkeit, Verunsicherung, erlernte Hilflosigkeit, frustrationsbedingter Motivationsmangel	Erfolgserlebnisse anbahnen, Ich-Stärkung

Nach wie vor hilft die Pädagogin/der Pädagoge dem Kind potentiell am ehesten, wenn es unverkrampft und nahbar in seiner ganzen Person, also hinsichtlich seines Könnens, seines Wissens und seines Wollens beachtet, wertgeschätzt und ernst genommen wird. Besondere Kompetenzen im Umgang mit lernschwachen und lernbeeinträchtigten Kindern könnten sich schlicht in der Beachtung der unterstützungsbedürftigen Lerndimensionen erweisen, nicht zwingend in der Beherrschung besonderer Methoden, in der Anwendung ausgefuchster Föderansätze oder in der Einführung evidenzbasierter Trainings. Für den entwicklungspädagogischen Ansatz gibt es jedoch kein Rezeptbuch, sondern bedarf es der Einübung einer Grundhaltung. Pädagogische Kompetenz zeigt sich nicht in Technikbeherrschung, wird nicht durch Zauberkünste unter Beweis gestellt und hat auch nichts mit einer irgendwie gearteten Reparatur der »trivialen Maschine« *lernschwacher Schüler* zu tun, sondern erfordert einen besonderen pädagogischen Blick auf den Lerner. Diese Perspektive zieht bei der schulischen Unterstützung schwacher Schülerinnen und Schüler ganz bewusst auch die peripheren Lerndimensionen in Betracht.

Wenden wir uns nun einer Lernaufgabe zu, die unsere Grundschüler Jana, Mila und Leon ein Jahr später im Sportunterricht der 4. Jahrgangsstufe herausfordern wird. Herr Böck hat für die Wochen nach den Herbstferien vor, seinen Schülerinnen und Schülern das Handballspiel nahezubringen.

Tab. 17: Lernaufgabe »Handballspielen«

Mittlere Kindheit, Grundschule, Jahrgangsstufe 4, Unterrichtsfach Sport	
Entwicklungsthema Ordnung	Lernaufgabe: Handballspielen
Primäre Lerndimension ***Können***	Wahrnehmen von Spielzügen, Mitspielern und eigenen Rollen, körperliches Geschick und Leistungsfähigkeit, Ballgefühl, Hand-Auge-Koordination, Reaktionsfähigkeit
Periphere Lerndimension I ***Wissen***	Kenntnis der Spielregeln und taktischer Züge, Kreativität und Reflexivität
Periphere Lerndimension II ***Wollen***	Beachten und Einhalten von Spielregeln, fairer Umgang mit Mitspielern und Gegnern, Teamwilligkeit, Einsatzbereitschaft und Bereitschaft zur Verantwortungsübernahme

Im LehrplanPLUS für die 4. Klasse wird die primäre Lerndimension des Könnens allgemein im Fach Sport deutlich, wenn es dort heißt: »Mit verschiedenen Sinnen *nehmen* die Kinder der Grundschule beispielsweise ihren Körper, ihre Bewegungen und die ihrer Mitschülerinnen und Mitschüler, sportliche Herausforderungen und eigene Fähigkeiten, aber auch Gefahren zunehmend differenziert *wahr*. Sie *analysieren* diese Wahrnehmungen und *bewerten* sie zunehmend realistisch.«

Jana scheint wie für Handball geboren zu sein. Sie fängt jeden noch so unpräzise geworfenen Ball, kann schon am ersten Tag dribbeln und laufen zugleich und sieht aus dem Augenwinkel, dass vorne links Klaus freisteht. Das

Spielen fällt ihr wirklich leicht. Nach wenigen Wochen bittet Herr Böck Jana, den Spielaufbau ihrer Mannschaft selbständig zu koordinieren und Spielzüge zu entwickeln. Überrascht muss er feststellen, dass sie sich jetzt häufig auswechseln lässt, dass sie in manchen Sportstunden vorschlägt, doch lieber Hockey zu spielen und schließlich immer öfter krank ist. Jana gehört motorisch zu den begabten Handballspielerinnen, ist auf den Punkt fit und hält sich an die abgesprochenen Spielzüge. Sie bindet ihre Mitspielerinnen und Mitspieler ein und ermutigt den Kreisläufer auch nach seiner fünften Schlappe, weiter aktiv zu bleiben. Aber Jana ist kognitiv überfordert, wenn sie eigenverantwortlich und kreativ Spielzüge entwickeln soll. In Begriffen der Lerndimensionen *kann* sie und *will* sie, *weiß* aber nicht. Sie bräuchte Unterstützung beim Entwickeln guter Ideen, spontaner Kreativität, neuer Kombinationsmöglichkeiten.

Mila bewundert Jana. Sie hat schon mehrfach einen Ball an den Kopf bekommen, weil sie zu spät merkte, dass dieser in ihre Richtung flog. Sie fängt selten, dribbelt unsicher und steht mit einem Fuß ständig im Kreis oder im Aus. Leute wie Jana haben es gut, findet Mila. Wenn sie dagegen draußen auf der Ersatzbank sitzt, hat sie augenblicklich Lust, wieder mitzuspielen. Dann fallen ihr nämlich Lücken auf, würde sie gerne pfeifen, weil es 7-Meter geben muss, wenn Toni bei der Abwehr im Kreis steht, und fragt sie sich, ob nicht der Torwart schnell ein Tor hätte werfen können. Handball ist wirklich ein tolles Spiel – leider *kann* sie es eben nicht.

Leon findet Handball ganz schrecklich. Am besten ist, wenn er keinen seiner Mitspieler anschaut, damit die bloß nicht auf die Idee kommen, ihm passen zu wollen. Klar, er fängt gut und kann auch werfen. Aber er spürt jedes Mal eine tonnenschwere Last der Verantwortung, wenn er z. B. den Ball erhält und freie Bahn zum Tor hat. Jetzt liegt´s an ihm. Hoffentlich verkackt er´s nicht. Er fühlt sich dann so schwach und so unfähig – und er meint zu spüren, dass alle anderen genauso denken. Niemand scheint sich zu wundern, dass er immer wieder den Ball verliert, das Tor verfehlt oder über seine eigenen Füße stolpert. Sein Körper fühlt sich an, als sei infolge des Stresslevels eine spontane Ganzkörperlähmung eingetreten. An der Matte im »Trockentraining« hatte er letzte Woche beste Ergebnisse. Er kann gut springen, fängt, wirft und läuft präzise .... außerhalb des Spiels. Er *kann* das und er *weiß*, was seine Aufgaben sind – aber er *schafft* es nicht, weil er emotional dazu nicht in der Lage ist.

Tab. 18: Lerndimensionen, denkbare Lernhemmungen und Lernhilfen beim Handballspielen

Mittlere Kindheit Entwicklungsaufgabe Ordnung	Schulische Lernaufgabe: Handballspielen		
	Lerndimension	Lernhemmung	Denkbare Lernhilfe
Können/Fähigkeiten und Fertigkeiten	Wahrnehmen von Spielzügen, Mitspielern, eigenen Rollen, körperliches Geschick, Leistungsfähigkeit	motorische Ungeschicktheit, Konzentrationsschwächen	körperliches Training, Übung
Wissen/Kenntnisse und Kognitionen	Kenntnis der Spielregeln und taktischer Züge, Kreativität, Reflexivität	fehlender Überblick, mangelnde Kreativität	Theorietraining, Reflexionstraining, Analyse von Spielzügen anhand von Videomaterial
Wollen/Einstellungen und Haltungen	Beachten und Einhalten von Spielregeln, fairer Umgang mit Mitspielern und Gegnern, Teamwilligkeit, Einsatzbereitschaft, Bereitschaft zur Verantwortungsübernahme	mangelndes Selbstvertrauen, dysfunktionale Stressregulation, fehlende Leistungsbereitschaft, fehlende Ausdauer, fehlende Anstrengungsbereitschaft	Übung und Verantwortungsübertragung in stressfreiem Raum

5.2.2 Frühes Jugendalter

Es sind drei Jahre vergangen, und unsere Protagonisten befinden sich im Alter zwischen 10 und 14 Jahren. Inzwischen wechselten sie von der gemeinsamen Grundschule auf unterschiedliche Schulen. Janas Eltern haben entschieden, dass ihre Tochter auf einer städtischen Mädchenrealschule die mittlere Reife erwerben soll, Mila hat die Empfehlung fürs Gymnasium erhalten und sich – ermutigt durch ihren Vater – für »sein« damaliges Gymnasium entschieden, und Leon besucht die Mittelschule in der Nähe, zu der er mit dem Bus fahren kann. Seine Eltern konnten mit den bekanntgegebenen Besichtigungsterminen in den weiterführenden Schulen nichts anfangen und sind ohnehin der Überzeugung, dass er ohne ihre Unterstützung zurechtkommen muss: »Wozu werden die Lehrer bezahlt?«.

5 Lernaufgaben, Lerndimensionen und Lebensalter

Wesentliche *Entwicklungsthemen im frühen Jugendalter* sind im Bereich des Könnens die *autonome Praxis* der Jugendlichen, hinsichtlich der kognitiven Kompetenzen im Bereich des Wissens das verstehende *Erfassen von Komplexitäten* und schließlich in der Dimension des Wollens der reife *Umgang mit Freundschaft und Peergroup*.

Jana ist seit Beginn ihrer Zeit in der Mädchenrealschule stofflich immer auf dem Laufenden geblieben. Sie lässt sich durch nichts davon abbringen, regelmäßig Hausaufgaben zu machen, bereitet sich gewissenhaft auf die Proben vor und konnte sich bisher auch aus den schlimmsten »Zickenkriegen« innerhalb der Klasse heraushalten. Für einige ihrer Mitschülerinnen stellte sich heraus, dass eine reine Mädchenschule nichts für sie ist. Sie sind nach den ersten Sommerferien zu Beginn des 6. Schuljahres nicht mehr zurückgekommen. Jana findet es atmosphärisch auch nicht immer angenehm, ausschließlich mit Mädchen zusammen zu sein. Jana will aber trotzdem in ihrer Mädchenklasse bleiben, denn sie sieht schließlich auch viele Vorteile, ohne Jungs zu lernen – gerade im Alter von 13 plus. Außerdem lässt sie sich grundsätzlich nicht so leicht davon abhalten, Dinge zu Ende zu bringen, für die sie sich einmal entschieden hatte. In der siebten Klasse sind bereits viele Routinen entstanden, und Jana fühlt sich durch den strukturierten Schulalltag sicher. Wenn es neue Dinge zu lernen gibt, gehört sie immer zu den Ersten, die sich begeistern lassen. Auf Jana ist im Blick auf ihre Einstellung Verlass: Sie denkt selbständig, ist lernbereit und anstrengungsmotiviert und übernimmt gerne Verantwortung. Im Geschichtsunterricht führt Herr Franzmann eine neue Unterrichtssequenz ein. Das Thema *Reformation und Konfessionalisierung* soll in der Klassenstufe 7 grundgelegt und in Klasse 9 vertieft werden.

Tab. 19: Lernaufgabe Geschichteunterricht »Das Verhältnis von Politik und Religion in der Reformationszeit«

Frühes Jugendalter, Realschule, Jahrgangsstufe 7, Unterrichtsfach Geschichte	
Entwicklungsthema Komplexität	Lernaufgabe: Das Verhältnis von Politik und Religion in der Reformationszeit
Primäre Lerndimension **Wissen**	Vorwissen: Umbruchs- und Krisenerscheinungen seit dem Mittelalter, veränderte Wahrnehmung von Politik und Religion; Diachronische Strukturierung der politischen und religiösen Entwicklung im 15. und 16. Jahrhundert
Periphere Lerndimension I **Können**	Reflexion anhand zeitgenössischer Bild- und Textquellen über die Bedeutung von Religion für das Denken und Handeln der Menschen zur Zeit der Reformation

Tab. 19: Lernaufgabe Geschichteunterricht »Das Verhältnis von Politik und Religion in der Reformationszeit« – Fortsetzung

Frühes Jugendalter, Realschule, Jahrgangsstufe 7, Unterrichtsfach Geschichte	
Periphere Lerndimension II **Wollen**	Entwicklung einer Haltung und eines eigenen Menschenbildes vor dem Hintergrund irrationaler Phänomene von Ausgrenzung und ideologischen Auseinandersetzungen; Entwicklung einer Haltung zu aktuellen Stigmatisierungen und Ausgrenzungen

Zunächst frischt der Lehrer mit den Schülerinnen einführend deren Kenntnisse zu den Umbruchs- und Krisensituationen im 15. und 16. Jahrhundert sowie über Verlauf und Hauptakteure bis zur Reformation auf. Ihre gut strukturierten Arbeitsunterlagen helfen Jana, sich zurechtzufinden und wichtige Beiträge zu leisten. Allerdings staunt Jana einmal mehr darüber, wie viele Einzelstränge letztendlich den Gang der Geschichte ausmachen. Die sich jeweils ergebenden veränderten Verhältnisse von Politik und Religion sind für sie nur schwer spezifischen Ursachen zuzuschreiben, obwohl Herr Franzmann Schritt für Schritt die übergeordneten historischen Prozesse zusammenfassend darstellt. Lehrplangemäß arbeiten die Schülerinnen anhand von zeitgenössischen Bild- und Textquellen heraus, wie wichtig Religion für das Denken und Handeln der Menschen in der Zeit vor und während der Reformation gewesen ist und diskutieren im Anschluss darüber, welche Auswirkungen dieses massenweise Umdenken auf die päpstliche Kirche, auf Gesellschaft und Politik im Reich hatte. Herr Franzmann fordert die Schülerinnen auf, das Nebeneinander verschiedener Konfessionen im heutigen Deutschland historisch zu erklären und zugleich zu bewerten, ob diese Form des engagierten Glaubens noch zeitgemäß sei. Jana beteiligt sich aktiv an den Diskussionen, wird als Protokollantin an der Tafel geschätzt, weil sie sowohl lesbar schreibt als auch schon während des Schreibens durch MindMaps sinnvolle Ordnungen in die Beiträge bringt und zugleich als Moderatorin die Meldungen registriert und Mitschülerinnen aufruft. Im Verlauf der Unterrichtssequenz spricht die Klasse über moderne Menschenbilder und irrationale Phänomene wie Stigmatisierung, Verfolgung und Ausgrenzung von Teilen der Bevölkerung auch im Blick auf aktuelle Entwicklungen. Schließlich entsteht ein komplexes Bild des konfessionellen Zeitalters mit dem grundlegenden Datum des Jahres *1517* und den Erkenntnissen zu Hexenverbrennungen, Ablassregeln, Bibelübersetzung, Bauernkrieg, konfessioneller Spaltung und Reform der Kirche. Obwohl Jana während der vergangenen Wochen zu den Leistungsträgerinnen ihrer Klasse gehörte und sie die Arbeitsatmosphäre durch ihre Ausdauer, ihr Interesse und ihre sozial zugewandte Einstellung wesentlich prägte, kann sie in der abschließenden Probe zum Thema nicht überzeugen. Die

Arbeit ist nicht ausreichend. Sie hatte zuhause selbständig Tabellen und Übersichten zu den Hauptakteuren angefertigt, hat fleißig und gewissenhaft Zusammenfassungen gelesen – und ist dennoch während der Probe nicht in der Lage, die entstandene Komplexität sinnvoll zu strukturieren und auf die Beantwortung der Fragestellung zu reduzieren. Die Fragen zum Inhalt, den sie ja eigentlich bestens kennt, sind für Jana »zu groß« und nicht mehr zugänglich. Die Klausur erlebt Jana wie das Öffnen eines vollgestopften Kleiderschrankes, bei dem ihr die vielen Kleinigkeiten, die vielen Aufeinanderbezogenheiten und die vielen Begrifflichkeiten den Durchblick rauben, und sie sich selbst im Denken nicht mehr wiederfindet. Was geschieht in ihrem Kopf? Warum stolpert sie im Lernen häufig letztendlich über das »Zuviel« an Informationen?

Der produktive geistige Umgang mit Komplexität geht einher mit Metakognitionen, die eine konstruktive Auseinandersetzung mit dem eigenen Denken, mit der eigenen Aufmerksamkeit, mit der eigenen Memorierungsfähigkeit darstellen. Metakognitionen umfassen zum einen das Wissen und zum anderen auch die Kontrolle über die eigenen Kognitionen. Jana zeigt in schulischen Lernprozessen eine leistungsorientierte, selbstbewusste und gemeinschaftsbezogene Haltung – sie *will* also – und hat im Laufe ihrer Schulzeit Konzentrationsfähigkeit entwickelt, kann sich auf hilfreiche Arbeitsstrukturen verlassen und profitiert von einem ausgeprägten Ordnungssinn – sie *kann* demnach auch. Trotzdem leidet sie nach wie vor unter Lernhemmungen in der Dimension des Wissens. Sie sammelt zwar Faktenwissen, erfreut sich beeindruckender Kreativität und verfügt in vielen Themenbereichen über ausreichend Vorwissen. Allerdings gelingt es ihr nicht, über ihr Denken nachzudenken – oder anders formuliert: Sie weiß nicht genug über ihr Wissen. Eine Entwicklungsaufgabe in der frühen Jugendphase stellt die Fähigkeit dar, *konstruktiv mit Komplexitäten umzugehen*. Äußere Komplexität, eigenes Denken, eigenes Fühlen und eigene Fähigkeiten müssen reflektiert werden.

Mila besucht nun schon seit viereinhalb Jahren das Gymnasium und zählt zu den besseren Schülerinnen. In fast allen Unterrichtsstunden spielt sie eine tragende Rolle. Wenn sich niemand meldet, geht der suchende Blick der Lehrkraft häufig zu ihr und wird selten enttäuscht. Mila fühlt sich wohl, versteht die Probleme, memoriert den Stoff nahezu spielerisch und ist fest in die Klassengemeinschaft eingebunden. Nach wie vor ist allerdings ihr Entwicklungsbedarf in der Dimension des Könnens erkennbar. Nehmen wir für ein paar Minuten im Kunstunterricht der 9. Klasse des Gymnasiums Platz. Dort steht in diesen Wochen das perspektivische Zeichnen unterschiedlicher Wirklichkeitsausschnitte auf dem Programm. Die Kunstlehrerin ist begeisterte Zeichnerin und erläutert den Schülerinnen und Schülern hingebungsvoll das nötige Wissen, gibt später bei der Ausführung Hilfestellung und ermutigt alle, die aufgeben wollen.

Tab. 20: Lerndimensionen, denkbare Lernhemmungen und Lernhilfen im Geschichteunterricht

Frühes Jugendalter Entwicklungsthema Komplexität	Schulische Lernaufgabe: Das Verhältnis von Politik und Religion in der Reformationszeit		
	Lerndimension	Lernhemmung	Denkbare Lernhilfe
Wissen/Kenntnisse und Kognitionen	Vorwissen: Umbruchs- und Krisenerscheinungen seit dem Mittelalter, veränderte Wahrnehmung von Politik und Religion; diachronische Strukturierung der politischen und religiösen Entwicklung im 15. und 16. Jahrhundert	Gedächtnisschwächen und mangelnde Reflexivität im Blick auf die großen Linien der geschichtlichen Ereignisse und Daten, Komplexität scheint undurchdringlich	metakognitive Zugänge schaffen, Denken über das Denken ermöglichen
Können/Fähigkeiten und Fertigkeiten	Reflexion anhand zeitgenössischer Bild- und Textquellen über die Bedeutung von Religion für das Denken und Handeln der Menschen zur Zeit der Reformation	ungeeignete Lern- und Arbeitsweisen, um Denkstrukturen aus anderen Zeiten nachzubilden	Strukturierungstechniken vorstellen und einüben
Wollen/Einstellungen und Haltungen	Entwicklung einer Haltung und eines eigenen Menschenbildes vor dem Hintergrund irrationaler Phänomene von Ausgrenzung und ideologischen Auseinandersetzungen	mangelnde Anstrengungsbereitschaft, fehlende Betroffenheit durch geschichtliche Inhalte	Relevanz durch Betroffenheit schaffen, Aktualität geschichtlicher Entwicklung verdeutlichen

Mila hat die Regeln des perspektivischen Zeichnens schnell verstanden und kann schon in der ersten Theoriestunde einigen Mitschülern zu »Aha!«-Erlebnissen verhelfen. So entsteht z. B. eine Zentralperspektive oder eine Übereckperspektive je nach fiktiver Position des Zeichners. Wenn die senkrechte

5 Lernaufgaben, Lerndimensionen und Lebensalter

Tab. 21: Lernaufgabe »Perspektivisches Zeichnen«

Frühes Jugendalter, Gymnasium, Jahrgangsstufe 9, Unterrichtsfach Kunst	
Entwicklungsthema Autonome Praxis	Lernaufgabe: Perspektivisches Zeichnen
Primäre Lerndimension *Können*	Wahrnehmung der Zentralperspektive bzw. der Zweifluchtpunkt-Perspektive, auch Übereckperspektive genannt; Fertigkeit, konsequent auf den Fluchtpunkt oder die Fluchtpunkte hin zu zeichnen und zugleich die Senkrechten einzuhalten; Feinmotorische Fähigkeiten der Umsetzung
Periphere Lerndimension I *Wissen*	Kenntnis der Gesetzmäßigkeit des perspektivischen Zeichnens, Reflexion über Widerstände und Konflikte bei der Aneignung neuer Techniken
Periphere Lerndimension II *Wollen*	Bereitschaft, sich von Zeichengewohnheiten zu trennen und Neues zu üben; Lern- und Anstrengungsbereitschaft auch nach anfänglichen Misserfolgen

Kante einer Hausecke im Zentrum des Bildes auf Augenhöhe des Betrachters zu sehen ist, erstrecken sich die Linien rechts und links zu zwei unterschiedlichen Fluchtpunkten – es entsteht die Zweifluchtpunkt-Perspektive. Innerhalb der beiden Bildteile sind wiederum die »normalen« Regeln der Fluchtpunktperspektive zu beachten, so bleiben unter anderem alle Senkrechten senkrecht und laufen alle sonstigen Linien auf den Fluchtpunkt zu.

Es geht beim Zeichnen im Wesentlichen darum, die gelernten Regeln aktiv umzusetzen und sich nicht auf die eigene Wahrnehmung oder auf das Bauchgefühl zu verlassen. In der Klasse können einige Mitschüler auch nach mehrfachen Erklärungen die Regeln nicht verstehen. Andere haben bereits während der einführenden Worte zu den veränderten Zeichengewohnheiten eine imaginäre weiße Flagge gehisst und wollen aufgeben, weil ihnen das Unternehmen »Perspektivisches Zeichen« zu anstrengend erscheint. Wieder andere scheitern am geforderten Vorwissen darüber, wie Bilder grundsätzlich aufgebaut sind und wann die Perspektive welche Bedeutung hat.

Trotz Milas Rolle als Co-Lehrerin lassen ihre Zeichnungen nach einigen Wochen immer noch kaum erkennen, dass sie die Theorie verstanden hat. In ihrem aktuellen Werk ist am skizzierten Straßenzug nur mit Mühe eine Perspektive zu erkennen. Mila hat in den vergangenen Jahren hart an ihrem Ordnungssinn und ihrem Konzentrationsvermögen gearbeitet. Sie führt ein großformatiges Notizbuch, das sie in der Strukturierung ihrer Pläne und

5.2 Schulerziehung

Gedanken unterstützt. Sie schreibt dort Unfertiges auf und bearbeitet die Texte mit verschiedenen Markern, bringt Unterstreichungen an und fasst kleinere Sinnhäppchen für ihre eher kürzeren Aufmerksamkeitsspannen zusammen. Sie kann im vorderen Teil auch ihre Termine verwalten – eine eher untypische Tätigkeit für Mädchen mit gerade einmal 14 Jahren. Im praktischen perspektivischen Zeichnen ist nun das alte Problem mit ihrer Wahrnehmung wieder aufgetaucht. Schon damals in der fünften Klasse war es schwierig, die 3D-Bilder zu genießen, weil sie den erforderlichen »Silberblick« – wie sie ihn nannte – nicht hinbekommen hat. Auch jetzt sieht sie nicht, was andere sehen. Die Theorie der Perspektive – alles klar. Auch das Überwinden des Bauchgefühls, wie die Häuser richtig angeordnet sein müssten – alles klar. Die Regeln kennt sie – auch kein Problem. Aber wo sind die Linien zum Fluchtpunkt? Warum soll sie das Fenster weiter oben zeichnen? Schließlich bringt die Lehrerin ein altes Schwarz-Weiß-Foto mit, fertigt einige Kopien und lässt Mila diese mit leuchtenden Linien bemalen und zerschnittene Exemplare neu zusammensetzen. Langsam aber sicher dämmert es Mila, wie sie sich Perspektive ganz praktisch verdeutlichen kann. Schließlich hat sie handwerklich erarbeitet, was theoretisch klar war. Eine wichtige Entwicklungsaufgabe im Bereich des Könnens ist im frühen Jugendalter in der *Entfaltung autonomer Praxis* zu sehen.

Tab. 22: Lernaufgaben, denkbare Lernhemmungen und Lernhilfen beim Perspektivischen Zeichnen

Frühes Jugendalter Entwicklungsthema Autonome Praxis	Schulische Lernaufgabe: Perspektivisches Zeichnen		
	Lerndimension	**Lernhemmung**	**Denkbare Lernhilfe**
Können/Fähigkeiten und Fertigkeiten	Wahrnehmung der Zentralperspektive bzw. der Zweifluchtpunkt-Perspektive, auch Übereckperspektive genannt; Fertigkeit, konsequent auf den Fluchtpunkt oder die Fluchtpunkte hin zu zeichnen und zugleich die Senkrechten einzuhalten; feinmotorische Fähigkeiten der Umsetzung	Wahrnehmung der Perspektive, Blick für den Aufbau und die Struktur einer perspektivischen Zeichnung ist nicht ausgebildet	Fotos durch Hilfslinien bearbeiten und daran ganz praktisch die Struktur der Bilder verdeutlichen, Wahrnehmungsfähigkeit schulen, Übungen

5 Lernaufgaben, Lerndimensionen und Lebensalter

Tab. 22: Lernaufgaben, denkbare Lernhemmungen und Lernhilfen beim Perspektivischen Zeichnen – Fortsetzung

Frühes Jugendalter Entwicklungsthema Autonome Praxis	Schulische Lernaufgabe: Perspektivisches Zeichnen		
	Lerndimension	**Lernhemmung**	**Denkbare Lernhilfe**
Wissen/Kenntnisse und Kognitionen	Kenntnis der Gesetzmäßigkeit des perspektivischen Zeichnens, Reflexion über Widerstände und Konflikte bei der Aneignung neuer Techniken	Theorie unbekannt	Zugänge zur Theorie perspektivischen Zeichnens schaffen: Internet, Lehrwerke, YouTube-Filme etc.
Wollen/Einstellungen und Haltungen	Bereitschaft, sich von Zeichengewohnheiten zu trennen und Neues zu üben, Lern- und Anstrengungsbereitschaft auch nach anfänglichen Misserfolgen	Mangelnde Lernbereitschaft, fehlende Flexibilität	Neugier und Veränderungsbereitschaft wecken

Das frühe Jugendalter beinhaltet in der Lerndimension des *Wollens*, also im Blick auf Haltungen und Einstellungen, primär *Fähigkeit zu Freundschaft und Vertrauen* als zentrale Entwicklungsaufgabe. Wir besuchen unsere dritte Station, Leon in der 9. Jahrgangsstufe der Mittelschule, in seinem Ethikunterricht. Der Lehrplan Mittelschule M-Klassen sieht u. a. das Thema Gewissen vor. Zu den Zielen ist dort Folgendes zu lesen: »Um die Schülerinnen und Schüler zu bewusstem Handeln und verantwortlicher Lebensführung anzuleiten, zielt das Fach in der Mittelschule auf die Entwicklung einer von Vernunft geleiteten Persönlichkeit, die selbständig überlegt handelt, die eigene Haltungen und Denkmuster kritisch in Frage stellt und die sich der Bedeutung der Mitmenschen und der Mitwelt bewusst ist.« Und weiter wird – wortgleich wie im Lehrplan der Realschule – ausgeführt: »Im Ethikunterricht wird nicht nur ein begrifflich differenziertes Gespräch und ein aufmerksames gegenseitiges Zuhören gefördert, sondern vor allem auch Weltoffenheit und »*Aufgeschlossenheit für alles Wahre, Gute und Schöne*« (Art. 131 Abs. 2 BV). Intensives Nachdenken in offenen Gesprächen bis hin zu ersten philosophischen Diskursen über die verschiedenartigen Handlungs- und Entscheidungsmöglichkeiten unterstützen die eigene Urteilsbildung.« Die LehrplänePLUS von Realschule, Mittelschule und Gymnasium kommen schließlich übereinstimmend zur Feststellung: »Gemeinsames Lernen von Schülerinnen und Schülern, die aus verschiedenen Kulturkreisen stammen, soll dem Einzelnen die Chance eröffnen, seine eigenen kulturellen Wurzeln zu erkennen und unter Achtung der Überzeugung der anderen Verantwortung für das Zusammenleben der Menschen zu übernehmen.« Die Entwicklung von Gewissen und Moral trägt Wesentliches zur Persönlichkeitsbildung im Alter zwischen 10 und 14 Jahren bei.

Tab. 23: Lernaufgabe »Entwicklung von Gewissen und Moral«

Frühes Jugendalter, Mittelschule, Jahrgangsstufe 9 Unterrichtsfach Ethik	
Entwicklungsthema Freundschaft	Lernaufgabe: Entwicklung von Gewissen und Moral
Primäre Lerndimension *Wollen*	Gewissen wird als Orientierungshilfe geschätzt, um eigenes und fremdes Handeln zu reflektieren und die Handlungen an ethisch-moralischen Kriterien auszurichten; Gewissenskonflikte werden realisiert und Dilemmata aus der Lebenswirklichkeit als Herausforderung angenommen; Verantwortungsbereitschaft, Entscheidungsbereitschaft
Periphere Lerndimension I *Können*	Wahrnehmen und Reflektieren des eigenen Gewissens in alltäglichen Situationen; Fähigkeit, die verschiedenen Einflüsse auf die Gewissensbildung, wie Sozialisation, Kultur, Religion, zu hierarchisieren und zu moderieren; Fähigkeit, mögliche ungewollte Beeinflussung des Gewissens, wie z. B. durch Indoktrination, Fanatismus oder Gruppendruck, zu realisieren und zu vermeiden
Periphere Lerndimension II *Wissen*	Kenntnis der Unterschiede zwischen dem alltagssprachlichen Umgang mit dem Gewissen und der rationalen Verwendung ist vorhanden und ermöglicht einen reflektierten Umgang; Kenntnis von Theorien der Gewissensbildung und der Moralentwicklung, wie z B. Über-Ich durch Sigmund Freuds Instanzenmodell; Gewissen als innerer Gerichtshof bei Erich Fromm oder der Moralentwicklung bei Lawrence Kohlberg; Kenntnis und Verständnis der garantierten Gewissensfreiheit durch Art. 4 GG

Leon spürt, wie Freundschaft, Clique und Peers in seinem Leben zunehmend an Bedeutung gewinnen und wie das Miteinander in der Schule auch für andere Lebensbereiche Modell steht. Dabei erinnert er sich noch gut daran, dass er als Kind glaubte, jeder Mensch verfüge über einen angeborenen Draht aus dem Jenseits in seine Seele, über den er jeweils den Willen Gottes empfangen könne. Diese Stimme stelle das Gewissen dar. Später erschien Leon moralisches

5 Lernaufgaben, Lerndimensionen und Lebensalter

Handeln zunehmend beliebig, je nachdem, was der Akteur jeweils will und kann. Schließlich geht Leon aktuell davon aus, dass es Regeln und Strukturen geben muss, die erlernt werden und das Miteinander klären. Er hat als sein spezielles Problem den Umgang mit persönlichen Grenzen identifiziert. Grenzerfahrungen lassen sich in einer empfundenen Verletzung der Intimsphäre, körperlicher Unversehrtheit oder der eigenen Selbstbestimmung erleiden. Weiterhin können spezifische persönliche Grenzen als lästig oder regelrecht hinderlich empfunden werden – beispielsweise die eigene Überängstlichkeit, Schüchternheit oder auch fehlender Mut und Zuversicht; und schließlich erscheinen bestimmte Grenzen als gegeben und zunächst neutral, die dann situationsbezogen mehr oder weniger durchlässig gestaltet werden müssen, so z. B. die Organisation von Nähe und Distanz, die eigene Meinung inmitten Andersdenkender oder die Bereitschaft, über innerste Gefühle zu sprechen. Moralisches Verhalten, das aus einem bestimmten Bewusstsein entsteht, scheitert aus Leons Sicht häufig an diesen persönlichen Grenzen. Aus diesem Grund gehört zur Entwicklung moralischen Bewusstseins der konstruktive Umgang mit persönlichen Grenzen. Drei Regeln stehen für Leon im Mittelpunkt: *1. Persönliche Grenzen müssen angemessene Würdigung erfahren.* Die Leitlinie »Grenzen ernst nehmen« kann im Alltag auf unterschiedliche Art und Weise untergehen. Zum einen fehlt mitunter schlicht die persönliche Sensibilität, eine Grenze bei sich oder einem Mitmenschen wahrzunehmen, bisweilen ist das Beachten persönlicher Grenzen auch einem entsprechenden Erziehungsstil zum Opfer gefallen. Das Bewusstsein der Existenz von Grenzen und ihrer verschiedenen Funktionen nimmt bei der Entwicklung der Moral einen wichtigen Stellenwert ein. Angemessene Würdigung erfahren Grenzen aber andererseits ebenfalls nicht, wenn sie bewusst oder unbewusst überbewertet und als unüberwindlich eingestuft werden. Im Blick auf Leons überwiegend emotionale und soziale Lernhemmungen ist es wichtig festzuhalten: Grenzen sind verhandelbar und eine wichtige Reflexionswand. Dies gilt, obwohl Leon auch eine zweite Regel viel bedeutet und ihm Mut macht: *2. Persönliche Grenzen haben grundsätzlich eine Schutzfunktion.* Auch unter dem Aspekt der Verhandelbarkeit erfüllen persönliche Grenzen für den betreffenden Menschen in erster Linie wichtige Schutzfunktionen. Sie warnen vor physischer Beschädigung durch konkrete Bedrohung oder Überforderung, und sie wirken psychischen Irritation entgegen, indem sie – z. B. durch Rückzug – angemessene und sinnvolle Abgrenzungen zur Umwelt ermöglichen. Der Verlust persönlicher Grenzen führt zwangsläufig zu negativen Folgen.

Im Laufe der vergangenen Jahre hat Leon allerdings in der Lerndimension des Wollens schon viele Lernhilfen erfahren und schließlich auch die dritte

5.2 Schulerziehung

Regel im Umgang mit persönlichen Grenzen verifiziert: 3. *Grenzen dürfen und sollen überwunden und erweitert werden.* Diese Feststellung gilt für alle Dimensionen der persönlichen Grenzen. Die Bearbeitung persönlicher Grenzen und der Entschluss, eine solche zeitlich befristet oder unbefristet zu erweitern, kann sich auf Fehlfunktionen, wie z. B. Kontaktprobleme, Ängstlichkeit oder emotionale Blockaden, oder auf Neubewertung bereits akzeptierter Grenzen, wie z. B. eine unangenehme soziale Rolle oder Prioritätensetzung in einer Lebensphase, auswirken.

Leons Lebensthema ist zurzeit die Gestaltung seiner Beziehungen. Er will nicht alleine sein, aber zu viel Nähe macht ihm Angst. Freundschaften und Vertrauen sind ihm wichtig und bedrohen ihn gleichermaßen. Das Thema Moralentwicklung im Ethik-Unterricht scheint dabei eine ideale Möglichkeit, sich seinem Problem unter Vorwand anzunähern. Leon ist fasziniert vom Modell aus der Feder von Lawrence Kohlberg und arbeitet hart daran, Freuds und Fromms Theorien zu integrieren. Sein Ethiklehrer unterstützt ihn in langen Diskussionen, hilft, Begriffe und logische Zusammenhänge zu klären und hat ihn – so empfindet er es wenigstens – im Laufe der vergangenen Monate zu einem besseren Menschen gemacht. Leon durchdringt die kognitiven Zusammenhänge und reflektiert die praktischen Belange ethischer und moralischer Entwicklung. Allerdings gefährdet eine Lernhemmung in der Dimension des Wollens – also seiner Einstellungen – den Fortschritt innerhalb der Entwicklungsaufgabe: Leon ist nicht bereit – er selbst würde sagen: »nicht in der Lage« –, Verantwortung zu übernehmen. Er sieht sich außerstande, Entscheidungen zu treffen und durch diese Entscheidungen einen Status quo zu schaffen, dessen Auswirkungen er nicht sicher vorhersagen kann. Hier stößt Leon an die persönliche Grenze der Angst: Er fürchtet sich vor den Auswirkungen seiner Handlungen. Obwohl im Kopf alles klar ist, die Theorie verstanden und Fakten sensibel reflektiert und abgewogen wurden, handelt Leon nicht verantwortlich. Er kann die alltäglichen ethischen Dilemmata treffend analysieren und erläutern, warum Vertrauen hier und dort diese und jene Schritte verlangen würde, erstarrt aber angesichts seiner Bedenken, der notwendigen Abwägungen und berechtigten Befürchtungen. Seine mangelnde Entscheidungsfreudigkeit hat weitreichende Auswirkungen: Weil Freundschaft und Vertrauen Ankerpunkte in der Fähigkeit und Bereitschaft, Verantwortung zu übernehmen haben, bleibt Leon trotz intellektueller Bewältigung und trotz ausgeprägter Fertigkeiten emotional hinter seinem Entwicklungspotential zurück. In der entwicklungspädagogischen Diktion *kann* er und *weiß* er, *will* er aber *nicht*.

5 Lernaufgaben, Lerndimensionen und Lebensalter

Tab. 24: Lerndimension, denkbare Lernhemmungen und Lernhilfen bei der Entwicklung von Gewissen und Moral

Frühes Jugendalter Entwicklungsthema Freundschaft	Schulische Lernaufgabe: Entwicklung von Gewissen und Moral		
	Lerndimension	**Lernhemmung**	**Denkbare Lernhilfe**
Wollen/Einstellungen und Haltungen	Bereitschaft, Herausforderungen anzunehmen, Verantwortung zu tragen und Entscheidungen zu treffen	erlernte Hilflosigkeit: Unselbstständigkeit, Mutlosigkeit, Ohnmachtsempfindung	Ermutigung durch positive Rückmeldungen auf Autonomiebestrebungen und Verantwortungsübernahme
Wissen/Kenntnisse und Kognitionen	Kenntnisse der persönlichen Grenzen, Wahrnehmen und Reflektieren des eigenen Gewissens in alltäglichen Situationen, Kenntnis von Theorien der Gewissensbildung	keine oder dysfunktionale Vorstellung dessen, was Gewissen ist und wie ein Lebensstil entsteht	Analyse und Erläuterung alltäglicher ethischer Dilemmata
Können/Fähigkeiten und Fertigkeiten	verschiedenen Einflüsse auf die Gewissensbildung und den Umgang mit den inter- und intrapersonalen Grenzen zu moderieren	mangelnde Performance-Fähigkeit, mangelnde Kommunikationsfähigkeit	transparente und klare Kommunikationsstrukturen und -gewohnheiten im sozialen Umfeld

5.2.3 Jugendalter

Übergeordnete *Entwicklungsthemen im Jugendalter (14–18 Jahre)* sind *erstens die Annahme der eigenen Körperlichkeit.* Otto Speck (2003) spricht von der »Einhausung« im Jugendalter. In diesem Alter lernt der heranwachsende Mensch, sich auf seinen Körper einzulassen, mit ihm vertraut zu werden und ihn anzunehmen. Er lernt auch, mit empfundener Minderwertigkeit, mit körperlicher Deformation, Behinderung und erlebten Defiziten umzugehen. Im Blick auf unsere Gesellschaft lassen sich nahezu unbegrenzt Differenzlinien beschreiben, die deutlich machen, inwiefern jeder Mensch körperlich in unterschiedlichen Aspekten anders ist. Wir können anhand des Geschlechts, der Hautfarbe, des Alters, der sexuellen Neigung, einer besonderen Begabung, der Muttersprache, einer Behinderung, einzelner Gesundheitsmerkmale, familiärer Vorbelastungen und vieler weiterer Kategorien differenzieren. Die Identifikation mit dem eigenen Körper oder das etwaige Empfinden einer sozialen *Abwertung* ist dabei immer die Kehrseite sozialer *Aufwertung* bestimmter körperlicher Merkmale innerhalb eines Bewertungssystems. Körperliche Merkmale und Veranlagungen können von außen betrachtet »objektiviert« werden, entwickeln allerdings immer eine individuelle emotionale Dynamik.

In dieser Auseinandersetzung mit sich selbst und seinem Körper hat der Mensch *zweitens die Aufgabe, einen gesunden Umgang mit Intimität und Sexualität zu entwickeln.* Dabei steht in Zusammenhang mit der Neugier zunächst die *Angstlust* im Zentrum der Erfahrung: Alltagserleben zwischen Progression und Regression, zwischen Annäherung und Vermeidung, zwischen Abhängigkeit und Autonomie. Die exklusive Paarbildung kann als Fortentwicklung des Umgangs mit Freundschaft und Vertrauen gesehen werden. Die erlernte Disziplin und Selbstbeherrschung führt vom Lustprinzip zum Realitätsprinzip und dient auch grundsätzlich in anderen Belangen der Persönlichkeitsbildung. Vor dem Hintergrund zunehmender Gelassenheit erwirbt der heranwachsende Mensch Konfliktfähigkeit.

Neben dem körperbezogenen und geschlechtsspezifischen Erleben *sammelt der Mensch in dieser Lebensphase drittens Weltwissen.* Es geht im eigentlichen Sinne um Horizonterweiterung, um Faktenwissen und um Kenntnis globalen Wissens. Dabei werden zum Erlangen dieser Kenntnisse zunehmend bewusst Körperfunktionen in den Dienst gestellt: Lerntechniken, Arbeitstugenden, spezielle Lerngewohnheiten und die Wirkung der Persönlichkeit sind häufig abhängig von körperlichen Dispositionen, die nun bewusst gepflegt und funktionalisiert werden.

Wir begleiten unsere fiktiven Protagonisten zu ihrer letzten Station in der Phase der Schulerziehung. *Jana* ist nach Abschuss der Mittleren Reife auf die Fachoberschule gewechselt. Sie besucht dort die 11. Jahrgangsstufe und strebt das Fachabitur an. Seit einigen Monaten fühlt sich Jana in ihrem Körper nicht mehr recht wohl. Sie ist der Meinung, dass die entstandenen Rundungen eine Art Unwucht bilden und ihr die entstandene Oberweite ohnehin nicht steht. Insgesamt fühlt sie sich manchmal wie ein Zwerg, der im Inneren einer großen Puppe sitzt und die langen Gliedmaße bewegen und koordinieren muss. Das, was sie da bewegt, kann unmöglich sie selbst sein. Sicher: Sie weiß ja, dass Pubertät ein schwieriges Alter ist – aber niemand hat ihr gesagt, wie fremd sie sich in ihrem eigenen Körper fühlen wird. Im Rahmen des Lehrplans für die

5 Lernaufgaben, Lerndimensionen und Lebensalter

11. Jahrgangsstufe an Fachoberschulen hat ihre Musiklehrerin eine Unterrichtssequenz zu den Beatles angekündigt. Frau Illner war sehr begeistert und hat auch in Jana Neugier geweckt.

Tab. 25: Lernaufgabe »Singen und Musizieren nach Begabung«

Jugendalter, Fachoberschule, Jahrgangsstufe 11, Unterrichtsfach Musik	
Entwicklungsthema Körperlichkeit	Lernaufgabe: Singen und Musizieren nach Begabung
Primäre Lerndimension *Können*	die Schülerinnen und Schüler nutzen vielfältige Fähigkeiten im reproduktiven und produktiven Umgang mit Musik und vollziehen dabei künstlerische Konzepte, Ideen und Intentionen nach; individuelle Entwicklung des sinnlichen Wahrnehmens von Musik; die Schülerinnen und Schüler entwickeln spontanes emotionales Aufnehmen von Musik durch zunehmend differenzierendes Hören
Periphere Lerndimension I *Wollen*	die Begegnung mit Musik ermöglicht das Erschließen persönlicher Bedeutungen und die Ausbildung begründeter Haltungen; Emotionalität und Selbstannahme stehen im Zentrum umfassenden Musikerlebens
Periphere Lerndimension II *Wissen*	im Reflektieren und Kommunizieren über Musik versprachlichen Schülerinnen und Schüler musikalische Eindrücke - dabei verstehen und gebrauchen sie ein zunehmend differenziertes Fachvokabular; in der Analyse von Musikstücken erkennen die Schülerinnen und Schüler grundlegende Elemente, regelhafte Strukturen und künstlerisch-individuelle Besonderheiten musikalischer Werke; sie erleben Musik unterschiedlicher Stile und ordnen sie anhand ihrer Merkmale in historische, systematische oder funktionale Zusammenhänge ein

Das Gefühl der Fremdheit im eigenen Körper ist nach wie vor Janas dominierende Wahrnehmung. Sie hat sich, wie viele ihrer Klassenkameraden, für die Musik der Beatles und ihrer damaligen Mitbewerber, der Rolling Stones, begeistert. Die Beatles sind softer in ihrer Musik, die Stones körperbetonter – härter. Das eine ist Beat, das andere Rockmusik. Aber zu den weiteren Unterschieden, systematischen und historischen Merkmalen kann sie nichts mehr sagen. Allerdings hat ihr gefallen, was sie beim Tanzen spürte. Sie sollten ihre Empfindungen bei ihren Bewegungen zu »Here comes the sun« und »Satisfaction« spüren, genießen und unterscheiden. Es gab Momente, in denen sie sich tatsächlich wohlfühlte, und ihr gefiel, was sie von sich sah und spürte. Im zweiten Teil der Unterrichtsreihe spielten sie gemeinsam mit ihren Instrumenten oder sangen die einstudierten Lieder der Beatles. Jana weiß inzwischen nicht mehr, welcher Song von den Beatles und welcher von den Stones ist. Sie weiß auch nicht mehr, ob die Texte eher politisch oder trivial waren. Am Cello geht es ja nicht um Texte, dort spielt sie ihre Noten. Allerdings freut sie sich jetzt wieder etwas mehr, die Tortur des Celloübens so lange durchgehalten zu haben. Schön, dass ihre langen Finger zu etwas nütze sind.

Tab. 26: Lerndimensionen, denkbare Lernhemmungen und Lernhilfen beim »Musizieren nach Begabung«

Jugendalter Entwicklungsthema Körperlichkeit	Schulische Lernaufgabe: Singen und Musizieren nach Begabung		
	Lerndimension	Lernhemmung	Denkbare Lernhilfe
Können/Fähigkeiten und Fertigkeiten	Produzieren und Reproduzieren von Musik, sinnliche Wahrnehmung und emotionales Aufnehmen von Musik durch zunehmend differenzierendes Hören	Gewohnheiten der mangelnden Selbstachtung, Habitualisierungen, negatives Selbstkonzept	Erleben ermöglichen, Raum für sinnliche Wahrnehmung schaffen
Wollen/Einstellungen und Haltungen	Erschließen persönlicher Bedeutungen und Ausbildung begründeter Haltungen der Musik gegenüber, Emotionalität und Selbstannahme als zentrales Musikerlebnis	mangelndes Selbstvertrauen, Scham, mangelnde Empfindsamkeit	Schutzräume schaffen, regelmäßige Achtsamkeitsübungen ermöglichen

5 Lernaufgaben, Lerndimensionen und Lebensalter

Tab. 26: Lerndimensionen, denkbare Lernhemmungen und Lernhilfen beim »Musizieren nach Begabung« – Fortsetzung

Jugendalter Entwicklungsthema Körperlichkeit	Schulische Lernaufgabe: Singen und Musizieren nach Begabung		
	Lerndimension	Lernhemmung	Denkbare Lernhilfe
Wissen/Kenntnisse und Kognitionen	Versprachlichung musikalischer Eindrücke, Verwendung von Fachvokabular, erkennen grundlegender Elemente, regelhafter Strukturen, künstlerisch-individueller Besonderheiten in musikalischen Werken	mangelndes Vorwissen, fremde Gedankenwelt, fehlende Informationen	altersgemäße Aufbereitung der Informationen, Plattformen vorstellen, Betroffenheit schaffen

Mila befindet sich nach 11 Schulbesuchsjahren in der Q12 und damit in der Vorbereitungsphase auf die Abiturprüfung. Im Rahmen ihres Deutschkurses haben sie lehrplangemäß Goethes *Faust Teil I*, *Die Verwandlung* von Franz Kafka und *Bahnwärter Tiehl* von Gerhart Hauptmann gelesen. Mündliche Beteiligung fällt Mila nach wie vor nicht schwer. Immer wieder meldet sie sich auch dann, wenn eigentlich die Luft raus ist und die ganze Klasse nur noch die Minuten bis zur Pause zu zählen scheint. Mila findet es ihrer Deutschlehrerin gegenüber fair und sie hat immer wieder gute Erfahrung damit gemacht, sich nicht hängen zu lassen. Seit einigen Wochen beschäftigen sie sich nun mit den drei Texten.

In den Diskussionen hat Mila viel gelernt, Zusammenhänge verstanden und über Verantwortung, Schuld, Hass und Pflichtgefühl nachgedacht. Sie kennt Einzelheiten aus der Entstehungszeit der drei Texte und ist begeistert von der Präzision und Bedeutungsdichte mancher gewählten Begrifflichkeiten und Formulierungen. Die unvermeidliche Klausur zur Textanalyse bringt Mila allerdings einmal mehr ein Defizit ein. Sie scheitert wie so oft durch ganz grundsätzliche Schwächen: In ihrer Abhandlung sei kein roter Faden zu erkennen, schreibt die Lehrerin. Der Aufbau und die Gliederung lassen Sorgfalt vermissen, die Systematik im besprochenen Werk habe sie zudem unberücksichtigt gelassen. Mila ist verzweifelt. Seit sie in die Schule gekommen ist, scheinen ihr maßgebliche Ordnungskategorien zu fehlen.

5.2 Schulerziehung

Tab. 27: Lernaufgabe »Dramenanalyse«

Jugendalter, Jahrgangsstufe Q12, Gymnasium, Unterrichtsfach Deutsch	
Entwicklungsthema Weltwissen	Lernaufgabe: Dramenanalyse
Primäre Lerndimension *Wissen*	Lektürekenntnis, Kenntnisse über die Erzählzeit und Entstehungsgeschichte, historische Ereignisse, Textmerkmale, Stilmittel und die Person und Situation des Autors
Periphere Lerndimension I *Wollen*	Erzählperspektive, Aussageabsicht des Autors und des Ausschnittes erfahren wollen, rezeptionsästhetische Aspekte, Interessen, typische Verhaltensweisen und Besonderheiten der Figuren im Text
Periphere Lerndimension II *Können*	Sprache und Sprachstil des Textes, Interpretation des Dramenausschnittes, der beabsichtigten Wirkung des Dramas und zeitliche Struktur der Erzählung

Tab. 28: Lerndimensionen, denkbare Lernhemmungen und Lernhilfen in der »Dramenanalyse«

Jugendalter Entwicklungsthema Weltwissen	Schulische Lernaufgabe: Dramenanalyse		
	Lerndimension	**Lernhemmung**	**Denkbare Lernhilfe**
Wissen/Kenntnisse und Kognitionen	Lektürekenntnis, Kenntnisse über die Erzählzeit und Entstehungsgeschichte, historische Ereignisse, Textmerkmale, Stilmittel und die Person und Situation des Autors	mangelnde historische, Kenntnisse, wenig ausgeprägtes Überblickswissen, fehlendes Faktenwissen	Tabellen, Zusammenfassungen, Überblickstafeln
Wollen/Einstellungen und Haltungen	Erzählperspektive, Aussageabsicht des Autors und des Ausschnittes, rezeptionsästhetische Aspekte, Interessen, typische Verhaltensweisen und Besonderheiten der Figuren im Text	egozentrische Perspektive, emotionale Befangenheit	Hilfen zur Entwicklung von Empathie, innerer Gelassenheit und der Bereitschaft, sich selbstvergessen auf einen Text einzulassen

5 Lernaufgaben, Lerndimensionen und Lebensalter

Tab. 28: Lerndimensionen, denkbare Lernhemmungen und Lernhilfen in der
»Dramenanalyse« – Fortsetzung

Jugendalter Entwicklungsthema Weltwissen	Schulische Lernaufgabe: Dramenanalyse		
	Lerndimension	Lernhemmung	Denkbare Lernhilfe
Können/Fähigkeiten und Fertigkeiten	Sprache und Sprachstil des Textes, Interpretation des Dramenausschnittes, der beabsichtigten Wirkung des Dramas und zeitliche Struktur der Erzählung; Gestaltung der Erzählzeit und des Raumes	Unstrukturiertheit, ungünstige Lesegewohnheiten, mangelhafte Aufmerksamkeitssteuerung	

Leon erwarb nach der 9. Klasse seinen qualifizierenden Mittelschulabschluss und befindet sich im zweiten Ausbildungsjahr zum Einzelhandelskaufmann. Er besucht mit sehr gutem Erfolg die Berufsschule und arbeitet mit viel Anerkennung in einer Herrenboutique in der Innenstadt. Der aktuelle Lernblock des Rahmenlehrplans behandelt innerhalb des Lernfeldes »Besondere Verkaufssituationen« das Themenfeld »Konstruktive Kundenkommunikation« und beinhaltet verschiedene Problemfelder, die sich mit dem Kundenverhalten, Verkauf bei Hochbetrieb, Verkauf kurz vor Ladenschluss, Geschenk- und Besorgungskauf, Gewährleistung, Garantie, Produkthaftung und Kulanz beschäftigen sowie den Ladendiebstahl, eine Verkaufsstörung und Finanzierungskauf thematisieren. Leon hat Respekt vor konflikthaften Situationen und zeigt sich auch in diesem Schulblock gewohnt aufmerksam und fleißig. Gemeinsam reflektieren sie über die Bedeutung und Funktion von Einfühlungsvermögen, analysieren unterschiedliche Sicht- und Wahrnehmungsweisen und lernen, komplexe Sachverhalte in einfachen Worten auszudrücken. Dabei versetzen sie sich übungsweise in die Perspektive des Gesprächspartners und klären eventuelle Missverständnisse.

Obwohl Leon im Schulstoff und in den praktischen Übungseinheiten eine gewohnt gute Figur macht, ist er in Wahrheit seit Monaten mit einem speziellen Thema beschäftigt. Er sehnt sich nach Intimität und mehr Zärtlichkeit, will mit seiner Freundin einen Schritt weiter gehen und mit ihr Sexualität erleben. Aber

Tab. 29: Lernaufgabe »Konstruktive Kundenkommunikation«

Jugendalter, Berufsschule, 2. Ausbildungsjahr Einzelhandel, Lernfeld Besondere Verkaufssituationen bewältigen – Themenfeld Konstruktive Kundenkommunikation	
Entwicklungsthema Intimität	Lernaufgabe: Konstruktive Kundenkommunikation
Periphere Lerndimension I *Wollen*	Perspektivübernahme des Gegenübers, Emotionsregulation in Stresssituationen, freundliche Bestimmtheit im Auftreten, Körpersprache und positive Ausstrahlung
Primäre Lerndimension *Wissen*	Kenntnisse rechtlicher Rahmenbedingungen für Haftung, Kulanz und Garantie, strafbare Handlungen und die Wirkung von Situationsmerkmalen
Periphere Lerndimension II *Können*	Zeitmanagement, gezielter Einsatz analoger Kommunikationselemente, verständliche Sprache und eindeutiges Auftreten

er fühlt sich wie gelähmt. Angst, Selbstzweifel, die Unfähigkeit, eigene Bedürfnisse zu formulieren, und die Gewohnheit, Triebe aufzuschieben, lassen seine Situation aussichtslos erscheinen. Die altersgemäße Entwicklungsaufgabe überschattet aktuelle Ausbildungsinhalte und ist doch verwoben mit dem alltäglichen Erleben dort: Das Einüben guter Kommunikation mit den Kunden glückt Leon bereits nach wenigen Übungsstunden und einer überschaubaren Anzahl von Kundenkontakten. Außerdem haben ihn das Erproben des optimalen Verhältnisses von Nähe und Distanz, die Situationen der notwendigen Selbsterklärung z. B. kurz vor Ladenschluss, das Aushandeln von Gewährleistungsoptionen und nicht zuletzt die erlebte Wirkung seiner Körperhaltung und seines Auftretens selbstbewusster und mutiger gemacht.

Die altersgemäße Entwicklungsaufgabe bleibt allerdings allgegenwärtig. Leon denkt tagelang an nichts anderes als an seine Sehnsucht nach Intimität und Zärtlichkeit. Auf dem Weg zur ersehnten Intimität hat sich Leon – wie er es in Bezug auf viele Themen immer wieder machte – theoretische Informationen besorgt. Er hat viel über verschiedene Meinungen, weibliche Zyklen und Vorlieben gelesen. Und er hat sich sogar über sexuelle Techniken informiert. Aber bisher scheiterte sein Lernen in der Dimension des Wollens: Er fühlt sich unberechtigt, Bedürfnisse zu äußern, will selbst nicht verletzt und enttäuscht werden und möchte auch seine Freundin nicht überfahren. Ganz unbewusst profitiert der Auszubildende in den Gedankenkreisen von seiner beruflichen Praxis und seinen dortigen Fortschritten: Aus scheuer Zurückgezogenheit und unsicherem Schweigen sind erste Anzeichen aufkeimenden Mutes erwachsen.

5 Lernaufgaben, Lerndimensionen und Lebensalter

Verzweiflung ist Anstrengungsbereitschaft, Scheu dem Willen zur Selbsterklärung gewichen. Leon weiß jetzt, wie er sich einen Ruck geben kann, um das zu formulieren, was ihn bedrückt. Und er hat gelernt, auf Signale seiner Mitmenschen zu achten. Er will sich zeigen, damit er gesehen und – übertragen auf die Beziehung zu seiner Freundin – auch geschätzt und geliebt werden kann.

Tabelle 30 zeigt die Lerndimensionen, denkbaren Lernhemmungen und Lernhilfen in der Entwicklungsaufgabe des beglückenden Umgangs mit Intimität. Die erfolgreiche Bewältigung der beruflich geforderten konstruktiven Kundenkommunikation tritt in der tabellarischen Beschreibung in diesem Fall hinter das bestimmende Thema zurück. Eine schulische Lernaufgabe zur Entwicklungsaufgabe »Intimität lernen« im Bereich des Wollens gab es nicht, aber die »Konstruktive Kundenkommunikation« war Ansporn und Lernhilfe in der Dimension des Wollens.

Tab. 30: Lerndimensionen, denkbare Lernhemmungen und Lernhilfen in der Entwicklung glückender Intimität

Jugendalter Entwicklungsthema Intimität	Lerndimension	Lernhemmung	Denkbare Lernhilfe
Wollen/Einstellungen und Haltungen	exklusive Paarbildung als Fortsetzung der Freundschaft und des Vertrauens leben wollen, verständliche und verbindliche Formulierung der Bedürfnisse, Perspektivübernahme des Partners	unsicheres Bindungsmuster, diffuse Emotionalität, starre Kontaktgrenze zum Partner, Befangenheit, Scham	Diskontinuitätserfahrungen in Bindungssituationen, unbeschwerte körperliche Selbstwirksamkeitserfahrung, Erleben von Vertrauen
Wissen/Kenntnisse und Kognitionen	Erfahrungen und Erkenntnisse aus der Zweierbeziehung reflektieren, Bedürfnisse der Beziehungsperson kennen und verstehen, Kenntnis körperlicher Merkmale und Vorgänge	fehlendes Erfahrungswissen im Blick auf körperliche Vorgänge und Sexualität	Erkenntnisse zu Körperwirkung und Körperempfindung in nicht-sexuellen Zusammenhängen

Tab. 30: Lerndimensionen, denkbare Lernhemmungen und Lernhilfen in der Entwicklung glückender Intimität – Fortsetzung

Jugendalter Entwicklungsthema Intimität	Lerndimension	Lernhemmung	Denkbare Lernhilfe
Können/Fähigkeiten und Fertigkeiten	Bedürfnisse verständlich formulieren, Sexualität genussvoll praktizieren, Paarbildung festigen	Unsicherheit im Umgang mit Nähe und Distanz	Übung und Vertrautwerden mit dem eigenen Körper, mit der Versprachlichung eigener Gedanken, mit der Wirkung eigener Präsenz auf andere

5.3 Selbsterziehung

Mit der Entlassung aus der Schule verlässt ein Mensch mehr oder weniger offiziell die Phase der Schulerziehung. In einigen Fällen wird er durch ein Übergangsritual wie die Abiturfeier, der Abschluss der Berufsausbildung oder eine ausgelassene Geburtstagsfeier begleitet. In anderen Fällen beendet ein Auslandsaufenthalt, der Umzug in eine andere Stadt oder die erste eigene Wohnung weniger spektakulär die bisherigen Erziehungsverhältnisse in Familie und Schule. Wie auch immer diese Entlassung begangen wird, mit der Volljährigkeit gilt der Heranwachsende nicht nur vor dem Gesetz als Erwachsener, sondern verliert auch im eigentlichen Sinne seine Erziehungsberechtigten. Er muss jetzt als sein eigener Erzieher bestehen, denn er tritt in die Phase der *Selbsterziehung* ein. Auch wenn das genaue Datum des 18. Geburtstages nicht in jedem Fall als unabdingbare Deadline angesehen werden kann, geht es mit der Zeit darum, sein Leben selbst zu verantworten. Im so genannten dritten Lebensalter wird der Mensch mit der eigenverantwortlichen Berufstätigkeit, der Entscheidung für oder gegen eine Familiengründung und die Entwicklung eines eigenen Lebensstils konfrontiert. Die junge Frau oder der junge Mann ist mit der selbständigen Gestaltung ihres/seines Lebens in vielerlei Hinsicht gefordert. Leben-Können muss erlernt sein, weswegen folgerichtig in der Selbsterziehungsphase eine Kernkompetenz der Betroffenen darin besteht, notwendige

Lernhilfen selbständig zu organisieren. Mit der Zeit entwickelt sich das, was Sozialforscher einen Lebensstil nennen. Der erwachsene Mensch entwickelt Gewohnheiten, Haltungen und Einstellungen zu anderen Menschen, er akzeptiert Normen, formuliert Lebensziele und nimmt eine Haltung zu sich selbst ein. In der Phase der Selbsterziehung geht die Verantwortung nun ganz auf den erwachsenen Menschen über und findet bereits eine erste wichtige Lernaufgabe im Auszug vom Ort der Kindheit und Jugend und Umzug in ein eigenes Zuhause. Schon hier werden die Lerndimensionen deutlich: Die Bereitschaft, Verantwortung für das eigene Leben zu übernehmen, schließt eine positive Grundhaltung zur Trennung vom Elternhaus, zur Suche nach einer eigenen Wohnung, einem Zimmer im Wohnheim oder in einer Wohngemeinschaft und zu denkbaren Fehlern und Enttäuschungen im Alltag ein. Ängste vor dem Alleinsein und vor den zu treffenden Entscheidungen können dabei Lernhemmungen im *Bereich des Wollens* darstellen, für deren Bewältigung der Selbsterziehende mehr oder weniger geeignete Lernhilfen entwickeln wird. Er oder sie könnte z. B. wenig konstruktiv jedes Wochenende nach Hause fahren und täglich Nachrichten austauschen oder aber altersgemäße soziale Kontakte knüpfen und nur hin und wieder zuhause anrufen. In der *Dimension des Könnens* stellen häufig konkrete Alltagsfertigkeiten wie Kochen, Putzen, Halten von Ordnung usw. Herausforderungen dar. Häufige Lernhemmungen, wie beispielsweise das Prokrastinieren, die Vergesslichkeit und ungünstige Prioritäten, können durch Haushaltspläne, Selbstbelohnungen, die Bildung von Interessensgemeinschaften und ähnlichem angegangen werden. Schließlich stellt das Selbstständigwerden den oder die junge(n) Erwachsene(n) auch im Blick auf die *Dimension des Wissens* vor Herausforderungen: Es besteht Unsicherheit darüber, welches Waschmittel für welche Wäsche benötigt wird, wie Kartoffeln gekocht und Nudeln mit Sauce zubereitet werden oder bei welcher Autoversicherung die Familie bisher Kunde war. Derlei Wissen muss nicht mehr aus dem Brockhaus oder von Mama und Papa erworben werden. Die geeigneten Internet-Plattformen und Freundeskreise gehören zu den selbstorganisierten Lernhilfen, die sich der junge Mensch in der Phase des frühen Erwachsenenalters erschließt.

In den drei Kapiteln der Selbsterziehung begleiten wir *Aram, Regina Christoph* in ihren verschiedenen Lernprozessen, erfahren von ihren Lernhemmungen und reflektieren über denkbare Lernhilfen. Die drei Hauptprotagonisten blicken auf unterschiedliche Sozialisationsbedingungen zurück und haben ihre Entwicklungsaufgaben bisher unterschiedlich erfolgreich gelöst. Sie wurden in der Familie und in der Schule erzogen und haben dort die Grundlagen für ein selbständiges, eigenverantwortliches und autonomes

5.3 Selbsterziehung

Leben gelernt. Die Phase der Selbsterziehung erstreckt sich nun vom frühen über das mittlere Erwachsenenalter bis zum Tod hoffentlich erst im späten Erwachsenenalter.

Lebens-alter/Lern-dimension	Säuglings-alter	Kleinkind-alter	Kinder-garten-alter	Mittlere Kindheit	Frühes Jugend-alter	Jugend-alter	Frühes Erwach-senen-alter	Mittleres Erwach-senen-alter	Spätes Erwach-senen-alter
Können	5-Sinne-Entdecken	Motorik und Sprache	Konzen-tration	Ordnung	autonome Praxis	Körper-lichkeit	Perfor-manz	Um-setzung	Mobili-tät
Wissen	Denken	Regeln des Hauses	Normen	Kultur-techniken	Komplex-ität	Welt-wissen	Kompe-tenz	Inno-vation	Geistige Flexibi-lität
Wollen	Urvertrauen	Abgrenz-ung	Gemein-schaft	Verbind-lichkeiten	Freund-schaft	Intimität	Lebens-stil	Produk-tivität	Loslassen

Abb. 4: Entwicklungsthemen in der Phase der Selbsterziehung

5.3.1 Frühes Erwachsenenalter

Aram, Regina und Christoph führen ganz unterschiedliche Leben. *Aram* hat nach seinem Abitur sofort im Wintersemester mit einem dualen Studiengang Bauingenieurwesen begonnen und ist dafür bereits im Sommer in eine Dreier-WG nach Dortmund gezogen. Sein Ziel ist es, Bauleiter im Hoch-Tiefbau zu werden. Die Mitbewohner und er verfügen bereits über Einkommen und können sich aus diesem Grund eine großzügige Wohnung in guter Lage leisten. *Regina* studiert Kunst. An der Universität in Augsburg herrschen nach dem Neubau und der personellen Aufstockung beste Bedingungen, und Regina versinkt geradezu im Genuss der Praxisseminare zu verschiedenen Techniken sowie in den zugehörigen Theorievorlesungen. Sie bewohnt ein

5 Lernaufgaben, Lerndimensionen und Lebensalter

Zimmer im Studentenwohnheim und jobbt in der Versandabteilung eines kleinen Verlages. *Christoph* beginnt nach dem Mittleren Schulabschluss eine Ausbildung zum Busfahrer im Aachener Verkehrsverbund. Er zieht in eine große Zwei-Zimmer-Wohnung, weil seine Freundin Conny nach ihrem Aupair-Aufenthalt in Clermont-Ferrand Anfang nächsten Jahres mit ihm zusammenziehen wird.

Die drei jungen Erwachsenen planen zur Einweihung ihrer Wohnung und als Gelegenheit, den Freunden von zuhause ihre neue Welt vorzustellen, zu einer Feier einzuladen. Für unsere Protagonisten stellt sich die Aufgabe ganz unterschiedlich dar. Aram und seine Mitbewohner planen eine große Party, zu der möglichst alle drei Freundeskreise kommen sollen. Geld spielt keine Rolle, allerdings fühlen sich die Gastgeber in spe durch die Organisation, den nötigen Einkauf und das Kochen überfordert. Regina hat 15 nette selbstgemachte Karten verschickt, aber schon kurze Zeit später keine Lust mehr, überhaupt Gäste zu empfangen. Binnen weniger Tage haben drei ihrer besten Freunde abgesagt, und wenn sie sich die Kosten für die Lebensmittel und Getränke durch den Kopf gehen lässt, würde sie lieber alles abblasen. Christoph hat in seiner WhatsApp-Gruppe aus Mathe eine Einladung gepostet und rechnet damit, dass acht kommen. Seine Wohnung ist groß genug. Er braucht also Essen und Getränke für abends und Frühstück für morgens. Außerdem sollten Schlafgelegenheiten da sein. Immer wieder überlegt er, wieviel er wovon einkaufen muss und wie er die notwendigen Vorkehrungen treffen kann. Die Lerngelegenheit »Planen und Veranstalten einer Feier« zeitigt in den unterschiedlichen Dimensionen unterschiedliche Lernhemmungen und denkbare Lernhilfen.

Nach drei Jahren Studium bzw. Ausbildung planen nun Aram, Regina und Christoph, ihre erste Steuererklärung zu erstellen, und hoffen damit, die strapazierte Haushaltskasse aufzufüllen. Die geforderte Leistung fördert verschiedene Lernhemmungen zutage. Aram hat schon sehr früh den Überblick verloren und sucht während seiner Beschäftigung mit dem Formular unablässig Nachweise, Erläuterungen zu den Begrifflichkeiten und Quittungen seiner Ausgaben. Regina ringt mit sich und ihrer Empörung über die Zumutung, für mutmaßlich wenig Rückzahlung eine derartige Geduldsprobe über sich ergehen lassen zu müssen. Christoph verbringt viel Zeit im Internet, um Fachwörter zu verstehen, die Logik des Lohnsteuerjahresausgleichs nachvollziehen zu können und die überbordenden Informationen zuzuordnen. Mit der einfachen Gegenüberstellung von Einnahmen und Ausgaben scheint die Steuererklärung in keinem Fall zu machen zu sein. Die Entwicklungsaufgabe der *Kompetenz* im frühen Erwachsenenalter beinhaltet in der modernen Welt Kommunikation, Werteorientierung,

Tab. 31: Lerndimensionen, denkbare Lernhemmungen und Lernhilfen als Gastgeber/in einer Feier

Frühes Erwachsenenalter Entwicklungsthema Performance	Lernaufgabe: Planen und Veranstalten einer Feier		
	Lerndimension	Lernhemmung	Denkbare Lernhilfe
Können/Fähigkeiten und Fertigkeiten	Planung, Kochen, Dekorieren, Einkaufen, Einladen	Prokrastination im Blick auf die Vorbereitungen, aufgrund fehlenden gewohnten Zugangs	konkrete Hilfe annehmen, Checklisten, Tipps zur Planung, Begleitperson
Wollen/Einstellungen und Haltungen	Gastfreundschaft, Großzügigkeit, Sensibilität für die Gäste	Gefühl der Überforderung, Motivationsmangel, Enttäuschung wegen Absagen, mangelnde Frustrationstoleranz und Anstrengungsbereitschaft	zu zweit planen, Doodle-Terminfinder, ausreichend früh beginnen, mit den potentiellen Gästen darüber sprechen
Wissen/Kenntnisse und Kognitionen	notwendige Vorkehrungen kennen, Rezepte, Mengenverhältnisse	fehlendes Vorwissen	erfahrene Personen und Internetforen zu Rate ziehen

Komplexitätserfassung und die Fähigkeit, Zusammenhänge zu analysieren und zu bearbeiten. Ebenso wie bei der Steuererklärung theoretisches Wissen allein keine Handlungskompetenz ausmacht, umfasst Kompetenz allgemein auch die Bereitschaft zur Kooperation und die persönliche Umsetzungsfähigkeit von Einzelfertigkeiten und Wissensbeständen. Damit werden auch hier Lerndimensionen, Lernhemmungen und die Hinweise auf Lernhilfen deutlich.

Aram, Regina und Christoph planen 2021 erstmals, zur Bundestagswahl zu gehen, und sehen sich unvermittelt einer Vielzahl von Optionen und Parteien gegenüber. Die Beantwortung der Frage, welche Partei ihre Werte vertritt, wird zur Beschäftigung mit der eigenen Haltung und dem Lebensstil und damit zu einer für das frühe Erwachsenenalter zentralen Entwicklungsaufgabe. Für Regina scheint die Unterscheidung zwischen Werten und Normen irrelevant,

5 Lernaufgaben, Lerndimensionen und Lebensalter

Tab. 32: Lerndimensionen, denkbare Lernhemmungen und Lernhilfen beim Erstellen einer Steuererklärung

Frühes Erwachsenenalter Entwicklungsthema Kompetenz	Lernaufgabe: Erstellen einer Steuererklärung		
	Lerndimension	Lernhemmung	Denkbare Lernhilfe
Können/Fähigkeiten und Fertigkeiten	Formular ausfüllen, Systematik verstehen	abschreckendes und undurchsichtiges Layout beeinflusst das Konzentrationsvermögen, eigene Unterlagen sind ungeordnet und unzugänglich, die Kombination verschiedener Fakten und Faktoren ist schwierig	Freunde, Eltern, Kollegen fragen, Partner suchen, um die Steuererklärungen gemeinsam zu machen
Wollen/Einstellungen und Haltungen	Durchhaltevermögen aufbringen	fehlende Ausdauer, Überzeugung von Zweck schwindet	Anschaffungen oder Urlaub planen: Anstrengungsbereitschaft anbahnen, Durchhaltevermögen trainieren
Wissen/Kenntnisse und Kognitionen	Überblick zu eigenen Verhältnissen, Informationen finden, Fachbegriffe verstehen	Überblick zu den eigenen Verhältnissen und Verständnis des Prinzips der Steuererklärung fehlt	Ordner anlegen, um den Überblick zu gewinnen, Internetseiten konsultieren, um Fachbegriffe zu verstehen

da das, was sie betrifft, ja viel unvermittelter beschreibbar ist. Wenn eine Partei Fahrradfahrern und Kunden öffentlicher Verkehrsmittel den Rücken stärkt und Flüchtlinge aus Kriegsgebieten ohne Obergrenze einreisen lässt, erhält sie ihre Stimme. Regina ist der Meinung, dass Politik schneller auf aktuelle Krisen und Entwicklungen reagieren müsste. Aram analysiert die Wahlprogramme hinsichtlich denkbarer Indikatoren im Blick auf Maßnahmen für Mobilitätslogistik, Wirtschaftsförderung und Bildungspolitik. Aus seiner Sicht ist von entscheidender Bedeutung, ob Deutschland seine starke Position als Wirtschaftsmacht wahren kann. Christoph interessiert sich nicht für Politik. Er will eine Partei unterstützen, die das weitere Auseinanderbrechen der Gesellschaft in Arm und Reich bremst und dafür sorgt, dass auch Kleinverdiener Möglichkeiten haben, eine zusätzliche Rente anzusparen, Baukindergeld zu erhalten und bei einem Aufenthalt im Krankenhaus nicht schlechter gestellt sind. Christoph ist sich durchaus bewusst, dass seine Perspektive auf die Gestaltung des öffentlichen Lebens eine egozentrische ist. Allerdings hat er nicht den Eindruck, mit dieser Haltung alleine zu sein.

Tab. 33: Lerndimensionen, denkbare Lernhemmungen und Lernhilfen bei der Wahlentscheidung für eine politische Partei

Frühes Erwachsenenalter Entwicklungsthema Lebensstil	Lernaufgabe: Wahlentscheidung für eine politische Partei		
	Lerndimension	Lernhemmung	Denkbare Lernhilfe
Können/Fähigkeiten und Fertigkeiten	Entscheidung treffen, Kompromisse finden, Mobilität zum Wahllokal	innerliche Festlegung fällt schwer, Wahlprogramme scheinen unkonkret und wenig werteorientiert, Übung in der Rezeption solcher Texte fehlt	Wahlveranstaltungen besuchen, Wahl-O-Mat nutzen, Informationen zu den Parteien anfordern
Wollen/Einstellungen und Haltungen	demokratisch handeln wollen, mitgestalten, Realisierung der Lebensprioritäten und des Lebensstils	starker Selbstbezug und Lustorientierung, Blick über den eigenen Tellerrand auf das Große und Ganze gelingt nicht, Trägheit – eine Stimme zählt ohnehin nicht	motivierendes Umfeld, Diskussionen über den Lebensbezug der Politik
Wissen/Kenntnisse und Kognitionen	Informationen über Ort und Zeit der Wahl, Wissen über Möglichkeit der Briefwahl, Kenntnis der Parteiprogramme	fehlende Informationen, fehlender Gesamtüberblick zur politischen Landschaft und den aktuellen Problemen	Wahl-O-Mat, Dokumentationen zur Politikgeschichte Deutschlands

5.3.2 Mittleres Erwachsenenalter

Im mittleren Erwachsenenalter werden neue Entwicklungsthemen wichtig. Zwischen 40 und 60 Jahre lassen sich im Bereich der *Fertigkeiten und Wahrnehmung* zunächst noch ein Fortschreiten, dann aber schon der Beginn des Nachlassens beobachten. Im Blick auf das *Gefühlsleben* stehen Produktivität, Erneuerung und Intensität im Vordergrund – und auch die zunehmende Entfaltung des *Denkvermögens* unterstützt den Eindruck einer Erntezeit des Lebens und lässt mitunter staunen. Folgen wir der pädagogisch inspirierten Konzeptualisierung von Lebensalter einerseits und Lernbereichen andererseits.

Unsere Protagonisten haben ihren 40. Geburtstag hinter sich gelassen und nehmen sich unabhängig voneinander vor, eine Fremdsprache zu erlernen bzw. ihre Sicherheit in einer Fremdsprache zu verbessern.

Eine Fremdsprache zu beherrschen gilt als Fertigkeit, bei der das *Können-Lernen* im Vordergrund steht. Es geht – wie beim erstmaligen Sprechenlernen auch – um Wahrnehmung und deren Hierarchisierung, um die Manifestation von Aussprache und Stimmmelodie, was in diesem Fall beides zur Feinmotorik zu zählen ist. Es geht außerdem um das Einüben von Redewendungen und um die richtige bzw. angemessene Verwendung von Vokabeln und Begriffen. Selbstverständlich spielen, wie in jedem Lernprozess, auch periphere Lerndimensionen eine Rolle. Im kognitiven Bereich sind dies u. a. Intelligenz, Vorwissen und bereits erworbene Kulturtechniken, auf der emotionalen und sozialen Ebene sind grundsätzliche Lernbereitschaft, Soziabilität, Ausdauer von großer Bedeutung.

Aram, der als Bauleiter im Auftrag seiner Firma zunehmend auf Baustellen im norddeutschen Raum zu tun hat, muss dort häufig auch mit ausländischen Subunternehmern sprechen und verhandeln. Er hat beschlossen, die immer wieder eintretenden Missverständnisse anzugehen und einen Englischkurs zu belegen. Immerhin könnte das auch im Blick auf noch geplante Fernreisen nützlich sein. Er ist hochmotiviert und schon in den ersten Unterrichtssitzungen wird klar, dass Aram keine Angst hat, vor den Mitschülern Fehler zu machen. Er denkt mit, beteiligt sich am Austausch über die unterschiedlichen Problemfelder und erledigt auch die Hausaufgaben von der einen auf die nächste Woche selbständig und ausdauernd. Aram geht jede Woche aufs Neue lernbereit und gewissenhaft ans Werk. Weil er für viele Vokabeln schon ähnliche Fachbegriffe und Formulierungen kennt, findet er auch über dieses Vorwissen schnell Zugang zu Strukturen, Schreibweisen und letztendlich Lerntechniken. Er hat Spaß daran, Eselsbrücken zu bilden, und wundert sich ein bisschen, dass sein Gedächtnis im gefühlt hohen Alter doch noch besser ist als landläufig vermutet wird.

5.3 Selbsterziehung

Nach einigen Wochen allerdings stagniert Arams Lernerfolg. Es scheint, als sei der Plan, noch einmal Englisch gründlich zu lernen, doch überzogen gewesen zu sein. Es ist, als könne sich Aram plötzlich doch nichts mehr merken, als wisse er bei vielen Dingen, dass er sie schon einmal gelernt hat, jetzt aber nicht mehr darüber verfügt. Und die zunehmende Fülle an Kasi und Tempi überfordern sein Können. Er fühlt sich in seine Schulzeit zurückversetzt. In der Schule gab es auch regelmäßig nach einiger Zeit eine Leistungsgrenze, ab der er nicht mehr mitgekommen ist. Jetzt kommen die Fälle durcheinander, jetzt vergisst er die Vokabeln, spricht die schwierigen Worte falsch aus und kann den längeren Diskussionen nicht mehr folgen. Aram ist von seiner Haltung her lern- und leistungsbereit, zeigt auch nach langen Arbeitstagen noch Ausdauer, Spannkraft und die Bereitschaft, auf Freizeit zu verzichten. Er lernt selbstständig, hat Spaß daran, über neue Inhalte nachzudenken und sie ausdauernd zu lernen. Aram verfügt über das notwendige *Wollen* und kann auf hilfreiches *Wissen* aufbauen – aber er *kann* nicht: Immer wieder nimmt er sich vor, die nötigen Vokabeln und Tabellen der Deklinationen auf Karteikärtchen zu schreiben und regelmäßig alles so lange zu wiederholen, bis das Gekonnte ganz hinten und das Nicht-Gekonnte wieder zur Wiederholung vorne landet. Er scheitert am Ordnungssystem, gerät mit seinen Baustellenunterlagen durcheinander und *sucht* zunehmend hauptamtlich, wenn er eigentlich inhaltlich lernen wollte.

Solche Schwierigkeiten hat *Christoph* nicht. Als er sich zum Japanischkurs anmeldete, standen die DIN A6-Karteikästen für die Vokabeln- und die Grammatik-Karten schon bereit. Christoph schafft immer vor Beginn einer neuen Aufgabe die Ordnungsstrukturen und freut sich dann darüber, dass sich Karteikarten füllen, Tabellen umfangreicher werden, Hefte Gebrauchsspuren bekommen und seine Strukturen sukzessive Erfolgserlebnisse zeitigen. Lern- und Arbeitsstrukturen sind das A und O einer Lernaufgabe. Anders könnte Christoph weder seine beruflichen Herausforderungen bewältigen noch im Freizeitbereich mit den neuen Bedingungen umgehen. Die ersten Sitzungen des Sprachkurses machen Christoph Mut. Er hat mit viel Ausdauer die ersten Schriftzeichen perfekt zeichnen gelernt und übt seitdem jeweils vor Schichtbeginn konsequent eine halbe Stunde pro Tag. Die kleinen Unterhaltungen im Kurs, die Landes- und Kulturkunde Japans gehören zu den Highlights der Woche, und Christoph hat für alle Teilnehmerinnen und Teilnehmer eine WhatsApp-Gruppe eingerichtet. Christoph erarbeitet sich die neue Sprache strukturiert, ordentlich und mit großem Fleiß und Ausdauer. Er *kann* und *will* zweifellos. Allerdings ist ihm und auch der Lehrerin schon bald klar, dass er nicht über eine besondere Sprachbegabung verfügt. Obwohl er Wissen lernt, indem er Vokabeln paukt, die grammatikalischen Strukturen auswendig kennt und auch in den Redewendungen gut vorwärtskommt, fehlt es an der kognitiven Zusammenführung dieser Elemente. Christoph kann und will, wird aber dennoch zeitlebens umfangreicher mit Sprachproblemen zu tun haben als einige seiner Mitschülerinnen und Mitschüler.

Regina gehört nicht zu seinen direkten Mitschülerinnen, denn Sie hat sich zu einem Italienischkurs angemeldet. Es ist der dritte Kurs, zu dem sie angemeldet ist, die beiden Vorgängerkurse konnte sie leider nicht beenden. Vor zwei Jahren war sie in den Wochen vor der Abschlussprüfung vollkommen erschöpft und hatte für Anforderungen, die nicht unabdingbar zum Überleben notwendig erschienen, keinerlei Spannkraft mehr. Der Italienischlehrer hatte sich sehr viel Mühe gegeben und für die Repetition vor der Abschlussprüfung zu sich nach Hause auf einen kleinen Aussiedlerhof eingeladen. Regina empfindet allerdings längere Aufenthalte mit fremden Menschen auf engem Raum nicht als Lernhilfe. Einen unbekümmerten Umgang mit den anderen Schülerinnen und Schülern konnte sie nie finden. Stattdessen fühlte sie in Konversationsphasen nichts anderes als Stress und Druck, so dass sie schließlich beschloss, den zweiten Teil des Kurses im Folgejahr zu absolvieren. Leider gelang es ihr ein Jahr später ebenfalls nicht, die enge Gemeinschaft und das verbindliche Miteinander positiv zu sehen und zu nutzen. Ungünstigerweise ist das Sprachenlernen im Blick auf die Kommunikation mit anderen – häufig fremden – Menschen ausgerichtet. Andernfalls wäre Regina eine vorzügliche Sprachenlernerin. Auch das Italienische beherrscht sie in der Theorie weitgehend fehlerfrei. Wie im schulischen Lateinunterricht ist sie systematisch ans Werk gegangen, hat eine gute Sprachbegabung und wegen der Affinität zur italienischen Kunstgeschichte reichlich Anknüpfungspunkte für Begriffe und Redewendungen. Leider treten im Bereich der peripheren Lerndimension im Bereich des *Wollens* erhebliche Hemmungen auf.

Tab. 34: Lerndimensionen, denkbare Lernhemmungen und Lernhilfen beim Fremdsprachenlernen

Mittleres Erwachsenenalter Entwicklungsthema Umsetzung	Lernaufgabe: Fremdsprache erlernen		
	Lerndimension	Lernhemmung	Denkbare Lernhilfe
Können/Fähigkeiten und Fertigkeiten	Feinmotorik, Sprachgefühl, Habitualisierung, Wahrnehmungsvermögen	mangelnde Lernstrukturen, schädliche Gewohnheiten, Unordnung	Karteikarten und neue Memorierungstechniken verwenden, unbedingte Regelmäßigkeit schaffen, Auslandsaufenthalt

Tab. 34: Lerndimensionen, denkbare Lernhemmungen und Lernhilfen beim Fremdsprachenlernen – Fortsetzung

Mittleres Erwachsenenalter Entwicklungsthema Umsetzung	Lernaufgabe: Fremdsprache erlernen		
	Lerndimension	**Lernhemmung**	**Denkbare Lernhilfe**
Wollen/Einstellungen und Haltungen	Ausrichtung auf Kultur und Leben von Menschen aus anderen Ländern, Lernbereitschaft, Soziabilität	sozialer Rückzug, mangelnde Ausdauer, fehlende Anstrengungsbereitschaft	Tandem mit einem Deutschlerner aus der Zielsprache bilden, regelmäßige Unterhaltungen sicherstellen
Wissen/Kenntnisse und Kognitionen	Memorierungsfähigkeit, Sprachbegabung	fehlendes Vorwissen, fehlende kognitive Strukturiertheit, mangelnde Begabung	Wissen durch Alltagserfahrungen ersetzen, z. B. fremdsprachliche Konversation und Lieder häufig im Hintergrund laufen lassen (vgl. »transReal«)

Wenden wir uns einer weiteren Lernaufgabe im mittleren Erwachsenenalter zu. Vielfältige Fort- und Weiterbildungsmaßnahmen haben in den meisten Berufsbranchen obligatorischen Charakter erlangt und gehören zu den jährlichen Herausforderungen erwachsener Werktätiger. Fort- und Weiterbildungen dienen der Bewältigung allgegenwärtiger Innovationen.

Für *Aram* gehört die Teilnahme an regelmäßigen Fortbildungen zu den angenehmen beruflichen Pflichten. Wenn er im Herbst seine Projekte des kommenden Jahres plant, genießt er insbesondere die Auswahl der Wochenfortbildung. Die letzte dieser Art belegte er zum Thema »Moderne Bewehrungsverfahren im Hochbau«, weil sie in seinem Lieblings-Tagungshotel im Spessart stattfand. Am meisten lernt Aram im Austausch mit Kollegen. Dann kann er stundenlang brainstormen und in unterschiedlichen Gruppenzusammensetzungen komplizierte Sachverhalte erarbeiten, diskutieren und dokumentieren. Die Theorie wird meistens von professionellen Trainern vermittelt und stellt häufig keine Schwierigkeit dar. Oft knüpfen die verhandelten Neuerungen an früheren Kenntnisständen an, so dass bei regelmäßiger Teilnahme lückenloses Fachwissen garantiert ist. Aram fühlt sich gut qualifiziert und denkt hin und wieder darüber nach, ob er nicht in einigen Jahren erste Schritte unternehmen soll, die ihn selbst in den Status eines Fortbildungs-Dozenten führen könnten. Er ist hochmotiviert, Innovationen nachzuvollziehen, und weiß alles über sein Fach. Allerdings leidet er zunehmend darunter, dass er offensichtlich doch älter wird. Wenn es z. B. um Bewehrung geht, wird von den Bauleitern mitunter verlangt, dass sie den Vorarbeitern demonstrieren, wie sie sich das Handwerk konkret vorstellen. Dann gilt es, den Hammer selbst in die Hand zu nehmen und zu zeigen, wie es gemeint ist. Aram spürt aber, dass er langsamer, weniger kraftvoll und in der Ausführung immer häufiger unsauber arbeitet. Er kann sich nicht daran erinnern, dass er früher einen Handgriff oder eine motorische Fertigkeit hätte üben müssen, um sie einwandfrei zeigen zu können. Weil er Fleiß und Gewissenhaftigkeit zu den wichtigen Tugenden zählt und aus diesem Grund bereit ist, Zeit und Engagement zu investieren, muss er jetzt lernen, sich über die notwendige Zeitspanne hinweg auf eine bestimmte Tätigkeit zu konzentrieren und alle Sinne auf diese Übungstätigkeit auszurichten. Seine bisherigen Gewohnheiten sahen einen solchen Einsatz nicht vor. Ohne diesen ist allerdings der tatsächliche Lernerfolg gefährdet. Aram *will* zwar und *weiß* auch, braucht aber zunehmend Lernhilfe – z. B. Übung – im Bereich des *Könnens*.

Christoph nimmt ebenfalls gerne an den jährlichen Fortbildungen teil. Er ist ohnehin mit Leib und Seele Busfahrer und kennt auch nach inzwischen beinahe 20 Dienstjahren nichts Schöneres als ein gelungenes Fahrmanöver mit einem modernen Omnibusfahrzeug. Wenn Christoph früher im Blick auf sein Selbstkonzept Probleme hatte, weiß er heute: Mindestens als Kraftfahrer ist er absolut fit. Er freut sich jeden Morgen über seinen wunderbaren Beruf und würde an den obligatorischen Fortbildungswochen notfalls sogar in seiner Urlaubszeit teilnehmen. Im Blick auf seine berufliche Qualifikation ist ihm bewusst, dass insbesondere seine körperliche Fitness, die Motorik, die Wahrnehmungsfähigkeit im Wesentlichen der Augen und Ohren zunehmende Beachtung erfordern. Er achtet deshalb sorgsam auf regelmäßige Untersuchungen und jederzeit aktuelle Sehhilfen. Seine täglichen Lenkzeiten nutzt er auch für bewusste Übungen z. B. beim Einparken und Rückwärtsfahren. Wenn Christoph sagen müsste, welche Aspekte der jährlichen Fortbildung ihm Schwierigkeiten bereiten, würde er ansatzlos den immer umfangreicher werdenden Berg an Vorschriften, Verfahrensrichtlinien, Ausführungsbestimmungen und Verordnungen anführen. Selbstverständlich sind auch solche Neuerungen und Anpassungen Gegenstand der Fortbildungen. Und selbstverständlich ist nachvollziehbar, dass bei zunehmender Internationalisierung und Verkehrsdichte auch gesetzliche Regelungen angepasst, gelernt und eingehalten werden müssen – aber nach wie vor kommt Christoph nicht damit zurecht, theoretische Abhandlungen, vielfältige Begriffsvarianten und spitzfindige Untergliederungen nachvollziehen und reproduzieren zu können. Unter anderem diese Anteile seines Berufes werden ihn daran hindern, einmal als Busfahrer selbständig zu arbeiten oder gar ein eigenes Busunternehmen zu führen. Christoph erlebt sich als durch und durch praktisch begabten und motivierten Menschen, der auf Fortbildungen viel lernen kann, weil dort Übungsleiter die vorbereitende Denkarbeit geleistet haben. Es ist allerdings seine Unfähigkeit, über die beste Art des eigenen Lernens und Denkens nachzudenken, die ihn in einigen Phasen der Fortbildungen verunsichern.

Solche Probleme hätte *Regina* gerne. Sie hält Fortbildungen für überflüssige Geldmacherei. Zum einen ist sie davon überzeugt, dass sie sich ohnehin fortwährend auf dem neusten Stand hält – durch die Zeitschriften-Abos, durch ihr eigenes Ausprobieren, ihre Museumsbesuche, ihre Kontakte. Zum anderen fällt ihr während der Fortbildungen selbst auf, wie wenig reflektiert und gebildet die meisten Fortbildner sind. Wie kann es sein, dass sich viele Erwachsenenbildner eher mit sozialen Vorgängen beschäftigen, als dass sie Theorie zu vermitteln imstande sind? Zum dritten erträgt sie die anderen Teilnehmerinnen und Teilnehmer kaum. Kurzum: Regina hält es für eine mittlere Zumutung, aufgrund ihrer Tätigkeiten als selbstständige Dozentin zur Fortbildung verpflichtet zu sein. Entsprechend unmotiviert und wenig offen fährt sie auch zu den jeweiligen Veranstaltungen. Die Theorieteile sind mitunter interessant – wenn auch zu wenig ausführlich dargestellt. Andererseits belegt sie häufig – wenn schon – Fortbildungen mit hohem Praxisanteil, da sich dort dann Übungsmöglichkeiten ergeben und vor allem hin und wieder neue Techniken ausprobiert werden können. Allerdings fällt es ihr immer wieder schwer, sich in diesem Setting ganz auf das Üben und das Eintauchen in die Lernwelt einzulassen. Häufig macht sie als Teilnehmerin den Fortbildnern das Leben schwer. Regina *weiß* viel und *kann* viel, aber sie hat eine emotional eher unausgeglichene und wenig soziable Einstellung, weshalb ihre Lernhemmungen häufig in der Dimension des *Wollens* wurzeln. Tabelle 35 zeigt im Überblick denkbare Lernhemmungen und geeignete Lernhilfen in Zusammenhang mit der Entwicklungsaufgabe Innovation/Fort- und Weiterbildung.

Begleiten wir unsere Protagonisten nun bei der Bewältigung einer weiteren Entwicklungsaufgabe. Im mittleren Erwachsenenalter beginnen überdurchschnittlich viele Menschen maßvoll Sport zu treiben, interessieren sich für Kochkurse, kämpfen gegen das Rauchen, zu sorglosen Alkoholkonsum und ihre Liebe zu Süßigkeiten. Der Grund dafür ist häufig in der Natur des menschlichen Stoffwechsels zu finden: Nachdem sich dieser im mittleren Erwachsenenalter nahezu vollständig umstellt, weisen nicht nur die so genannten »Fassfiguren« und »Zirkuszelt-Körper« auf Handlungsbedarf hin, sondern wird überdies deutlich, dass das fortschreitende Lebensalter zu den Hauptrisiken einer chronischen oder akuten Erkrankung zu zählen ist. Insofern ist der Wunsch vieler Erwachsener nachvollziehbar, *einen gesunden Lebensstil* zu entwickeln.

5 Lernaufgaben, Lerndimensionen und Lebensalter

Tab. 35: Lerndimensionen, denkbare Lernhemmungen und Lernhilfe in Fort- und Weiterbildungen

Mittleres Erwachsenenalter Entwicklungsthema Innovation	Lernaufgabe: Fort- und Weiterbildungen		
	Lerndimension	Lernhemmung	Denkbare Lernhilfe
Wissen/Kenntnisse und Kognitionen	Fachwissen aktualisieren, Neuerungen kennenlernen und verstehen, geistig fit bleiben	zunehmend fremdsprachliche Begriffe und Sachverhalte, Selbstreflexivität schwierig, Kreativität unterentwickelt	verschiedene Vermittlungsformen, Exkursionen und praktische Erfahrungsmöglichkeiten
Wollen/Einstellungen und Haltungen	Begeisterung für den Beruf pflegen, Kooperation mit Fachkollegen schaffen, durch Austausch profitieren	Sinn und Zweckmäßigkeit wird in Frage gestellt, Konfrontation mit der nachlassenden Leistungsfähigkeit unerwünscht, Smalltalk ist unangenehm, soziale Kontakte sind unerwünscht, fehlende Spannkraft für längere Lerneinheiten	Übernahme einer eigenen Verantwortung im Lernprozess, z. B. als Experte in einem Teilbereich, Verknüpfung der Veranstaltung mit exotischen – also »wirklich neuen« – Elementen bzw. Bestandteilen, freundliche aber ernsthafte Konfrontation mit den eigenen Leistungs- und Kenntnisgrenzen
Können/Fähigkeiten und Fertigkeiten	Training, Übung, Austausch über neue Prioritäten, neue notwendige Habitualisierungen	nachlassende körperliche Fähigkeiten, dominierende, aber dysfunktionale Gewohnheiten	Inkompetenz-kompensationskompetenzen vermitteln

Dazu zählen Maßnahmen, die ggf. körperlichen Schwächen wie etwa Bluthochdruck oder einer drohenden Zuckererkrankung begegnen, ebenso wie Ernährungsumstellungen, die Übergewicht und unerwünschte körperliche Deformationen verhindert helfen. Zudem sollen häufig ungesunde Gewohnheiten abgelegt und durch gesunde ersetzt werden. Die Veränderung einer grundsätzlichen Lebensweise oder einer konkreten Gewohnheit im Alltag ist zunächst auf der primären *Lerndimension des Wollens* zu beschreiben. Denken wir gemeinsam darüber nach, wer unserer Protagonisten im Blick auf die

Lernaufgabe, einen gesunden Lebensstil zu etablieren, welche Probleme haben und auf welcher Art Lernhilfe angewiesen sein wird.

Aram ist entschlossen, aus seinem leichten Schlaganfall die notwendigen Lehren zu ziehen und sein Leben umzustellen. Der ständige Stress, das ungesunde Essen und die vielen Zigaretten sollen der Vergangenheit angehören. Wie stets, wenn es etwas zu lernen gab, sammelt Aram Wissen zu seinem Gegenstand. Er recherchiert zu Kohlenhydraten, zu Fetten, zu Rauchentwöhnungstricks und dem alternativen Dampfen. Insbesondere die ernährungsbezogenen Erkenntnisse faszinieren Aram. Warum hat er sich so lange mit dermaßen minderwertigem Essen zufriedengegeben? Obwohl er ursprünglich geglaubt hatte, dass ihm das Leben als Nichtraucher sehr schwerfallen würde, entdeckt Aram, dass es ihm leichtfällt, etwas schlicht nicht mehr zu tun. Aram ist motiviert und diszipliniert genug, sich das Rauchen zu untersagen. Ganz anders im Blick auf die Ernährung und den Sport. Wie sollen sich aus seinen neuen Erkenntnissen neue Gewohnheiten entwickeln? Aram spürt, dass *Wissen* und *Wollen* alleine nicht ausreichen – und er weiß, dass er immer wieder ein ähnliches Lernproblem hat: Das *Können*. In diesem Fall hemmt ihn seine bisherige Lebensweise, hemmen ihn lieb gewordene und Sicherheit versprechende Manifestationen. Er kann nicht besonders gut kochen und hat bisher Fertigmahlzeiten verwendet oder Fastfood zubereitet. Er ist es gewohnt, zu bestimmten Zeiten mit bestimmten Sattmachern zufrieden zu sein. Aram *will* seinen Lebenswandel einschließlich der Ernährung gesundheitsbewusster gestalten, er *weiß* auch, wie das gehen sollte, *kann* es aber nicht ausführen. Aram braucht Lernhilfen auf der Ebene des Könnens: Ein Anfang könnten Kochkurse, Laufgemeinschaften und eine Küchenrenovierung sein, im Zuge derer ungesunde Lebensmittel und Vorräte entsorgt und Hilfsmittel installiert werden.

Christoph ist überrascht davon, dass ausgerechnet er abnehmen soll. Er hat Kollegen, die in den gemeinsamen Mittagspausen eindeutig wesentlich mehr essen, als er das gewöhnlich tut. Zudem trinkt er nicht übermäßig viel Bier und bei den Trainingseinheiten seiner jugendlichen Handballspieler ist er durchaus das eine oder andere Mal selbst aktiv dabei. Christoph ist allerdings durchaus bereit, in den nächsten vier Monaten eine Gewichtsreduzierung von 20 Kilogramm anzugehen. Er stellt sich vor, dass diese Einschränkung als gutes Beispiel fungieren kann, und glaubt außerdem, dass es seinen Charakter stärken wird. Auch er muss Gewohnheiten umstellen. Kaugummi ohne Zucker, Gummibärchen weglassen, Schokolade für die Konzentration muss weichen, Zucker im Kaffee wird überbewertet. Strukturiert und entschlossen befolgt Christoph die Ansagen seines ärztlichen Betreuers und wundert sich, dass es im Blick auf die Gewichtsabnahme dennoch nicht recht vorwärts geht. Er will wirklich, hat seine ungesunden Zwischenmahlzeiten abgestellt und ist mittlerweile auf schwarzen Tee umgestiegen, weil Kaffee ohne Zucker zu bitter ist. Allerdings bleibt er weitgehend erfolglos. Sein Wissen in Bezug auf Ernährung ist zu gering, um über die unmittelbaren Ansagen hinaus selbstwirksam zu werden. Er weiß zu wenig über den menschlichen Stoffwechsel, kennt die Verarbeitung von Kohlenhydraten, den Insulinstoffwechsel und die Wirkung von Fett nicht und schätzt die Kaloriendichte von Fastfood im Vergleich zu Obst und Gemüse falsch ein. Chemische Kreisläufe sind ihm fremd. Christoph *will* gesünder leben und er *kann* sich strukturieren und neue Gewohnheiten entwickeln, aber *weiß* nicht genug. Seine Lernhilfe im Blick auf die Lernaufgabe des gesunden Lebensstils müsste auf der Ebene des Wissens verankert sein. Er braucht Hilfen, um theoretische Informationen zu sammeln.

Regina hat in den letzten Jahren mehr als 15 Kilogramm zugenommen. Aus ihrer Sicht handelt es sich um eine Art Ungerechtigkeit der Natur und unvermeidliches Schicksal, wenn die gleiche Lebensweise in höherem Alter zur Gewichtszunahme führt und es nicht erlaubt sein soll, gewachsene Traditionen und Vorlieben zu pflegen. Sie ist nicht abgeneigt, neue Geschmacksentdeckungen zu machen und sich auch in Maßen umzustellen. Allerdings fallen ihr alle Veränderungen im Lebenswandel zunehmend schwer, obwohl sie einsieht, dass Übergewicht, Bewegungsmangel und ungesunde Ernährung zu den Hauptrisikofaktoren der altersbedingten Erkrankungen zählen – und sie Christoph sogar erklären könnte, im Zuge welcher Stoffwechselvorgänge welche Risiken entstehen. Regina ist nicht geneigt, allzu viel Energie für einschneidende Veränderungen aufzubringen.

Tab. 36: Lerndimensionen, denkbare Lernhemmungen und Lernhilfen beim Etablieren eines gesunden Lebensstils

Mittleres Erwachsenenalter Entwicklungsthema Produktivität und Erneuerung	Lernaufgabe: Etablierung eines gesunden Lebensstils		
	Lerndimension	Lernhemmung	Denkbare Lernhilfe
Wollen/Einstellungen und Haltungen	Umstellung des vertrauten Lebenswandels, Entwicklung neuer Genussfähigkeit trotz Verzichts	Nicht-Wahrhaben-Wollen der körperlichen Veränderungen, Ignoranz gegenüber abnehmender körperlicher Jugend, Disziplinlosigkeit im Blick auf Verzicht	Ersatzbefriedigung durch neue Vorlieben in der Ernährung und in der Freizeitgestaltung, wie z. B. Themen-Urlaube, technisch reizvolle Ausstattung mit z. B. E-Bike

5.3 Selbsterziehung

Tab. 36: Lerndimensionen, denkbare Lernhemmungen und Lernhilfen beim Etablieren eines gesunden Lebensstils – Fortsetzung

Mittleres Erwachsenenalter Entwicklungsthema Produktivität und Erneuerung	Lernaufgabe: Etablierung eines gesunden Lebensstils		
	Lerndimension	**Lernhemmung**	**Denkbare Lernhilfe**
Wissen/Kenntnisse und Kognitionen	Kenntnisse über körperliche Prozesse, Inhaltsstoffe von Lebensmitteln, gesunde Freizeitmöglichkeiten	fehlende Informationen über Stoffwechsel, Bewegungsmöglichkeiten und technische Ausstattungen, sowie Ingredienzien und Zubereitungsmöglichkeiten von Lebensmitteln	VHS-Kurse, Internet-Plattformen, Zeitschriften-Abos, Studienreisen, Vorträge
Können/Fähigkeiten und Fertigkeiten	Entwicklung von neuen Koch- und Lebensgewohnheiten sowie körperliche Ertüchtigung und Erhalt motorischer Fähigkeiten	fehlende Praxis, fehlende Grundfertigkeiten	Kochkurse, Mitgliedschaft in Vereinen, Laufgemeinschaften

5.3.3 Spätes Erwachsenenalter

Mit dem Eintritt ins späte Erwachsenenalter geht in den meisten Fällen die Berufstätigkeit zu Ende, und es wird der körperliche Verfall nun auch zunehmend sichtbar eingeleitet. Zu einem erfüllten Leben gehört unausweichlich auch, diese Lebensphasen altersgemäß zu gestalten. Hermann Hesse, der selbst das hohe Alter von 85 Jahren erreichte, formulierte schon lange vorher folgende Gedanken: »Altsein ist eine schöne und heilige Aufgabe wie Jungsein – vorausgesetzt, dass sie mit Ehrfurcht und Sinn vollzogen wird. Wer diese Lebensstufe fürchtet und hasst, ist kein würdiger Vertreter des Altseins. Traurig wäre es, sich dem Verfall hinzugeben.« In modernen Zeiten lassen sich zunehmend Beispiele für zwei extreme Lebensformen innerhalb des späten Erwachsenenalters finden: Einer größer werdenden Gruppe scheint es verlockend, die Schwelle zum Altwerden zu überfahren und in unvermindertem

Tempo das gewohnte Leben fortzusetzen. Gesunde Lebensführung, Medizin und Technik helfen noch einige Jahre, am Traum ewiger Jugend festzuhalten. Es ist keine Seltenheit mehr, dass 70- oder 80-Jährige in Jobs, Führungsämtern und sogar Familienkonstellationen leben, die wir einige Buchseiten zuvor noch an den Anfang des mittleren Erwachsenenlebens terminierten. Ohne Übertreibung gehört es zum Fluch des Zeitgeistes, dass auch im letzten Lebensabschnitt der angenommene Lebenswert häufig aus dem beobachteten Aktivationsniveau der Person oder einem irgendwie quantifizierbaren Output abgeleitet wird. Die Abnahme der Gesundheit und des Wohlbefindens dieser Zeitgenossen erfolgt dann leider häufig nicht schleichend, sondern tritt sehr plötzlich ins Leben und beendet dasselbe womöglich ohne, dass es eine würdige Altersphase und einen angemessenen Abschied gegeben hat.

Es lässt sich allerdings auch eine zweite Form fehlgeleiteten Alterns beschreiben, die auf die besondere Herausforderung der Entwicklungsaufgaben im späten Erwachsenenalter hinweist. Nicht wenige Menschen erleben das Altwerden ohne Übergang so, als werde man auf einen Schlag alt und senil. Infolgedessen geben sie sich dann vom Tag der Berentung an hauptamtlich dem Verfall hin. Diese Zeitgenossen fallen womöglich aus dem Arbeitsprozess in eine tief empfundene Bedeutungslosigkeit und Einsamkeit, die in ihrer Schwere nur noch durch körperliche Einschränkungen und Krankheiten übertroffen werden. Altsein erinnert dann an ein mehr oder weniger mühevolles Warten auf den Tod, das teilweise in realen Arztpraxiswartezimmern, teilweise in irrealen Welten vor dem Fernseher und mitunter auch in Einsamkeit am Fenster erlebt wird.

Es scheint, als müsse gerade in modernen Gesellschaften der Gedanke, ein altersgemäßes Leben zu führen, grundsätzlich wieder neu beworben und verteidigt werden. Das beschriebene Problem, einen nicht altersangemessenen Lebensstil zu entwickeln, ist nämlich keineswegs auf alte Menschen begrenzt. Am anderen Pol der menschlichen Lebensspanne beispielsweise, in den frühen Jahren der mittleren Kindheit, führen Kinder und Jugendliche häufig ein Leben, das sie erst in 5–10 Jahren führen sollten. Nicht selten werden sie dabei mit Erlebnissen konfrontiert, die ihre persönliche Reife weit überfordern und sie selbst und ihre Mitmenschen im weiteren Verlauf ihres Lebens wesentlich beeinflussen. Die moderne Gesellschaft unterbreitet Angebote, hält Verfügbarkeiten bereit und lockt mit vermeintlich spannenden Lebensformen, die noch nicht verarbeitet und von den Heranwachsenden ohne Unterstützung noch nicht verantwortet werden können. Ein ähnliches Muster zeigt sich dann zum Lebensende erneut, wenn Menschen der gleichen modernen Gesellschaft von deren Maßstäben getrieben und von den Versprechen verführt zu sein scheinen und – ähnlich wie die Kinder und Jugendlichen am Anfang des Lebens – den altersgemäßen Lebenswandel verpassen.

5.3 Selbsterziehung

Wie alle anderen Lebensphasen zuvor hält das späte Erwachsenenalter für Menschen, die nicht zum einen oder anderen skizzierten Extrem gehören wollen, neue Entwicklungsaufgaben und Lernanlässe bereit. Altwerden bringt Zeit mit sich, erfindet die Langsamkeit neu und eröffnet die Gelegenheit, Milde und Gelassenheit zu entwickeln und dem Leben mehr und mehr zuzuschauen, ohne Kritik anbringen oder Korrekturen durchsetzen zu müssen. Alte Menschen leben altersgemäß, wenn sie Aufgaben und Tätigkeiten übernehmen, die ihrer Lebensphase entsprechen. Sie haben keine Eile, sondern leben ohne Zeitdruck. Sie müssen keinen beruflichen Werdegang mehr gestalten oder bewältigen, sondern können sich verschenken. Sie vollbringen keine körperlichen Höchstleistungen, sondern bewegen sich aus Freude. Bedauerlicherweise müssen wir an dieser Stelle einräumen, dass es nicht einmal den wohlhabenden Gesellschaften der Welt gelingt, allen alten Mitbürgerinnen und Mitbürgern einen solchen unbekümmerten letzten Lebensabschnitt zu garantieren.

Zum altersgemäßen Lebenswandel könnte es z. B. gehören, Verantwortung abzugeben. Alte Menschen sollten keine Verantwortung mehr für ihr Einkommen tragen müssen, sondern als Lohn für ihre lebenslange Arbeit ausreichend Versorgung erhalten. Dabei darf der Abbau an Verantwortungslast nicht gleichgesetzt werden mit Verantwortungslosigkeit oder gesellschaftlicher Bedeutungslosigkeit. Altersgemäß lebende Senioren übernehmen beispielsweise Ehrenämter, sind wichtig in der gegenseitigen Unterstützung der Bürgerinnen und Bürger und können auf unterschiedliche Art und Weise die erworbene Lebenserfahrung auch anderen zu Nutze kommen lassen. Menschen im späten Erwachsenenalter sind beispielsweise als Großeltern nicht mehr für die Erziehung ihrer Enkel verantwortlich, sondern »dürfen hemmungslos verwöhnen« und die Kinder nach einem schönen Wochenende wieder zu den Erziehungsberechtigten zurückbringen.

Nehmen wir nun noch die Zeit, verbliebene Lernaufgaben im späten Erwachsenenalter angemessen zu würdigen, und begleiten wir Aram, Regina und Christoph noch das letzte Stück des Weges.

Aram hat sich mit dem Altern arrangiert und betätigt sich regelmäßig durch – wie er sie nennt – niederschwellige handwerkliche Tätigkeiten körperlich. Er hilft in seiner Nachbarschaft bei kleineren Instandsetzungen z. B. im Bad, an Heizungen und bei der Renovierung des Kellers. Auf dem Weg dorthin fühlt er sich beim Autofahren nach wie vor sicher und spricht nur selten über die kleineren Schrammen oder verlustig gegangenen Außenspiegel an seinem in die Jahre gekommenen Kombi. Von einigen dieser Mahnmale weiß er nicht, wie sie entstanden sind. Eines späten Abends klingelt ihn ein Polizist aus dem Bett, der über einen aufmerksamen Passanten an sein Kennzeichen und damit seine Adresse gekommen war. Aram hatte zuvor beim

Ausparken am Bahnhof ein hinter ihm parkendes Auto beschädigt und den gestikulierenden Gästen im Außenbereich der Bahnhofskneipe beim Wegfahren freundlich zurückgewinkt. Das tatsächliche Geschehen ist Aram entgangen, weil er den Kopf nicht mehr ganz drehen und die entstandenen Geräusche nicht hören konnte. Der Polizist an seiner Haustür zieht wegen Fahrerflucht den Führerschein ein und äußert nun schriftlich Zweifel, ob noch zu verantworten sei, dass Aram aktiv am Straßenverkehr teilnehme. Aram bringt offensichtlich nicht mehr die notwendigen Fähigkeiten auf. *Regina* hat im Straßenverkehr zunehmend mit Furcht und Überforderung zu kämpfen. Der Verkehrsfluss scheint in den letzten Jahren enorm an Geschwindigkeit zugenommen zu haben und ihre Reaktionszeiten sind im Vergleich dazu schlechter geworden. Immer häufiger fühlt sie sich nervlich nicht im Stande, das Auto auch nur aus der Garage zu fahren. Sie müsste hierzu einen Fahrradweg kreuzen und auf den fließenden Verkehr auf der Hauptstraße achten. Regina hat nicht den Mut dazu. *Christoph* war Zeit seines Lebens Berufskraftfahrer und liebte es stets, auch privat selbstbestimmt am Straßenverkehr teilzunehmen. Seine professionelle Selbsteinschätzung hat ihn schon vor einigen Jahren zu der Entscheidung geführt, in absehbarer Zeit Alternativen zum PKW zu suchen und die regelmäßigen Wege zum Einkaufen, ins Schwimmbad, in den Park und zu seinen Freunden Klaus und Matthias mit öffentlichen Verkehrsmitteln zu bewältigen. Sein Entschluss fand jedoch noch keine Umsetzung, weil er nicht weiß, wo er den Fahrausweis für Rentner beantragen kann, weil er nicht weiß, wie die modernen digitalen Fahrpläne gelesen werden, und weil er sich die Streckennetze der Straßenbahn nicht merken kann. Er fühlt sich durch die notwendigen Informationen überfordert. Aus Gewissensgründen unternimmt er aber schon längere Zeit nur noch die absolut notwendigen Fahrten und fühlt sich deshalb zunehmend isoliert.

Aram, Regina und Christoph sehen sich mit der Lernaufgabe konfrontiert, mobil zu bleiben und selbstständig in die Stadt fahren zu können. Das Autofahren wird zunehmend beschwerlich oder unmöglich und muss nun durch neue Formen der Beweglichkeit ersetzt werden.

Im späten Erwachsenenalter wird die Vergesslichkeit sprichwörtlich. Mit zunehmendem Durchschnittsalter der Bevölkerung gehören auch dementielle Erkrankungen zum Alltagsbild. Zumindest die *Angst* vor schweren Erkrankungen wie z. B. Alzheimer ist gegenwärtig, und entsprechend ist das Ringen um geistige Fitness und um den Erhalt des Gedächtnisses verbreitet auch Thema in der Medikamentenwerbung. Nachdem das hirnorganisch belegbare Nachlassen geistiger Kapazitäten bereits während des mittleren Erwachsenenalters, also noch während der Berufstätigkeit, begonnen hat, scheinen die Symptome

5.3 Selbsterziehung

Tab. 37: Lerndimensionen, denkbare Lernhemmungen und Lernhilfen beim Erhalten der persönlichen Mobilität: »Selbständig in die Stadt fahren können«

Spätes Erwachsenenalter Entwicklungsthema Mobilität	Lernaufgabe: Selbständig in die Stadt fahren können		
	Lerndimension	Lernhemmung	Denkbare Lernhilfe
Können/Fähigkeiten und Fertigkeiten	laufen und Autofahren, Orientierungsvermögen für Autofahrt und Nutzung öffentlicher Verkehrsmittel	nachlassen motorischer und wahrnehmungsbezogener Fähigkeiten beim Autofahren, Schulterblick, schnelle Reaktionen nur noch eingeschränkt möglich	Training, evtl. Besuch eines Verkehrsübungsplatzes, Fahrgemeinschaften, Wandergemeinschaften, Gymnastikverein, Rollator, Einkaufstrolley
Wollen/Einstellungen und Haltungen	Selbstvertrauen, Motivation, Geduld mit sich selbst, beim Warten auf den Bus oder auf Helfer, Einsicht in persönliche Grenzen, z. B. hinsichtlich der beginnenden Fahruntüchtigkeit; Bereitschaft zu gymnastischen Übungen für den Erhalt körperlicher Beweglichkeit	Resignation, Selbstmitleid und Rückzugsneigung oder Trotz und Uneinsichtigkeit	regelmäßige Treffen und Austausch mit Altersgenossen, Hobbies mit Bewegung, Alltagsziele im Freien, Abschied vom Auto und Begeisterung beispielsweise für Busreisen
Wissen/Kenntnisse und Kognitionen	Fahrpläne, Straßenverkehrsordnung, Ortskenntnis, Taxi- und Notrufetelefonnummern	fehlende Informationen zu Beförderungsmöglichkeiten, zu technischen Hilfen, zu Pflegediensten	gemeinsames Recherchieren in Gruppen, Infozentren aufsuchen, Internet nutzen, Inspirationen durch regionale Veranstaltungsinfos

verstärkt erst im Alter aufzutreten. Weil der alte Mensch zunehmend schlecht sieht und hört, weil er zittriger schreibt und langsamer geht, scheint auch die Prävalenz zur geistigen Rückbildung gegeben. Aus diesem Grund gehört die Pflege geistiger Beweglichkeit und Fitness zu den wichtigsten Aufgaben im späten Erwachsenenalter. Auch wenn bedauernswerterweise aufgrund des durchschnittlich höheren erreichten Lebensalters dementielle Erkrankungen zahlenmäßig zunehmen, bleibt doch die Mehrzahl der Senioren geistig gesund und leidet lediglich darunter, dass die Alltagsgelegenheiten für kognitive Anregungen abnehmen. Eintönigkeit, mangelnde Stimulation und innere Kündigung führen zum Nachlassen geistiger Tätigkeiten. Wenn also die Kontextfaktoren ungünstig sind, beinhalten geeignete Lernhilfen einen problemlösenden Umgang mit diesen Umständen. So hat sich *Aram* beispielsweise inzwischen daran gewöhnt, täglich zum Einkaufen zu gehen und sich dann aber zwar einen Einkaufszettel zu schreiben, ihn aber bewusst nicht mitzunehmen. Anfangs war diese Form des Trainings nicht mit Erfolg gekrönt, allerdings konnte Aram Spaß daran finden, Mnemotechniken kennenzulernen und diese dann auszuprobieren. In seinem Fall ist es der geistige Spaziergang am eigenen Körper entlang, der ihn am Rollator im Supermarkt regelmäßig zum Schmunzeln bringt: »Einen Kopfsalat, – hm, für die Augen war es etwas … ach richtig! Karotten, dann Magenbitter und Toilettenpapier.« *Regina* hält sich noch für absolut fit. Sie glaubt nicht an das Märchen vom Verkalken oder von der Begriffsstutzigkeit im Alter. Es scheint ihr viel eher so zu sein, dass die jungen Leute in ihrem Wissen und ihren Interessen enger, festgefahrener und einseitiger geworden sind, als es noch vor 40 Jahren üblich war. Seit sie in die Seniorenresidenz gezogen ist, hat sie leider nur noch wenig Kontakt zu ihren früheren Nachbarn. Und die Mitbewohner kommen ihr alle komisch vor. Sie ist mehr oder weniger allein. Aber neulich hat ihre Cousine sie auf eine Idee gebracht: Sie wird sich ein paar Kunst-Zeitschriften abonnieren. Das hat sie sich früher nie gegönnt, aber auf diese Weise wird sie wenigstens regelmäßig lesen und bleibt in ihrem Fach up to date. *Christoph* zwingt sich – mit mäßigem Spaß an der Sache – zum Lösen von Kreuzworträtseln. Er wusste schon immer, dass Allgemeinbildung nicht unbedingt zu seinen Stärken gehört, allerdings nervt ihn beim Kreuzworträtsellösen, dass viele Fragen immer und immer wieder vorkommen und er sie sich trotzdem nicht merken kann. »Poetisch für Löwe, drei Buchstaben«: *Leu*, »Feuerlandindianer, drei Buchstaben«: *Ona* oder »veraltet Schwiegersohn, fünf Buchstaben«: *Eidam*. Andere Antworten hat er neu gelernt: »Arabisch Sohn«: *Abn* oder der »Passionsspielort in Tirol«: *Erl*, und wieder andere wusste er schon immer: »Spanisch Haus, vier Buchstaben« oder »Himmelblau, vier Buchstaben«. Die Rätselei ist zu einem festen Bestandteil von Christophs kognitivem Fitnesstraining geworden.

Unsere Protagonisten sind inzwischen bettlägerig und am Ende ihres Lebens angelangt. *Aram* sieht das allerdings nicht so. Er geht im Kopf immer wieder die offenen Posten auf seiner imaginären »Löffelliste« durch. Dort stehen im Geist noch Anschaffungen, dort steht noch eine Kreuzfahrt und – ok,

5.3 Selbsterziehung

Tab. 38: Lerndimensionen, denkbare Lernhemmungen und Lernhilfen beim Bemühen, Flexibilität zu erhalten: »Geistig fit bleiben«

Spätes Erwachsenenalter Entwicklungsthema Geistige Flexibilität	Lernaufgabe: Geistig fit bleiben		
	Lerndimension	Lernhemmung	Denkbare Lernhilfe
Wissen/Kenntnisse und Kognitionen	mitdenken, spielen, Kreuzworträtsel lösen, Lektüre lesen, Zusammenhänge verstehen; Erinnerungen und Gedächtnis	mangelnde Stimulation, keine Denkgewohnheiten, Erinnerungslücken	bewusste Herbeiführung geistiger Tätigkeiten, durchblutungsfördernde Medikamente, *Post-Its* und *Memos*, Mnemotechnik, Regelmäßigkeiten beim Lesen, Erinnerungsstrategien und -systeme
Wollen/Einstellungen und Haltungen	Freude an Diskussionen, an gemeinsamen Spielzeiten, am Dabeisein, Neugier und Motivation, noch Neues zu lernen	Leugnung, Verdrängung, Angst, Rückzug, innere Kündigung, Selbstaufgabe	Gesprächsmöglichkeiten schaffen, Zeitschriften-Abos, Ermutigungen durch Bezugspersonen, Austausch mit Altersgenossen und Freunden, Inanspruchnahme von Hilfsmöglichkeiten
Können/Fähigkeiten und Fertigkeiten	Selbstmanagement, Lesen und Schreiben, Konzentration aufrecht halten; Filme und Geschichten verstehen	Konzentrationsschwäche, visuelle, auditive, taktile und olfaktorische Wahrnehmungsstörungen	technische Hilfen wie Brille, Licht, Lupen, Hörgeräte

das muss er tatsächlich streichen –, dort steht noch, dass er ein toller Opa werden wollte. Aram gönnt sich keine Ruhe. Er knobelt an einer Lösung für sein Leben an Deck eines Kreuzfahrtschiffes. Wenn es Reisetaschen, Reisezahnbürsten, Reiserücktrittsversicherungen und nicht zuletzt Reisebettchen für Kleinkinder gibt, müsste es doch auch Reisebetten für alle geben, die der Handhabbarkeit eines Rollstuhls ähnlich sind und von Reisegesellschaften akzeptiert werden. Krankentransporte finden auch überwiegend im Liegen statt. Aram kann nicht abschalten. Er kann sich nicht bewusst machen, dass sein Lebensstil nie wieder an den früheren heranreichen wird und er selbst auch kein geländegängiges Reisebett für Senioren bauen wird. Aram hält an einem Leben fest, das er nicht mehr leben kann. Er nimmt den neuen Abschnitt, den letzten Weg, nicht wahr. *Regina* ist inzwischen mit der ganzen Welt zerstritten. Sie fühlt sich von ihrer Freundin verraten, trägt ihrem Bruder immer noch nach, dass er ihr damals den Zwischenkredit nicht verbürgt hat und leidet unter dem eskalierten Wortwechsel mit der Pflegerin vor drei Wochen. Frau Metzger und sie wechseln seitdem nur noch die nötigsten Worte. Regina hat das Gefühl, sie dürfe an den verschiedenen Baustellen nicht schwächeln, weil sie im Recht ist und nicht ein weiteres Mal untergebuttert werden will. Sie regt sich nicht nur über die Anderen, sondern auch über ihre eigene Unfähigkeit auf, ihre Verhältnisse in Frieden zu regeln. Der Nachtpfleger hat ihr angeboten, einen Brief an ihre Freundin zu tippen, wenn Sie ihm den Text diktiert. Vermutlich wird sie diese Möglichkeit nutzen. *Christoph* ist bereit, sich mit dem Thema Tod zu beschäftigen. Als vor einigen Monaten seine Frau starb, hatte er den Eindruck, in ein schwarzes Loch zu schauen. Seitdem beschäftigen ihn Fragen, die vorher nie wichtig für ihn waren: »Was kommt dort?«, »Wie tut man den letzten Schritt?«, »Wer bin ich nach meinem Tod?«. Christoph hatte zeitlebens keine abschließende Meinung über das, was ihn mit dem Tod und nach dem Tod erwartet. Aber jetzt – im hohen Alter von 84 Jahren – sucht er nach Wissen und möchte sich vorbereiten. Er hat begonnen, sich mit Berichten über religiöse Vorbilder, mit den Kernaussagen der Weltreligionen und mit Lebensbildern großer Persönlichkeiten zu beschäftigen. Er denkt darüber nach, welche »Bilanz« unter seinem Leben steht. Allerdings fällt es ihm im Alter sehr schwer, eine neue – engagierte – Haltung zu entwickeln.

Tab. 39: Lerndimensionen, denkbare Lernhemmungen und Lernhilfen beim Loslassen: »Sich auf den Tod vorbereiten«

Spätes Erwachsenenalter Entwicklungsthema Loslassen	Lernaufgabe: Sich auf den Tod vorbereiten		
	Lerndimension	**Lernhemmung**	**Denkbare Lernhilfe**
Wollen/Einstellungen und Haltungen	versöhnt und friedlich gehen wollen, Akzeptanz gegenüber dem Tod, mit dem Leben und sich im Reinen sein, das letzte Wegstück geduldig mitgestalten	Angst, Unfrieden, Unversöhnlichkeit, Festhalten an unrealistischen Träumen und Zielen, unrealistisches Selbstbild	Testament schreiben und Dinge konkret »übergeben«, Briefe an Nahestehende verfassen, um Besuche bitten, Gespräche führen
Können/Fähigkeiten und Fertigkeiten	Abschiednehmen können, unerledigte Pläne und Lebensträumen loslassen	Verdrängung des Unausweichlichen, Rastlosigkeit und viele Aktivitäten	Gespräch über Gewesenes und Kommendes mit Seelsorger und/oder Familienangehörigen
Wissen/Kenntnisse und Kognitionen	Vorbereitungen getroffen haben, über den Glauben reflektiert und seine eigenen Vorstellungen Gewissheit erlangt haben	fehlende Vorbereitung, Weigerung, über das, was bis zum Tod und nach dem Tod kommen wird, nachzudenken	Lebensgeschichten lesen oder entsprechende Filme ansehen, über den Tod verstorbener Verwandter nachdenken und sich gedanklich einfügen

6

Rückblick und Ausblick

Die Pädagogik ist eine praktische Wissenschaft. Mit diesem einleitenden Satz beginnen die Überlegungen und Ausführungen zur Pädagogik und zur Entwicklungspädagogik in diesem Buch. Damit ist und bleibt »die Pädagogik die Wissenschaft, (...) deren der Erzieher für sich bedarf« (Herbart 1806/1965, 22). Sicherlich, und dieser Sachverhalt trifft für alle praktischen Wissenschaften zu, ist der interdisziplinäre Austausch wichtig, um seinen Gegenstand bestmöglich zu fassen, doch sind es die eigentümliche Struktur der erzieherischen (Interventions-)Praxis und die eigentümliche Systematik der Pädagogik als Wissenschaft, die vorgeben, unter welchen Maßgaben Wissensbestände benachbarter Disziplinen Eingang in die Theorie und Praxis der Pädagogik finden, denn »Erziehen ist (...) eine menschliche Grundpraxis und das heißt, dass Erziehung nicht auf eine andere menschliche Praxis zurückführbar ist, sondern eine relativ *eigenständige* (Hervorhebung im Original) Tätigkeit darstellt« (Reichenbach 2011, 31 ff).

In den vorangehenden Kapiteln sollte die pädagogische Theorie dieser eigenständigen Praxis entfaltet werden – und zwar nicht nur statisch im Sinne der Klärung der »einheimischen Begriffe« der Pädagogik, sondern auch dynamisch über die Lebensspanne hinweg. Damit sollte Klarheit geschaffen werden sowohl bezüglich der Spezifität des pädagogischen Blicks, also darüber, wie sich der Zugang der Pädagogik als Wissenschaft und professionelle Praxis zum Menschen beschreiben lässt, als auch über die Relevanz des spezifisch pädagogischen Wissens, Könnens und Wollens für die Praxis des Erziehens. Denn Erziehen als Profession und Pädagogik als praktische Wissenschaft sind keineswegs beliebig oder in ihrer Struktur und inhaltlichen Ausgestaltung schwer zu fassen. Pädagogische Praktiker und pädagogische Wissenschaftler haben das Lernen des Menschen im Blick und fragen sowohl danach, was wann gelernt werden soll, als auch danach, wie diese Lerninhalte vermittelt werden können. Im Rahmen der Erziehung findet sich also ein Ineinandergreifen von anthropologischen und didaktischen Aspekten: Der Mensch muss lernen und vieles von dem, was er lernen muss, gelingt nicht so ohne Weiteres von selbst, sondern muss erzieherisch erreicht werden. Häufig wird das Lernen in einer der drei Lerndimensionen der *Motorik und Wahrnehmung* (Können), der *kognitiven Prozesse und Kenntnisse* (Wissen) und der *Haltungen und Einstellungen* (Wollen) gehemmt (▶ Tab. 3). Gelingt hierüber eine belastbare Verständigung, lässt sich erzieherisches Handeln pädagogisch begründen, weil eine Systematik vorliegt, die pädagogisches Fallverstehen ermöglicht, auf dessen Grundlage genuin pädagogische Lernhilfen konzipiert werden können. So wird Erziehung und Pädagogik von einem Überbau befreit, der je nachdem zur Trivialisierung, zur Pathetisierung oder zur Pathologisierung neigt. Damit fügt sich die lehr- und lernbare Pädagogik und ihre professionelle erzieherische Praxis wieder ganz unprätentiös in die Reihe der »klassischen« Professionen, die ja auch keine Probleme haben, sich als Kundige mit Bezug auf gesellschaftlich anerkannte Zentralwerte zu bezeichnen und diese Kunde auch durch entsprechende Expertise unter Beweis zu stellen.

Die bei Praktikern beliebten Handlungsrezepte und praktischen Schritt-für-Schritt-Anleitungen liefert das vorliegende Grundlagenbuch nicht. Eine Begründung dieser Lücke wäre redundant, die Stichworte führen jedoch entlang an weiteren vermeintlichen Versäumnissen zum abschließenden Ausblick auf weitere Projekte. Der aufmerksamen Leserin und dem aufmerksamen Leser wird der normative Duktus nicht entgangen sein, mit dem den referierten Lebensphasen 27 spezifische Entwicklungsaufgaben zugewiesen worden sind. Selbstverständlich muss an dieser Stelle mit den Ethnografen und insbesondere vor dem Hintergrund weltweiter Flucht und Migration die Frage nach Zugehörigkeit zu kulturellen Gruppen (Hahn 2015, 55), zur Prägung durch Scham- und Schuldkulturorientierung (Ellinger 2010) und nach der notwendigen Habitussensibilität der Pädagoginnen und Pädagogen im professionellen Handeln (Schroeder 2018, 13) gestellt werden. Entwicklungsziele und Entwicklungsaufgaben werden immer auch durch die unmittelbare soziale Um-

6 Rückblick und Ausblick

welt definiert und normiert, so dass in anstehenden Untersuchungen pädagogische Lernhilfen für kulturelle Prägungen und Lebenslagen fruchtbar gemacht werden müssen, die nicht von der bürgerlichen Mitte und der Gesellschaft stammen. Gleiches gilt für besonders erschwerte Lernprozesse, die aufgrund der Zugehörigkeit zu den verschiedenen sozialen Milieus in der Gesellschaft (Wippermann 2011; 2020) entstehen. Auch hier ist der Frage nachzugehen, inwiefern die Normen dort einen Einfluss auf zeitliche und inhaltliche Modifikation der Entwicklungsaufgaben ausüben. In den drei Bänden der Reihe *Entwicklungspädagogik konkret* werden überdies diagnostische Zugänge und Interventionsformen vorgestellt, die jeweils in den Abschnitten der Kindheit, der Jugend und des Erwachsenenalters helfen können, konkrete einzelfallbezogene Lernhilfen anzubieten.

7

Literatur

Adorno, T.W. (1969): Minima Moralia. Frankfurt a. M.
Arnold, W. (1957): Person, Charakter, Persönlichkeit. Göttingen.
Aristoteles (2006): Nikomachische Ethik. Reinbek bei Hamburg.
Aufenanger, S. (1992): Entwicklungspädagogik. Die soziogenetische Perspektive. Weinheim.
Bang, R. (1971): Das gezielte Gespräch. Band 1. Gespräche als Lehr- und Heilmittel (2. Aufl.) München, Basel.
Bauer, J. (2008): Lob der Schule. Sieben Perspektiven für Schüler, Lehrer und Eltern. Hamburg.
Berdelmann, K./Fuhr, T. (2020): Zeigen. Stuttgart.
Bittner, G. (2001): Der Erwachsene. Stuttgart.
Bock, I. (1984): Pädagogische Anthropologie der Lebensalter. Eine Einführung. München.
Böhm, W. (1997): Entwürfe zu einer Pädagogik der Person. Bad Heilbrunn.
Böhnisch, L. (2018): Sozialpädagogik der Lebensalter (8. Aufl.). Weinheim, Basel.
Bollnow, O.F. (1965): Die anthropologische Betrachtungsweise in der Pädagogik. Essen.
Brandes, H. (2008): Selbstbildung in Kindergruppen. Die Konstruktion sozialer Beziehungen. München, Basel.
Breitenbach, E. (2013): Psychologie in der Heil- und Sonderpädagogik. Stuttgart.
Brumlik, M. (2011): Vorwort In: Schmolke, M.: Bildung und Selbsterkenntnis im Kontext Philosophischer Beratung. Frankfurt a. M. 17–18.

7 Literatur

Brumlik, M./Ellinger, S./Hechler, O./Prange, K. (2013): Theorie der praktischen Pädagogik. Grundlagen erzieherischen Sehens, Denkens und Handelns. Stuttgart.
Busch, W. (o. J.): Max und Moritz. (Erstausgabe 1865) Köln.
Davidson, D. (2004): Subjektiv, intersubjektiv, objektiv. Frankfurt a. M.
Der Tagesspiegel (2009): Am Anfang war der Zeigefinger. In: https://www.tagesspiegel.de/kultur/anthropologie-am-anfang-war-der-zeigefinger/1648574.html. Zugriff: 30.06.2020.
Dolch, J. (1965): Grundbegriffe der pädagogischen Fachsprache (6. Aufl.). München.
Duncker, L./Scheunpflug, A./Schultheis, K. (2004): Schulkindheit. Anthropologie des Lernens im Schulalter. Stuttgart.
Einsiedler, W. (1999): Das Spiel der Kinder (3. Aufl.). Bad Heilbrunn.
Ellinger, S. (2010): Pädagogisches Handeln bei Migration und kulturellen Differenzen. In: Braune-Krickau, T./Ellinger, S. (Hrsg.): Handbuch Diakonische Jugendarbeit. Neukirchen-Vluyn, 433–447.
Ellinger, S. (2019): Differenz macht dumm. Soziologische Dimensionen schulischen Lernversagens. In: Behinderte Menschen 4/5, 29–35.
Ellinger, S./Hechler, O. (2012): Beratung und Entwicklungspädagogik: Zur Begründung einer pädagogischen Handlungsform. In: Zeitschrift für Heilpädagogik 7, 268–278.
Ellinger, S./Hechler, O. (2013): Pädagogisches Sehen, Denken und Handeln. In: Brumlik, M. et. al.: Theorie der praktischen Pädagogik. Stuttgart, 96–116.
Elschenbroich, D. (2001): Weltwissen der Siebenjährigen. München.
Erikson, E. (1998): Jugend und Krise. Die Psychodynamik im sozialen Wandel (4. Aufl.). Stuttgart.
Fertsch-Röver, J. (2017): Erfahrung als Transformationsprozess. Eine empirische Untersuchung am Gegenstand des Übergangs zur Vaterschaft. Wiesbaden.
Flammer, A. (2017): Entwicklungstheorien: Psychologische Theorien der menschlichen Entwicklung. Göttingen.
Flores d´Arcais, G. (1991): Die Erziehung der Person. Grundlegung einer personalistischen Erziehungstheorie. Stuttgart.
Fraiberg, S. (1975): Ghosts in the Nursery: A Psychoanalytic Approach to the Problems of Impaired Infant-Mother Relationships. In: Journal of the American Academy of Child Psychiatry, 14, 3, 387–421.
Freud, S. (1923b): Das Ich und das Es. GW 13. Frankfurt a. M., 237–289.
Fuhr, T. (1999): Zeigen und Erziehung. Das Zeigen als »zentraler Gegenstand« der Erziehungswissenschaft. In: Fuhr, T./Schultheis, K. (Hrsg.): Zur Sache der Pädagogik. Untersuchungen zum Gegenstand der allgemeinen Erziehungswissenschaft. Bad Heilbrunn, 109–121.
Gaudig, H. (1923): Die Idee der Persönlichkeit und ihre Bedeutung für die Pädagogik. Heidelberg.
Geertz, C. (2019): Dichte Beschreibung (14. Aufl.). Frankfurt a. M.
Gibson, E. (1969): Principles of perceptual learning and development. New York.
Gibson, E. (1977): The theory of affordances. In: Shwa, R./Bransford, J. (Hrsg.): Perceiving, acting, and knowing. Mahwah, 67–82.
Gibson, E. (1988): Exploratory behaviors in the development of perceiving, acting and the acquiring of knowledge. In: Anual Review in Psychology 39, 1–41.
Glöckel. H. (1996): Vom Unterricht (3. Aufl.). Bad Heilbrunn.

7 Literatur

Göppel, R. (2005): Das Jugendalter. Entwicklungsaufgaben – Entwicklungskrisen – Bewältigungsformen. Stuttgart.
Hahn, H.P. (2014): Ethnologie: Eine Einführung (2. Aufl.). Frankfurt a. M.
Hansen, D. (2003): Spracherwerb und Dysgramatismus. Stuttgart.
Hanses, A./Homfeldt, H.G. (Hrsg.) (2008): Lebensalter und Soziale Arbeit. Eine Einführung. Hohengehren.
Havighurst, R.J. (1948): Developmental task and education (2. Auf.). New York.
Havighurts, R.J. (1972): Developmental task and education (4. Aufl.). New York.
Hechler, O. (2010): Pädagogische Beratung. Theorie und Praxis eines Erziehungsmittels. Stuttgart.
Hechler, O. (2011): Hilfen zur Erziehung. Stuttgart.
Hechler, O. (2013): Erziehung – Bildung – Sozialisation. In: Braune-Krickau, T./Ellinger, S./Sperzel, C. (Hrsg.): Handbuch Kulturpädagogik für benachteiligte Jugendliche. Weinheim Basel. 161–186.
Hechler, O. (2014): Beratende Tätigkeiten in der Sonderpädagogik. In: Einhellinger, C./Ellinger, S./Hechler, O./ Köhler, A./Ullmann, E. (Hrsg.): Studienbuch Lernbeeinträchtigungen. Band 2: Handlungsfelder und Förderansätze. Oberhausen, 291–340.
Hechler, O. (2016): Evidenzbasierte Pädagogik. Von der verlorenen Kunst des Erziehens. In: Ahrbeck, B./Ellinger, S./Hechler, O./Koch, K./Schad, G.: Evidenzbasierte Pädagogik. Sonderpädagogische Einwände. Stuttgart. 42–83.
Hechler, O. (2018): Feinfühlig Unterrichten. Lehrerpersönlichkeit – Beziehungsgestaltung – Lernerfolg. Stuttgart.
Hechler, O. (2019a): Die Sprache des Lehrers und das Lernen der Schüler. Ein Essay. In: Spuren 3, 10–17.
Hechler, O. (2019b): Heterogenität sichtbar machen – überindividuelle Kategorien und individuelle Ausdrucksgestalten. In: behinderte menschen, 4/5, 17–26.
Heitger, M. (1961): Zum Verhältnis von Theorie und Praxis in der Pädagogik. In: Fischer, W. (Hrsg.): Einführung in die pädagogische Fragestellung. Freiburg im Breisgau, 111–129.
Herbart, J.F. (1964): Die ersten Vorlesungen über Pädagogik (1802). In: Asmus, W. (Hrsg.): Herbart – Kleinere pädagogische Schriften. Düsseldorf München, 121–143.
Herbart, J.F. (1965): Allgemeine Pädagogik aus dem Zweck der Erziehung abgeleitet (1806). In: Asmus, W. (Hrsg.): Herbart -Pädagogische Grundschriften. Düsseldorf München. 8-155
Herbart, J.F. (1965): Replik auf Jachmanns Rezension der »Allgemeinen Pädagogik« (1814). In: Asmus, W. (Hg.): Herbart – Pädagogische Grundschriften. Düsseldorf, München, 260–266.
Hey, G. (1978): Psychoanalyse des Lernens. Düsseldorf.
Hof, C./Meuth, M./Walther, A. (Hrsg.) (2014): Pädagogik der Übergänge: Übergänge in Lebenslauf und Biografie als Anlässe und Bezugspunkte von Erziehung, Bildung und Hilfe. Weinheim, Basel.
Kant, I. (1878): Über Pädagogik. Langensalza.
Kegan, R. (1986): Entwicklungsstufen des Selbst. München.
Kerschensteiner, G. (1923): Charakterbegriff und Charaktererziehung (3. Aufl.). Leipzig.
Kohlberg, L. (2002): Die Psychologie der Moralentwicklung (3. Aufl.). Frankfurt a. M.
Koller, H.-C. (2012): Bildung anders denken. Einführung in die Theorie transformatorischer Bildungsprozesse. Stuttgart.
Konrad, F.-M./Schultheis, K. (2008): Kindheit. Eine pädagogische Einführung. Stuttgart.

7 Literatur

Langeveld, M.J. (1968): Studien zur Anthropologie des Kindes (3. Aufl.). Tübingen.
Lehmhaus, D./Reiffen-Züger, B. (2017): Psychodynamische Diagnostik in der Kinder- und Jugendlichenpsychotherapie. Frankfurt a. M.
Lindner, W. (2014): Arrangieren. Stuttgart.
Loch, W. (1963): Die anthropologische Dimension der Pädagogik. Essen.
Loch, W. (1979): Lebenslauf und Erziehung. Essen.
Loch, W. (1988): Die Konstellation der bedeutungsvollen Anderen im lebensgeschichtlichen Gespräch des Individuums. Über eine soziologische Bedingung pädagogischen Verstehens. In: Bildung und Erziehung, 41, 4, 245–257.
Loch, W. (1995): Grundbegriffe einer biographischen Erziehungstheorie. In: Leonhard, H.W./Liebau, E./Winkler, M. (Hrsg.): Pädagogische Erkenntnis. Grundlagen pädagogischer Theoriebildung. Weinheim, 109–129.
Loch, W. (1999): Der Lebenslauf als anthropologischer Grundbegriff einer biographischen Erziehungstheorie. In: Krüger, H.H./Marotzki, W. (Hrsg.): Handbuch erziehungswissenschaftliche Biographieforschung. Opladen, 69–88.
Lüders, C. (1989): Der wissenschaftlich ausgebildete Praktiker. Weinheim.
Mansfeld, J. (2007): Die Vorsokratiker II. Stuttgart.
Massing, A./Reich, G./Sperling, E. (1994): Die Mehrgenerationen-Familientherapie (3. Aufl.). Göttingen.
Medawar, P.B. (1963): Ist the science paper a fraud? In: The Listener and BBC Television Review LXX, 1798, 377–378.
Milde, A.E. (1965/1811): Lehrbuch der allgemeinen Erziehungskunde. Paderborn.
Mitscherlich, A. (2003): Auf dem Weg zur vaterlosen Gesellschaft. Weinheim, Basel, Berlin.
Montada, L./Lindenberger, U./Schneider, W. (2012): Fragen, Konzepte, Perspektiven. In: Schneider, W./Lindenberger, U. (Hrsg.): Entwicklungspsychologie (7. Aufl.). Weinheim, 27–59.
Moor, P. (1960): Heilpädagogische Psychologie. Band 1. Bern, Stuttgart, Wien.
Moor, P. (1974): Heilpädagogik. Ein pädagogisches Lehrbuch (3. Aufl.). Bern, Stuttgart, Wien.
Myrdal, G. (1971): Objektivität in der Sozialforschung. Frankfurt a. M.
Niemeyer, A.H. (1970/1797): Grundsätze der Erziehung und des Unterrichts. Paderborn.
Nitsun, M. (2015): The Anti-Group. Destructive forces in the group and their creative potential (4. Aufl.). London.
Noack, W. (2007): Anthropologie der Lebensphasen. Berlin.
Nohl, H. (1947): Charakter und Schicksal. Eine pädagogische Menschenkunde (3. Aufl.). Frankfurt a. M.
Pestalozzi, J.H. (1954): Ausgewählte Schriften. Düsseldorf, München.
Platon (1960): Frühdialoge. Zürich.
Platon (2007) Menon. In: Wolf, U. (Hrsg.): Sämtliche Werke. Band 1 (30. Aufl.). Reinbek. 453–500.
Platon (2007): Protagoras. In: Wolf, U. (Hrsg.): Sämtliche Werke. Band 1 (30. Aufl.). Reinbek. 271–335.
Prange, K. (1986): Bauformen des Unterrichts. Bad Heilbrunn.
Prange, K. (1987): Lebensgeschichte und pädagogische Reflexion. In: Zeitschrift für Pädagogik, 3, 345–362.

Prange, K. (1991): Pädagogik im Leviathan. Ein Versuch über die Lehrbarkeit der Erziehung. Bad Heilbrunn.
Prange, K. (2000): Plädoyer für Erziehung. Hohengehren
Prange, K. (2005): Die Zeigestruktur der Erziehung. Grundriss der Operativen Pädagogik. Paderborn.
Prange, K. (2008): Formen des Erziehens in Geschichte und Gegenwart. In: Mertens, G./Frost, U./Böhm, W./Ladenthin, V. (Hrsg.): Handbuch der Erziehungswissenschaft. Band 1. Paderborn, 939–956.
Prange, K. (2010): Die Ethik der Pädagogik. Zur Normativität erzieherischen Handelns. Paderborn.
Prange, K. (2011): Zeigen – Lernen – Erziehen. Jena.
Prange, K. (2014): Überlegungen zur operativen Begründung der einheimischen Begriffe der Pädagogik. In: Coriand, R./Schotte, A. (Hrsg.): »Einheimische Begriffe« und Disziplinentwicklung. Jena, 15–21.
Prange, K./Strobel-Eisele, G. (2006): Die Formen pädagogischen Handelns. Stuttgart.
Prange, K./Strobel-Eisele, G. (2015): Die Formen pädagogischen Handels (2. Aufl.). Stuttgart.
Reichenbach, R. (2011): Erziehung als Einführung in das unvollkommene Leben. In: Krebs, A./Pfleiderer, G./Seelmann, K. (Hrsg.): Ethik des gelebten Lebens. Zürich, 25–46
Richter, H. E. (1992): Eltern, Kind und Neurose. Reinbek bei Hamburg.
Richter, H. E. (1994): Patient Familie. Reinbek bei Hamburg.
Roeßler, W. (1961): Die Entstehung des modernen Erziehungswesens in Deutschland. Stuttgart.
Rogers, C. (1981): Die Entwicklung der Persönlichkeit. Psychotherapie aus Sicht eines Therapeuten. Stuttgart.
Rogers, C. (1974): Lernen in Freiheit. München.
Roth, H. (1971): Pädagogische Anthropologie. Band II: Entwicklung und Erziehung. Berlin, Darmstadt, Dortmund.
Rousseau, J.-J. (1998): Emil oder Über die Erziehung (13. Aufl.). Paderborn.
Salzmann, C. G. (1964): Ameisenbüchlein (2. Aufl.). Bad Heilbrunn.
Schindler, R. (2016): Das lebendige Gefüge der Gruppe. Ausgewählte Schriften. Gießen.
Schleiermacher, F. (1983): Pädagogische Schriften. Frankfurt a. M., Berlin, Wien.
Schmid, P. (1985): Verhaltensstörungen aus anthropologischer Sicht. Bern.
Schmid, W. (1998): Philosophie der Lebenskunst. Frankfurt a. M.
Schneider, F. (1952): Praxis der Selbsterziehung (4. Aufl.). Freiburg i. Brg.
Schrenk, F. (2019): Die Frühzeit des Menschen (6. Aufl.). München.
Schroeder, J. (2018): Annäherung an Lebenslagen und Biografien junger Geflüchteter – eine unabdingbare Voraussetzung für eine pädagogische Kommunikation »auf Augenhöhe«. In: Ders (Hg.): Geflüchtete in der Schule. Stuttgart, 13–36.
Speck, J. (1970): Person. In: Speck, J./Wehle, G. (Hrsg.): Handbuch pädagogischer Grundbegriffe II. München, 288–329.
Speck, O. (2003): System Heilpädagogik. München.
Stierlin, H./Rücker-Embden, I./Wetzel, N./Wirsching, M. (1992): Das erste Familiengespräch (6. Aufl.). Stuttgart.
Sünkel, W. (2011): Erziehungsbegriff und Erziehungsverhältnis. Allgemeine Theorie der Erziehung. Band 1. Weinheim, München.

7 Literatur

Tomasello, M. (2002): Die kulturelle Entwicklung des menschlichen Denkens. Frankfurt a. M.
Tomasello, M. (2009): Die Ursprünge der menschlichen Kommunikation. Frankfurt a. M.
Weinstock, H. (1954): Arbeit und Bildung. Die Rolle der Arbeit im Prozess um unsere Menschwerdung. Heidelberg.
Willmann, O. (1909): Aristoteles. Berlin.
Weniger, E. (1952): Die Eigenständigkeit der Erziehung in Theorie und Praxis. Weinheim.
Wienand, F. (2018): Projektive Diagnostik bei Kindern, Jugendlichen und Familien: Grundlagen und Praxis – ein Handbuch (2. Aufl.). Stuttgart.
Winnicott, D.W. (1960): The Theory of the Parent-Infant Relationship. In: The International Journal of Psychoanalysis, 41, 585–595.
Winnicott, D.W. (2020): Reifungsprozesse und fördernde Umwelt. Gießen.
Winkler, M. (2012): Erziehung in der Familie. Innenansichten des pädagogischen Alltags. Stuttgart.
Wippermann, C. (2011): Milieus in Bewegung. Würzburg.
Wippermann, C. (2020): Die DELTA-Milieus. In: https://www.delta-sozialforschung.de/das-institut/, 10.06.2020.
Wygotski, L. (1985): Denken und Sprechen. Frankfurt a. M.
Zeit Online (2009): Es beginnt mit dem Zeigefinger. Quelle: https://www.zeit.de/2009/51/Habermas-Tomasello. Zugriff: 30.06.2020
Zimbardo, P.G. (1983): Psychologie (4. Aufl.). Berlin, Heidelberg,, New York Tokyo.
Zirfas, J. (2007): Das Lernen der Lebenskunst. In: Göhlich, M./Wulf, C./Zirfas, J. (Hrsg.): Pädagogische Theorien des Lernens. Weinheim. 163–175.